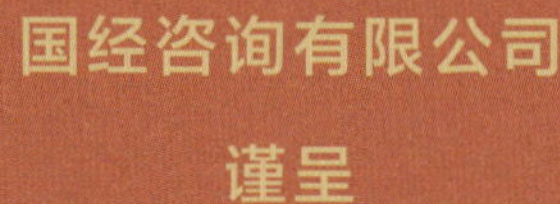
国经咨询有限公司
谨呈

中国国际经济交流中心课题组 著

中国氢能产业政策研究

RESEARCH ON CHINA'S HYDROGEN INDUSTRY POLICY

课题组成员

课题指导：

张晓强　中国国际经济交流中心常务副理事长，执行局主任

课题顾问：

韩易虎　国经咨询有限公司总经理

许　国　广东省佛山市人民政府副市长

课题组组长：

景春梅　中国国际经济交流中心信息部副部长（主持工作），研究员

课题组副组长：

王成仁　中国国际经济交流中心信息部副研究员

课题组成员：

陈　妍　中国国际经济交流中心信息部副研究员

欧训民　清华大学能源环境经济研究所副教授

赵吉诗　佛山科学技术学院副研究员

　　　　云浮（佛山）氢能标准化创新研发中心主任

赵晗冰　国经咨询有限公司创新发展处处长

何七香　中国国际经济交流中心博士后

刘金芳　国经咨询有限公司创新发展处副处长

闫　旭　中央财经大学硕士

特别鸣谢：

广东省发改委

广东省佛山市人民政府

广东省佛山市南海区人民政府

佛山对口帮扶云浮指挥部

序　一

脱碳加氢和清洁高效是能源科技进步的大趋势。随着世界人口增长与气候环境变化，作为众多一次能源转化、传输及融合交互的纽带，氢能在日益增长的能源需求中发挥着愈加重要的作用。燃料电池是氢能发展的关键和重点领域，能够广泛应用到交通运输、工业生产、家庭生活等各个领域，可助力实现可再生能源大规模稳定存储、运输及利用，正成为全球能源技术革命的重要方向和各国未来能源战略的重要组成部分。

我国氢能来源广泛，既有充足的工业副产氢气，又有大量的弃风弃光、波谷电等可供制氢的存量电力资源，有利于支撑氢燃料电池规模化发展。在新能源汽车发展战略中，纯电动、燃料电池汽车同等重要，长期共存，在科技进步中互相补充，循序发展，在市场应用中各有定位，互不替代。因此，要紧紧抓住能源革命和汽车产业转型升级的重要机遇，加快探索中国特色氢能和燃料电池产业发展道路，为推进能源和汽车产业的高质量发展作出贡献。

赞同从四个方面推动氢能和燃料电池产业发展：一是坚持战略引领，优化新能源汽车的整体布局，有序推进各类新能源汽车发展，使其各展所长，在不同应用场景中实现优势互补；二是坚持创新驱动，深入剖析当前氢燃料电池产业的技术短板和竞争优势，聚焦难点，攻克关键材料和零部件，加大投入，超前部署，着力提升核心技术和系统集成能力；三是坚持市场导向，以企业为主体，推动产学研融合，因地制宜地选择氢能发展区域；四是坚持标准先行，夯实技术基础，加快氢能产业相关标准制定，为氢能发展营造良好氛围。

当前我国氢能发展的政策体系尚未形成，为填补这一空白，中国国际经济交流中心长期关注行业发展动态，张晓强同志参与、精心指导课题组在扎实开展国内外调研的基础上，积极推动了一系列卓有成效的研究工作，该团队组织相关领域专家学者经反复研讨，最终形成了高质量的政策研究报告。相信此报告的出版将为我国氢能产业政策的制定和实施提供客观、全面、有价值的参考。

2019 年 11 月

序　二

当前，我国能源革命不断深化，能源供给侧改革稳步推进，迫切要求增加可再生能源、清洁能源在能源生产消费领域的比重，构建绿色低碳、清洁高效的能源体系。2019 年全国能源工作会议提出，要进一步降低煤炭占能源消费比重，增加清洁能源供给。近年来，我国传统化石能源消费规模持续增长，进口规模不断上升。根据海关总署数据，2019 年 1~11 月，我国进口原油 4.62 亿吨，进口天然气 8711 万吨，比上年同期分别增长 10.5% 和 7.4%。化石能源消耗比重大，油气进口依存度高，加大了我国能源清洁转型的任务难度。

从能源发展的大趋势看，氢能作为一种来源广泛、清洁无碳的二次能源，有利于降低传统化石能源比重、提高清洁能源应用水平，发展氢能是我们应对气候变化、优化能源结构的重要手段。从国际上看，氢能和氢燃料电池产业备受关注，美、欧、日、韩等国较早开始研发，加大投入，形成了有国际竞争力的先进技术，推动氢能在交通用能、分布式发电、家用热电联供等多领域应用。从国内来看，各地纷纷将氢能及氢燃料电池产业作为新经济增长点进行培育，出台 20 多项氢能产业发展规划，快速布局产业链重要环节，发展氢燃料电池汽车等产业，热度持续不减。总的来说，我国氢能及氢燃料电池初步具备产业化条件，氢气来源多样，燃料电池及零部件、汽车生产等环节已形成一定技术和产业基础，商用车应用推广速度较快。但也要看到，我国氢燃料电池产业自主创新能力仍然不强，国产化率不高，关键核心技术和材料仍较多依赖进口，生产制造核心设备尚不能自主，氢气制、储、运、用各环节成本仍较高，产业发展仍面临诸多体制机制难题，亟待解决。

发展氢能及氢燃料电池产业，需结合我国实际，妥善解决好以下几方面问题。一要明确氢能定位，为氢燃料电池产业发展奠定基础。要将氢能纳入能源管理，对氢能应用场景，特别是燃料电池的应用领域、技术经济前景、市场规模、经济社会和环境效益进行系统评估，妥善处理氢能发展面临的宏观管理、基础设施、法规限制、标准检测等制约。二要加强关键核心技术与材料的突破。鼓励“两条腿”走路，既要加大技术引进消化吸收力度，强化再创新，也要着力提升自主创新水平，逐渐缩小与发达国家先进水平的差距。要鼓励工艺创新、流程创新、生产方法和手段创新，减轻对进口设备和材料的依赖，提高国产化率。三要解决好成本高问题。成本高是氢能及氢燃料电池产业发展的首要制约因素。在产业发展初期需要提供必要的财政补贴，以激发产业活力，但一味依靠补贴难以持续。要统筹考虑多种氢气制备技术，探索运用适宜的输送方式，降低加氢站建设成本，推动氢气使用成本与化石能源相比有竞争力。同时，通过规模化和国产化降低电堆成本，稳步提升燃料电池使用规模，摊薄成本。四要谨慎施为，避免一哄而上，出现重复建设和产能过剩风险。目前，氢燃料电池汽车已成为多地发展氢能的重点，都以打造全产业链为目标，存在重复建设和产能过剩风险。同时，各地竞相发展带来对国外先进技术与装备、关键材料和人才的巨大需求，地方之间展开资源竞争，使要素资源价格虚高，既不利于产业长远发展，也存在以国内市场帮助国外企业技术研发买单的风险。因此，应把握产业化节奏，鼓励有比较优势的国产化项目上马，不求面面俱到，但要掌握主动，掌握关键，避免出现新的“卡脖子”问题。

《中国氢能产业政策研究》一书，是对我国氢能及燃料电池产业发展进行系统梳理和分析，并提出客观建议的研究著作。既对美、欧、日、韩等国和地区氢能及氢燃料电池产业发展进行了总结和提炼，也从全产业链角度对我国相关产业发展现状进行了技术经济性分析，对产业发展趋势提出科学研判。对我国氢燃料电池产业政策现状、地方发展和典型案例做了分析。同时，从认识、政策、技术、成本、基础设施、标准检测和潜在风险等七个方面剖析了产业发展面临的问题。在系统分析基础上，提出产业发展总体研判，并从国家和地方层面提出促进产业发展的政策建议。全书倾注了课题组大量心血，是多次调研、座谈、专家研讨、多方咨询和国外考察的集中体现，汇集了大量一手资料和细致分析，体现了课题组科学客观、严谨严密的工作作风。相信本书能为氢能及氢燃料电池产业从业者和研究人员，以及有关政府部门提供较好参考。

张晓强

2019 年 11 月

目 录

绪论　谱写中国氢能产业科学发展蓝图

能源利用、脱碳加氢以及发电清洁高效是能源科技进步大趋势。发展氢能是寻求解决能源、资源和环境危机，推动能源革命的有益探索。近年来，全球迎来氢能产业兴起，美、日、韩、德等发达国家均出台相应政策，将发展氢能产业提升到国家能源战略高度。经过多年积累，我国氢燃料电池汽车产业化发展初具条件，大规模商业化应用正在开启。

一　发展氢能的价值和意义

（一）氢能是践行习近平生态文明思想的重要举措

建设生态文明是中华民族永续发展的“千年大计”“根本大计”，“良好生态环境是最普惠的民生福祉”。习近平生态文明思想是我们打好打赢污染防治攻坚战的根本遵循和最高准则。这一思想集中体现为“生态兴则文明兴”的深邃历史观、“人与自然和谐共生”的科学自然观、“绿水青山就是金山银山”的绿色发展观、“良好生态环境是最普惠的民生福祉”的基本民生观、“山水林田湖草是生命共同体”的整体系统观、“实行最严格生态环境保护制度”的严密法治观、“共同建设美丽中国”的全民行动观、“共谋全球生态文明建设之路”的共赢全球观。习近平总书记指出：发展新能源汽车是迈向汽车强国的必由之路。当前随着新一轮科技革命和产业变革孕育兴起，新能源汽车产业正进入加速发展的新阶段，不仅为各国经济增长注入强劲新动能，也有助于减少温室气体排放，应对气候变化挑战，改善全球生态环境。中国愿同国际社会一道，加速推进新能源汽车科技创新和相关产业发展。

氢能作为可再生能源高效利用重要载体，可引导交通运输、工业和建筑等终端用能部门实现深度脱碳，实现绿色低碳发展，是践行习近平生态文明思想的重要举措。特别是在交通领域的应用，可发挥氢燃料电池车加氢时间短、续航里程长、耐低温等特点，加大其在物流和商用车的应用，与电动车兼容并蓄优势互补，拓展我国新能源车的应用场景和范围，为打好污染防治攻坚战、建设生态文明和美丽中国再添助力。不仅如此，通过国际氢能合作，促进技术和人才交流，参与标准及规则制定，还将提升我国在全球能源治理中的话语权，也有助于与国际社会一道，加快全球能源转型步伐，共同应对气候变化，打造全球能源命运共同体，“共谋全球生态文明建设之路”。

（二）氢能是实现能源革命的重要途径

党的十九大报告提出，要推进能源生产和消费革命，构建清洁低碳、安全高效的能源体系。氢能作为一种来源广泛、清洁无碳、灵活高效、应用场景丰富的二次能源，是推动传统化石能源清洁高效利用和可再生能源大规模发展的理想互联媒介，也是实现交通运输、工业和建筑等领域大规模深度脱碳的最佳选择。氢能及燃料电池正逐步成为全球能源技术革命的重要方向，是实现能源革命的重要途径。

氢能可以引领能源变革，应对气候变化。世界能源更替是一个不断降碳和增氢的过程，从柴薪（C10，H1）、煤炭（C2，H1）、石油（C1，H2）以及天然气（C1，H4）的主要元素构成比例可以发现，脱碳加氢和清洁高效是能源科技进步大趋势。作为二次能源，氢能的制取来源广泛，不仅可以通过煤炭、石油、天然气等化石能源重整、生物质热裂解或微生物发酵等途径制取，还可以通过焦化、氯碱、钢铁、冶金等工业副产气制取，也可以利用电解水制取。从化石能源中获取，有助于煤炭等一次能源清洁高效利用，提升供给侧质量；通过电解水制取，特别是与可再生能源发电相结合，不仅实现全生命周期绿色清洁，更拓展了可再生能源的利用方式，有助于引导大量可再生能源从电力部门流向交通运输、工业和建筑等终端使用部门，实现深度脱碳，履行《巴黎协定》碳减排承诺。国际能源署（IEA）发布的氢能报告分析，预计到2030年，用可再生电力生产氢气的成本可能会下降30%。由于可再生能源成本下降和氢气产量的增加，氢燃料电池、加氢设备都可以从大规模制造中受益，“氢能拥有巨大的潜力，世界不应该错过这个使氢能成为我们清洁和安全的能源未来重要组成部分的独特机会”。

氢能可以促进可再生能源的整合消纳，优化能源结构。在电价较低的地区，可通过电解水制氢，解决弃风、弃光、弃水等问题，促进大规模可再生能源的整合消纳。当电力过剩时，可以通过电解将多余电能转化为氢气，产生的氢气可以在电力不足时提供备用电力，也可以用于其他能源消耗领域，如交通运输、工业生产或居民生活等，促进清洁能源发展，优化我国能源结构。

氢能可节约能源，实现油气替代，提升能源安全水平。氢在常见燃料中热值最高，约是石油的3倍、酒精的3.9倍、煤炭的4.5倍，发电效率与综合能效远高于传统化石能源。我国能源对外依存度逐年递增，2018年原油和天然气对外依存度已分别高达70%和45%，能源安全面临严峻挑战。氢能通过燃料电池技术应用于交通领域，既可节约能源，提高能效，还可部分替代石油和天然气，降低对外依存度，有助于提升我国能源安全水平。

氢能可作为能源互联和储能媒介，为构建现代能源互联网发挥枢纽作用。氢可以成为连接气、电、热等不同能源形式的桥梁，并与电力系统互补协同，是跨能源网络协同优化的理想互联媒介，有效解决电力不易长期储存问题，增加电力系统灵活性，实现不同能源网络之间的协同优化，形成可持续、高弹性的创新型多能互补系统。

表 0-1　氢气获得方式及成本

单位：元 / 公斤

氢气生产方式	常见装置规模	原料成本（假设）	固定成本	变动成本	小计
PSA	大规模	10 元 / 公斤	1.3	—	11.3
天然气	1000~3000Nm³/h	2 元 / 标方	2.5	11	13.5
甲醇	500~6000Nm³/h	3 元 / 公斤	2.5	19.8	21.3
水电解	<200Nm³/h	0.5 元 / 度	2.85	25.5	28.3

注：生产成本未包括土地、管理、营运等方面的成本。

资料来源：林德公司整理。

（三）氢能是提升国家未来竞争力的颠覆性技术

《“十三五”国家科技创新规划》提出，要在信息、制造、生物、新材料、能源等领域，特别是交叉融合的方向，加快部署一批具有重大影响，能够改变或部分改变科技、经济、社会、生态格局的颠覆性技术研究，力求使我国在新一轮产业变革中赢得竞争优势，其中，氢能及燃料电池等新一代能源技术是重点之一。

氢燃料电池汽车是下一代工业发展的基础性产业，将从根本上改变汽车工业未来发展格局。过去 100 多年，全球工业体系建立在石油工业的基础之上，尤其是汽车工业，既依赖于石油产业的发展，又推动了石油业的繁荣与变革，可谓人类工业时代的风向标。氢燃料电池汽车不仅是燃油车的主要替代者，还可以成为锂电池等新能源汽车的重要补充。如果氢燃料电池汽车未来能全面替代燃油汽车，则配套石油建立的整个工业体系将被改变，发达国家在过去 200 年内燃机时代积累起来的技术优势的价值将大幅缩水。因此，能否抓住氢能产业发展的机会并占领制高点，关系到一个国家在未来世界工业体系中的竞争位势。从这个意义上讲，氢能产业的重要性堪比当今大飞机、高铁、芯片等产业，应提前谋划布局，以防将来在产业发展上受制于人。

（四）氢能可壮大绿色低碳产业体系

氢能具有清洁低碳特性。不论氢燃烧还是通过燃料电池的电化学反应，产物只有水，没有传统能源利用所产生的污染物及碳排放。此外，生成的水还可以再制氢，反复循环使用，真正实现低碳甚至零排放，有效缓解温室效应和环境污染。

氢能及燃料电池发展可壮大我国绿色低碳产业。氢可以广泛应用于能源、交通运输、工业、建筑等领域，既可以直接为炼化、钢铁、冶金等行业提供高效原料、还原剂和高品质热源，有效减少碳排放；也可以通过燃料电池技术应用于汽车、轨道交通、船舶等领域，降低长距离高负荷交通对石油和天然气的依赖；还可以应用分布式发电，为家庭住宅、商业建筑等供电供暖。作为新兴产业，从氢的制、储、运，到氢能产业链下游应用，包括加氢站、燃料电池、固定电站、传统石化工业等，横跨能源、材料、装备制造等多个领域，其中不乏涉及一些重要材料和关键零部件的高端制造业。既能有效带动传统产业转型升级，又能创造出一个全新的绿色低碳产业链，可为我国绿色发展注入新动能，也有助于提升我国高端制造业和绿色制造业发展水平。

（五）氢能或成为国际能源合作新蓝海

近年来，为应对日益严峻的气候变化、空气污染等问题，能源

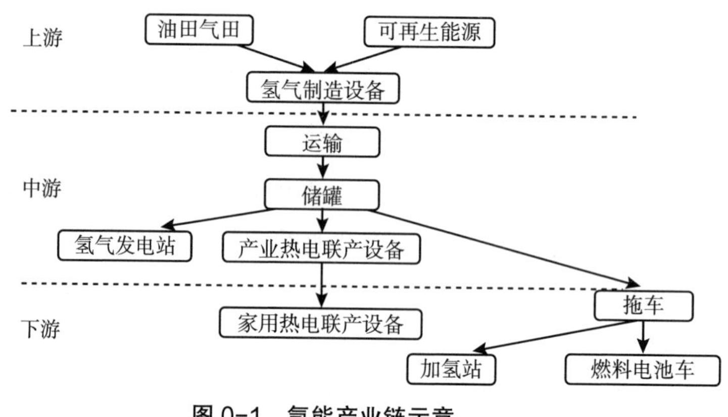

图 0-1　氢能产业链示意

资料来源：课题组自制。

正在加速朝着清洁化、低碳化方向发展，科技进步也在大幅度降低清洁能源的成本。然而，在全球能源转型中广泛使用清洁的氢依旧面临挑战。目前，氢几乎完全由天然气和煤制取，低碳能源生产氢的成本很高；氢基础设施发展缓慢；现存法规限制了清洁氢工业的发展。不过，氢的潜在关键作用正在世界范围内得到越来越多的认可。2019 年 6 月 G20 峰会召开前夕，IEA 发布报告指出，是时候利用氢气的潜力，使其在清洁、安全和负担得起的能源未来中发挥关键作用，国家、城市政府应在长期能源战略中确立氢的作用。报告揭示了氢如何帮助实现一个清洁、安全和可负担得起的能源未来，以及如何去实现它的潜力，提出扩大氢能产业规模的七项建议：确立氢在长期能源战略中的作用；激发清洁氢能的商业需求；解决先驱者的投资风险；支持技术研发，降低成本；消除不必要的监管障碍，统筹标准；全面加强国际合作并持续跟踪；未来十年，聚焦四个关键机会，一是充分利用现有工业港口，将其转变为低成本、低碳氢能枢纽，二是利用现有天然气基础设施刺激新的绿色氢气供应，三是支持运输车队、货运通道，使氢燃料电池汽车生产更具竞争力，四是建立首条航运路线，开启国际氢贸易。

全球氢能国际合作潜力巨大。IEA 呼吁国际社会加强合作，推动氢能发展并启动氢能国际贸易。应该说，在氢贸易方面，亚太和欧洲都有较大潜力。受资源禀赋约束，日本和韩国均存在资源短板，都希望构建海外氢能供给体系和销售市场。日本正探索通过液氢船将澳大利亚褐煤制氢气运回国内，如试验成功，将大规模扩展氢气海外贸易。日本还积极拓展氢燃料电池汽车海外销售市场，丰田、本田已成功将氢燃料电池车销往美欧等地，并与通用、戴姆勒等建立了技术合作关系。韩国与美国、加拿大、欧洲等建立氢能双边或多边合作关系，并希望加强中日韩在氢能领域的交流，尤其是同中国的合作。欧洲国家之间的氢贸易存在广泛的机会，天然气网络最有可能成为交易的载体，但也可以使用专门的跨境管道或国内水路。目前，氢能还总体处于产业导入期，氢的国际贸易还未展开，国际合作机制尚未建立。如果国际社会认同氢可以成为未来“终极能源”，并借鉴液化天然气的成长经验，通过液氢海运实现全球自由流动，那么氢能的国际合作将成为一片新蓝海。与之相关的氢贸易、跨境基础设施、技术、产业、标准、市场，以及治理机制方面都将蕴含巨大合作潜力。

氢能可在“一带一路”能源国际合作中担当“和平能源”。氢是宇宙中最丰富的元素，氢主要以化合物的形式，广泛存在于化石能源和水中。水是地球上分布最广泛的物质，通过可再生能源电解水制氢可以改变传统能源品类时空分布不均的状况，重塑地缘政治，氢能是当之无愧的“和平能源”。我国目前氢气总产能达到 2500 万吨 / 年，是世界氢气产能最大的国家，这为未来氢能发展提供了重要资源基础，也为开展氢国际贸易奠定了基础。“一带一路”沿线聚集了全球 85% 的发布氢能战略的国家、79% 的加氢基础设施、83% 的燃料电池装机，以及 42% 的燃料电池车辆，可谓资源上有基础，技术上有积累，应用上有规模。将共建“一带一路”国家和地区的煤、油、水、风、光等各类能源转化为电力进行远距离传输或就地转化为氢能，最大限度地提高能源效率和经济性，将会带动一大批战略性新兴产业发展。同时，氢能也是“全球能源互联网”有益补充，对于非洲等能源基础设施薄弱地区，可通过分布式形式提供发电、供热和高品质交通燃料。

作为全球最大的产氢国和潜在市场，面对全球氢能迅猛发展势头和国际合作蕴含的巨大机遇，我国应提前谋划，积极参与全球氢能项目合作和治理机制构建。我国可根据自身发展需要，坚持以我为主、为我所用、共商共建共享的原则，协调好市场开放和自主创新的节奏，用好两个市场、两种手段，加大全球氢能及燃料电池高端人才引进和相关学科人才储备，聚焦“卡脖子”问题，争取早日实现我国氢能发展从“跟跑”“并跑”到“领跑”的跨越。

二　中国氢能产业化发展初具条件

（一）产业发展风起云涌，基本形成完整产业链

近年来，国家《能源技术革命创新行动计划2016~2030》、《“十三五”国家战略性新兴产业发展规划》和《“十三五”国家科技创新规划》都将氢能发展与燃料电池技术创新提升到国家战略高度，列为重点发展方向。我国已经初步掌握氢燃料电池堆及其关键材料、动力系统、整车集成和氢能基础设施等核心技术，基本形成氢能研发、制备、储运、应用等完整产业链，且产业链上下游协作意识增强，不同环节企业战略合作行动显著增加。虽与国际领先梯队存在一定差距，但已经初步具备产业化条件。

目前，我国乘用车燃料电池寿命超过5000小时，商用车燃料电池寿命已超过10000小时，基本满足车辆运行条件；氢燃料电池汽车发动机功率密度已达到传统内燃机的水平，电堆比功率达到3.0kW/L，

多项性能指标已接近国际先进水平；基于 70MPa 储氢技术，氢燃料电池汽车续驶里程达到 750 公里；氢燃料电池低温启动温度达 -30℃，车辆整体适用范围基本达到传统车水平。氢燃料电池汽车现在已经进入商业化导入期，可在低速短程和远距离运输方面与纯电动汽车互为补充。

（二）群雄逐鹿格局渐成，五大先行区引领发展

地方政府和企业积极探索氢能产业发展，形成了以广东、上海、北京为中心的珠三角、长三角、京津冀、山东、环武汉等五大主要氢能产业先行区，并逐渐辐射到周边地区。广东珠三角地区依托强大的产业、资金和市场优势，大力推动氢能产业发展。佛山市作为科技部/联合国开发计划署“促进中国氢燃料电池汽车商业化发展项目”四个示范城市（北京、上海、郑州、佛山）之一、全国首座商用加氢站的诞生地和广东省唯一的燃料电池和氢能技术核心部件产业基地，自 2010 年开始高度关注氢能产业，出台了氢能源产业发展规划、加氢站建设运营和氢能车辆运营扶持办法等一系列政策文件，布局了仙湖氢谷、现代氢能有轨电车修造基地等多个氢能产业基地，聚集了超 30 家具有影响力的氢能企业，形成了从富氢材料及制氢设备研制、制氢、加氢到氢燃料电池及核心材料部件、动力总成和整车生产，以及检验检测、标准制定等较为完整的氢能产业链，在国内率先突破建立加氢站审批验收流程，建成了一批加氢站，投运近千辆氢能公交车和物流车，开通多条氢能公交线路和一条氢能有轨交通，成为国内氢能技术和产业较为集中的地区。佛山（云浮）氢能产业园目前达到年产 5000 辆氢燃料电池汽车和 2 万台燃料电池电堆的产能，并基本完成产业链布局，产业集群效应初显。长三角地区以上海为中心，江苏如皋的“氢经济示范城市”、浙江台州的“氢能小镇”建设项目正在推进，安徽六安正致力于在电堆设计、生产，系统设计、集成与控制等

关键技术方面自主研发，相关技术已接近世界先进水平。京津冀以北京、天津、张家口等城市为核心，依托清华大学等高校和燃料电池科研院所，以服务2022年冬奥会为契机，正在打造我国北方的氢能产业示范基地，未来三年计划建设19座加氢站，在建燃料电池动力系统年产1万套。山东规划将济南打造为中国“氢谷”，将青岛打造为东方“氢岛”，两市分别在核心技术、装备、检测，以及一些基础性、前沿性领域进行研发，也规划了燃料电池乘用车、大客车、重卡车、核心材料和装备等不同类型的产业基地。环武汉利用华中地区高校科研单位的技术和人才优势，依托武汉“车都”基础雄厚的汽车工业，积极开展液体有机储氢、燃料电池质子交换膜等技术研发，汇聚了一批氢燃料电池系统生产及氢能汽车企业，氢能产业集群效应初步形成。四川省积极发展氢能产业，东方电气、四川省能源投资公司等企业联合成立了氢能产业发展促进联盟。目前，四川在加氢站装备、燃料电池及系统，以及氢燃料电池汽车等领域的研发与制造取得阶段性成果。

（三）央企陆续布局全产业链，未来前景可期

近年来，大型央企开始关注氢能并强势进入，其行业发展定位普遍较高，且计划布局全产业链。与中小型民企相比，大型石油化工企业氢气来源广，资金雄厚，拥有庞大的加油站网络及运营经验，对促进氢燃料电池汽车发展具有明显优势。例如，由国家能源投资集团牵头，联合国家电网、东方电气、航天科技、中船重工、中国中车、中国一汽等多家央企，组建中国氢能源及燃料电池产业创新战略联盟，已投资如皋加氢站，正与佛山等地洽谈建设超过10座加氢站；国家电投以氢能标准主导者和产业发展推动者为目标，投资10亿元用于氢能产业投资基金，致力于氢能产业链创新发展，电能转换、转化及应用技术，以及清洁能源领域科研成功的产业化；中石化已确认10

座油氢混建站选址，正式启动 1~2 座建设，中石油也有相应布局。随着中石油、中石化纷纷布局，我国氢能基础设施有望大规模发展。

（四）地方政府积极性高，成为产业发展重要推动力

近年来，地方政府布局氢燃料电池汽车产业速度明显加快。北京、上海、广东、武汉、苏州等地先后出台了氢燃料电池汽车相关补贴支持政策。从产业布局到招商引资，地方政府在土地、财税等方面都给予了很大支持。例如，广东佛山为推动高密度连续加氢商业化加氢站建设，市区两级均给予大力扶持，其中佛山市南海区单个加氢站建设最高补贴可达 800 万元，并给予氢能车辆 20 元 / 公斤的加氢补贴；深圳提出每辆燃料电池乘用车、燃料电池轻型客车 / 货车分别可获得 20 万元、30 万元补贴。一些地方政府通过建立产业基金注资企业，并设有完善退出机制，待企业上市后妥善退出，不但启动了产业发展，政府也从中获得了收益，实现国有资产保值增值。

三　中国氢能产业发展的五个瓶颈

（一）对氢安全的认识局限

氢作为能源使用，安全性是首要被关注的问题。目前社会上对氢安全的认识不足，对氢的应用有一定的排斥，制约氢能产业的发展。单从化学特性看，氢气具有可燃性，且氢气在空气中的体积浓度在 4.0%~75.6% 时，遇火源就会爆炸，属于危化品。虽然目前国际上对于氢的储运、使用和加注已有完备的安全设施和保障措施，而且氢气比空气轻，发生泄漏也会迅速向上扩散，造成爆炸危险的可能性很小，但由于氢气作为能源使用时间尚短，关于氢安全的宣传仍不到位，人们往往“谈氢色变”。与之相比，石油、天然气等是同样具有可燃、易爆性的危化品，通过长期使用和安全规范与监管，已成为被

大众所接受的能源产品。在我国，氢气作为燃料或原料在化工行业被大量使用。如果氢被广泛作为能源使用，仍需做好制、储、运、用等全产业各环节的安全性保障工作。需借鉴石油、天然气等类似能源的使用经验，还原氢的能源属性，放宽对其危化品性质的管理，完善标准体系和安全监管，从根本上确保氢安全。

（二）关键材料和核心技术瓶颈

我国近年来发布一系列政策引导鼓励氢能产业发展，在关键零部件和技术开发方面已有所突破。例如，液氢储罐已经可以完全国产化，最大容积可达 300m^3；在氦制冷循环设备方面中科院理化所已掌握核心技术。但与发达国家相比，我国在燃料电池技术发展、氢能产业装备制造等方面相对落后。关键零部件主要依靠进口，燃料电池的关键材料包括催化剂、质子交换膜以及炭纸等材料大都采用进口材料；关键组件制备工艺亟须提升，膜电极、双极板、空压机、氢循环泵等和国外存在较大差距；氢能技术标准中关于氢品质、储运、加氢站和安全标准的内容较少，难以满足国际技术通则以系统为实验对象的要求。另外，高精度氢气品质检测和高灵敏度氢气泄露等重要测试装备欠缺，权威检测认证机构仍未形成。从全球范围氢能专利布局来看，大量核心专利掌握在美国、日本等国的大型企业手中，我国尚未成为主导国际氢能发展的技术来源方。

（三）基础设施建设不足

从国内外看，“加氢焦虑”成为氢燃料电池汽车发展的重要制约因素。我国氢燃料电池汽车尚处在起步阶段，运营车辆较少，盈利较困难，加氢站的建设运营无法通过规模经济效应平衡收支，导致建设运营模式不够成熟，加氢设备产业化能力不足，成本偏高等问题。而基础设施不足又反过来影响氢燃料电池汽车推广应用。据长城汽车测算，2030 年我国至少需要 1400 座加氢站以满足主要城市需要。而截至 2019 年 3 月底，实际运营加氢站仅 24 座，在建 20 座，主要分布在广东、上海、江苏等省市。其中，除佛山南海瑞辉加氢站基本实现盈亏平衡和商业化运营外，其余多为示范型或为示范型汽车提供加注服务，暂未实现商业化运营。

（四）高成本影响商业化推广模式建立

成本高是制约氢燃料电池汽车商业化推广的直接原因。从制氢环节来看，现有制氢技术大多依赖煤炭、天然气等一次性能源，经济性、环保问题依然突出。利用可再生能源则存在效率低、综合成本高等问题；从储氢环节来看，虽然加压压缩储氢、液化储氢、有机化合物储氢等技术均取得了较大进步，但储氢密度、安全性和储氢成本之间的平衡关系尚未解决，离大规模商业化应用还有一段距离；从用氢环节来看，氢燃料电池汽车仍发展缓慢，技术尚不成熟。建设加氢站所需关键零部件没有量产的成熟产品，导致其建设成本过高。以上问题制约了我国氢燃料电池汽车的商业化进程。

（五）专项规划和政策体系尚未形成

当前行业发展如火如荼，亟须加强氢能产业顶层设计，引导氢能产业科学发展。现有车用氢能产业政策以偏宏观的产业引导和侧重技术路线、技术研发的引导为主。虽然各类主体正快速涌入车用氢能产业，一批地方政府也在进行产业布局，但缺乏国家层面的规范和引导。不考虑技术基础、区域资源禀赋优势和产业基础而盲目跟风的现象以及跑马圈地、投资泡沫、产业无序发展、恶性竞争的态势已初现端倪。如不能及时从国家层面对产业做好顶层设计，我国氢能产业发展容易出现急速盲目扩张、产能过剩和技术空心化等风险。

国家有关规划虽从战略层面将氢能产业纳入其中，但尚未形成引领氢能和燃气电池发展的政策体系。缺乏系统性、健全的支持车用氢能相关技术产业化和规模化示范应用政策，以及氢能发展的中长期目标、路线图和可操作性的实施细则。再者，政府仍将氢气归为危化品气体管理，相应主管部门不明确等因素，也使加氢站的审批等难度加大，极大制约了我国氢能产业的发展。

四　中国氢能产业“热”中六大“冷”思考

（一）对氢能的应用不能局限于“一窝蜂”式造车

国内氢能发展的所有注意力几乎都集中在交通领域，各大车企都在积极布局氢燃料电池汽车。实际上，氢能在农业、工业及第三产业都有广泛用途，氢对能源体系的作用也是多方面的，在发电、储能、建筑等领域，氢能都将大有可为。日本将家用分布式热电联供系统和氢燃料汽车作为发展重点，韩国、欧美等国和地区也将氢能拓展到船舶、列车、无人机等装载、物流及农林作业等应用场景。我国需要以更宽广的视野更全面地挖掘氢能的价值和潜力。

（二）协调好氢燃料电池汽车与电动汽车的关系

在纯电动、混合动力和燃料电池等三种不同的新能源车技术路线中，氢燃料电池汽车产业如何定位，直接决定未来政策导向。氢燃料电池与纯电动汽车不是相互排斥的，在不同应用场景二者可互为补充。相对于远程公交、双班出租、城市物流、长途运输等交通方式，氢燃料电池汽车具有清洁零排放、续航里程长、加注时间短等特点，是适应市场需求的最佳选择。并且，氢燃料电池汽车能满足极寒天气地区的使用需求。可适时将产业化重点向氢燃料电池汽车拓展，在运输需求大及环保要求高的区域优先开展氢燃料电池汽车示范应用，以点带面，推动产业又快又稳发展。

（三）发挥新型科研举国体制优势突破关键技术

长期以来，我国对产业的支持有重应用、轻研发的倾向。在科技领域，我们基础研究实力较为薄弱，独到创新不多。而实际上，基础研究的厚积薄发才是产业可持续发展的动力源泉。当前，我国车用氢能燃料电池铂担量高，膜电极、双极板等关键部件寿命短，衰减机制尚不明确，控制策略也有待完善。为使燃料电池产业化拥有足够的技术支撑，迫切需要加强燃料电池的材料新体系及其电化学机理过程的研究，政府资金应在基础研发环节集中发力，尽快突破核心技术和关键材料瓶颈。不仅如此，政府应做好统筹助力突破关键技术。日本通过隶属于经济产业省（METI）的新能源产业技术综合开发机构（NEDO）的良好机制，组织产业链龙头企业参与，汇聚政产学研用力量集中进行科研攻关，知识产权实行内部共享，有助于快速实现技术突破，也避免了分散研发带来的资源浪费和恶性竞争。近年来，我国企业自主研发的意识增强，不少涉氢央企、国企和民企各自都在瞄准燃料电池电堆技术进行研发，但基本上是各自为战，技术路线各异，专业人才稀缺，圈内互相挖人现象突出。我国应发挥新型科研举国体制优势，在氢能顶层设计中充分发挥国家能源委的高层次协调机制，统筹各部门政策和资金资源形成合力，集中突破关键技术瓶颈。

（四）自主技术突破前应把握终端应用节奏

中芯事件提醒我们，自主创新没有突破之前，大规模推广终端应用易导致核心技术受制于人。虽然有扎实的技术积累，但鉴于氢源和成本问题未得到有效解决，日本和韩国等产业化先行国家均对下一步市场推广持谨慎乐观态度。我国尚未突破关键技术，氢燃料电池汽车产业链利润大都在上游电堆环节，核心技术在国外，而这些国家在技术研发上投入多年尚未获得回报，正面临成本亟须摊薄困境。此时我们大规模敞开市场，必将导致产业链利润大幅外流，出现“花自己的钱，帮别人开拓市场”的尴尬局面，也就真正助力了对方氢能社会的实现。当国际经贸关系不佳时，极易受制于人。因此，终端市场的推广应与我国自主创新进度相匹配。

（五）防范产业无序竞争和产能过剩风险

氢能产业横跨能源、材料、装备制造等多个领域，既能有效带动传统产业转型升级，又能催生新产业链，整合带动效果突出。在近两年不断高涨的“氢能热”中，不乏苦练内功、稳扎稳打的企业和立足自身条件实事求是发展产业的地方政府，但也有一些地方为了追求短平快的政绩，和追求暴利的企业结合起来，不顾当地资源环境条件一哄而上布局产能。初步统计，全国已有 20 多个省份发布了氢能产业发展规划，规划的氢燃料电池电堆总产能超过 3000 兆瓦，氢燃料电池汽车产能总计近 10 万辆，跟风冒进现象严重。日本东丽公司历经百年深耕细作，成为全球顶级材料供应商，膜电极用膜和碳纤维占据全球最高份额。近年来将业务扩展至膜电极，但东丽表示产业链延伸到此为止，绝不涉足电堆，并表示当前还不会大规模扩张碳纸产能，其专业精神和谨慎态度令人深思。

（六）立足国情科学谋划氢能定位

日本虽然在 20 世纪 70 年代石油危机后便开始了对氢能的研究，但加速氢能发展却是在福岛核事故之后，主要目的在于实现“氢电共存”，解决能源短缺问题，缓解环保减排压力，并重新掌握在全球能源和新能源汽车发展的技术主导权。韩国也是个能源高度依赖进口的国家，发展氢能与日本初衷相似，同时希望通过扶持新兴产业来提振近年增长乏力的经济态势，发展氢经济是重要抓手。我国资源能源禀赋多样，对能源的选择及经济调控的回旋空间较大，应切实从我国国情出发，根据我国能源战略和产业发展需要，从全产业链系统谋划，科学理性明确氢能定位。目前氢能在我国热度很高，但产业发展尚待明确时间表和路线图。为此，应统筹考虑产业发展空间和潜力，认真研究氢能技术和产业发展趋势，科学预判技术突破和试验示范方案的时间节点、商业化应用的发展规模和生产成本，合理测算新能源汽车增量空间，以及氢燃料电池汽车对柴油车、重卡车的替代空间。这些都是关系我国氢能及燃料电池产业政策取向的关键问题，必须认真研究清楚。

五　促进中国氢能产业发展的相关建议

（一）尽快制定氢能产业规划并纳入国家“十四五”规划

顺应我国能源结构优化调整趋势，研究美国、日本、韩国、欧盟等发达国家和经济体能源发展战略，结合我国氢能产业发展实际情况，确定氢能产业发展战略导向，并尽快出台专项规划，明确氢能产业发展方向、目标和重点。一是引导地方政府和企业结合本地资源禀赋优势、产业基础和自身竞争力，科学合理布局区域产业；二是结合国内外发展实践经验，明确产业发展目标；三是理顺产业发展机制，针对车用氢能产业的不同主体，厘清主导者、参与者及其相互关系，把握产业需求，有的放矢；四是构建产业政策体系。

当前，正值国际氢能产业规模化发展初期，亟须利用好我国氢能产业发展的良好基础和巨大市场空间优势，抓紧实施氢能产业发展战略。建议将氢能产业发展纳入国家“十四五”发展规划，鼓励地方结合实际条件先行先试，实施一批技术攻关项目，提出一系列产业发展示范工程，出台扶持政策，破解政策瓶颈和法律法规制约，优化产业发展环境。

（二）探索以氢能应用化解清洁能源消纳问题

我国可再生能源规模较大，但仍面临弃电问题。探索以可再生能源电力制氢，形成若干模式，利用低价水电、风电和光电资源制氢，储能，统筹解决氢源和清洁电力消纳问题。可考虑以西南水电或三北地区风电、光伏等在当地制氢，探索以管道、液氢方式输往氢能消费地；也可探索以氢能消费地火电谷电制氢，为水电、风光电等腾出上网空间，既可提高火电设备利用小时数，又可解决清洁电力上网和氢源问题。可推动清洁电力生产地与氢能消费地结成氢能产业合作伙伴，探索采用电力生产地“制氢＋储运”或电力消费地“火电谷电制氢＋串换清洁电力额度”两条路径，统筹解决氢源和电力消纳问题，细化电力价格结算机制，保障清洁电力上网消纳或制氢收益。

（三）积极扶持技术研发和自主创新

针对关键技术不成熟、成本高等突出问题，我国应统筹规划，强化车用氢能技术研发，加快车用氢能制氢、储存、运输、加注及安全方面技术研发。不断完善氢能产业体系，对产业薄弱环节加强政策支持和引导，鼓励自主创新，加大对企业氢能研究相关投入的补助，激发企业主体作用。与此同时，加强专利保护意识，提升我国企业、高校参与国际市场竞争的强度，做好国际专利申请和布局，积极抢占科技制高点。强化产学研协同合作，结合各方优势，促进核心技术的研发与应用。

（四）健全行业监管体系和标准体系

结合行业发展形势，从国家层面明确行业主管部门和协作部门。明确氢作为能源的定位，完成氢气从化工气体向能源的角色转变。加强安全监管，完善氢气制、储、运、用等各环节法律法规和安全技术标准，实现全流程、各环节的全覆盖。加强安全法律与标准执行，细化各风险点的操作规程，责任到人。制定风险防范和危机处置方案，加强人员培训和安全知识普及推广。研究制定整个商用液氢供应链的标准和法规，解决运氢成本偏高问题。规范加氢站申请、批准程序，促进氢能基础设施建设，规范加氢站对公众开放的标准。构建符合中国氢能技术发展趋势的氢能技术标准体系，加强对氢能源利用管理、规范技术要求和产品认证等综合标准研究。

（五）建设示范区推动和扩大氢能应用

目前，普通大众对氢能不够了解，还有一些顾虑甚至“谈氢色变”。为消除认知差异，进而推动氢能产业商业化运行，推动扩大示范应用项目必不可少。燃料电池公交车和物流车技术门槛比较低，且在推广应用宣传方面更有优势，这可能会成为燃料电池车的突破口。我国自 2003 年起开始氢燃料电池汽车示范运行，截至目前我国已完成了两期燃料电池示范运行项目，第三期正在进行中。下一步应继续扩大示范区域，引入更加多元化示范车型，开创发展新的商业模式。

建议选择经济基础好、环保要求高和产业配套强的地区建设若干国家级“氢能和燃料电池应用示范区”，加强宣贯和示范活动，引导和提高公众对氢能的接受度。如，可考虑在广东结合粤港澳大湾区建设，在海南结合禁售燃油车、全域推广应用新能源车，打造国际旅游岛契机，先行先试，率先突破，建立覆盖全省的低碳、清洁公交物流体系，为全国氢能发展提供经验。

（六）突出氢能产业在粤港澳大湾区中的战略地位

粤港澳大湾区将成为我国经济重要增长极，其氢能产业发展起步较快，基础较好。同时，粤港澳大湾区集科研、产业和市场优势于一身，具备优先发展氢能产业的良好基础。建议在粤港澳大湾区战略中，突出氢燃料电池产业地位，打造湾区经济增长新动能。可依托香港、广州、深圳等中心城市的科研资源优势和高新技术产业基础，以及佛山、中山等城市在氢能产业的集聚优势，充分发挥国家级新区、国家自主创新示范区、国家高新区等高端要素集聚平台作用，打造产业链条完善、辐射带动力强、具有国际竞争力的氢燃料电池及汽车产业集群，形成以氢燃料电池技术研发和总部基地为核心的产业集聚带，带动区域经济发展，为全国氢燃料电池产业发展奠定基础。

参考文献

景春梅:《我国初具氢能产业化条件》,《经济日报》2018 年 9 月 27 日。

景春梅:《谱写我国氢能产业科学发展蓝图》,《经济日报》2019 年 6 月 10 日。

许国:《广东省佛山、云浮两市超前发展氢能产业的实践与探索》，载《国际氢能产业发展报告（2017）》，世界知识出版社，2017。

许国:《在粤港澳大湾区和珠三角氢能产业布局专题学习会议上的讲话》，2019 年 3 月 6 日。

欧阳明高:《中国新能源汽车的研发及展望》,《科技导报》2016 年第 6 期。

侯明、衣宝廉:《燃料电池技术发展现状与展望》,《电化学》2012 年第 1 期。

侯明、衣宝廉:《燃料电池的关键技术》,《科技导报》2016 年第 6 期。

凌文、刘玮、李育磊、万燕鸣:《中国氢能基础设施产业发展战略研究》,《中国工程科学》2019 年第 3 期。

王晓晨:《氢燃料电池汽车发展切忌“增量不提质”》,《中国能源报》2019 年 5 月 20 日。

中国汽车技术研究中心:《中国车用氢能产业发展报告》，社会科学文献出版社，2018。

中国经济信息社:《2017~2018 中国氢经济发展年度评价报告》，新华社，2018。

中国氢能联盟:《中国氢能源及燃料电池产业白皮书》，2019。

IEA, Technology Roadmap, 2015.

IEA, The Future of Hydrogen,2019.

般洋居士:《日本氢能与燃料电池简要研究》，2019。

《“一带一路”上的氢能地图》，https：//mp.weixin.qq.com/s?src=11×tamp=1563851421&ver=1745&signature=RGpQD6Wbf8s9V8UQkYHSynCPOXEoDZEccAPD-asze5oG-wmCTe8PXtZFm1ayW5BgEFBA54nuANNXRxwXxoAmzF-nQKiBaInkrRy6f9KwGpheIvPFykJViQKs7n6deVEt&new=1。

第一章　国际氢能产业发展进展及启示

当前，氢能产业备受全球关注，美、欧、日、韩等国推动氢能及燃料电池产业发展力度较大，在汽车研发与示范、分布式发电、家用能源等领域均取得积极进展，在氢燃料电池产业发展中走在世界前列。各国在推进产业发展时，均妥善考虑本国能源转型、绿色低碳等需要，结合本国实际采取适当推进政策，形成了一批具有自主技术的龙头企业，掌握了氢燃料电池产业若干环节的关键核心技术，使其在国际竞争中占据优势地位。

第一节　美国氢能产业发展进展

一　历史进程

美国发展氢能的历史最早可以追溯到20世纪70年代。随着石油危机在世界范围内的全面爆发，美国政府与工业界开始关注能源替代方案，氢能便是其中重要的组成部分。1970年，通用汽车技术中心便针对“化石能源经济”首先提出了“氢经济”（Hydrogen Economics）的概念。1974年，美国迈阿密召开了“THEME”（the Hydrogen Economy Miami Energy Conference）氢能会议。会议第二天，部分参与者组建了国际氢能学会（the International Association for Hydrogen Energy，IAHE）的雏形。1976 年，美国能源部颁布《电动和混合动力汽车的研究、开发和示范法》，并授权国家基金委管理“氢项目”，同年举办了第一届世界氢能大会。在 20 世纪 80 年代，随着石油危机的缓解，美国对氢能源项目的研究投资大幅度减少。直到 90 年代，人们开始关注全球气候变化与能源危机，节能环保思潮随之兴起，美国才重新提高了氢能研究的优先级，1990 年美国颁布《松永法案》[①]（Spark M. Matsunaga Hydrogen Research，Development and Demonstration Act of 1990），文件中制定了“氢能研发五年管理计划”，建立了氢气技术顾问小组，并正式将氢能项目的主导权转交给能源部。1992 年，颁布《1992 能源政策法案》（Energy Policy Act of 1992，EPAct），法案由美国能源部秘书长指导，力图在最短的时间内，采用较为经济的方法，突破氢气生产、输配及使用过程中的关键技术。1996 年，颁布《氢能前景法案》（Hydrogen Future Act of 1996），明确了氢能项目的筹资水平。虽然美国很早就开始关注氢能发展，但是整体上投入较少，如《Spark M. Matsunaga 1990 年氢研究、开发及示范法案》中计划的 1994 年全国氢能投资仅 1000 万美元。同时，政府部门的关注度也不够，主要依靠能源部等政府机构以及民间组织，未能形成独立的组织管理体系，且主要强调技术储备，对氢能的未来市场和长期发展脉络把握不够。

21 世纪之初，美国政府希望重塑美国能源政策体系，氢能逐渐步入国家能源战略当中。2001 年底，美国能源部召开了“国家氢能展望会”，会上建立了氢、燃料电池和基础设施技术规划办公室，发布了《美国向氢经济过渡的 2030 年远景展望》（A National Vision of

① Spark M. Matsunaga 为人名，美国日裔政治家斯帕克松永（松永正信），该法案确实以其名字命名。为便于读者理解，可将之简称为《松永法案》，详见 https://www.hydrogen.energy.gov/background.html。

America's Transition to a Hydrogen Economy-to 2030 and Beyond），同年的国家氢能政策文件中明确指出要发展下个世代的能源技术——包括氢能。2002 年 11 月，能源部发布《国家氢能发展路线图》（National Hydrogen Energy Roadmap），详细讨论了氢能发展在美国未来能源、环境领域所能做出的重大贡献以及氢能从制备、储存、运输到实际运用等领域的技术现状和技术发展趋势，该文件标志着美国氢能发展从理论转向实际，此后美国政府颁布了一系列政策，推进氢能的发展。同年，布什政府通过"自由合作汽车研究"项目向车辆行业投资了 1.7 亿美元，与氢能源有关的投资额为 3200 万美元，其中 1700 万美元用来研究可再生氢能源。2003 年初，布什政府正式宣布启动"氢燃料计划"，此后 5 年中共向氢能行业投资 12 亿美元，该计划的目标是加快氢能相关研究、发展及示范项目的建设，在 2015 年实现氢能及燃料电池技术的储备。2003 年 11 月，由美国、中国、俄罗斯、日本、德国等 16 个国家和地区组成的"氢经济国际伙伴计划"在华盛顿宣告成立，这标志着国际社会达成了发展氢能的共识，也为美国发展氢能产业提供了国际合作的基础。2006 年，美国能源部制定了《氢立场计划》（Hydrogen Posture Plan），进一步对美国氢能发展过程中可能遇到的问题进行了讨论。

此外，美国氢能研发也面临诸多问题，如研发成本极高，商业化进展缓慢，政府预算削减等。2009 年奥巴马政府曾计划将 2010 年用于能源部效率与可再生能源处（Office of Energy Efficiency and Renewable Energy，EERE）"氢与燃料电池项目"的预算从 1.69 亿美元削减 50% 以上，最终在美国氢能协会、燃料电池协会以及相关组织的共同努力下，维持了预算水准。并且在 2011 年 9 月，奥巴马政府还发布了新一期的"氢与燃料电池项目"，继续进行氢能的研发。2017 年 4 月 17 日，DOE 公布了新一轮的 3900 万美元投资，计划用于支持氢和燃料电池相关技术的研发。

二　国家政策

（一）联邦政府整体投资

在氢能领域美国政府向美国能源部的有关拨款总额如表 1-1 所示，包含与氢能、燃料电池相关的研究、发展、标准制定和相关教育的全部投资。

表 1-1　2004~2017 财年美国能源部与氢气、燃料电池相关预算

单位：千美元[a]

Department/ Office	Energy/Energy Efficiency and Renewable Energy	Energy/ Fossil Energy (Coal)[a]	Energy/ Nuclear Energy	Energy/ Science	Total
2004	144881	4879	6201	0.0[b]	155961
2005	166722	16518	8682	29183	221155
2006	153451	21036	24057	32500	231044
2007	189511	21513	18855	36388	266267
2008	206241	14891	9668	36483	267283
2009	195865	20151	7340	38284	261640
2010	170297	13970	5000	38053	227320
2011	95847	11394	2800	34611	144652
2012	101087	0	0	27466	128553
2013	95845	0	0	25769	121614
2014	89518	0	0	19922	109440
2015	94830	0	0	18499	113329
2016	98479	0	0	24686	123165
2017	98115	0	2000	22000	122115

注：a 预算数额包括了项目指导、研究经费。

b 2004 年氢能相关的基础科学研究投资约为 800 万美元，为了达成氢燃料电池倡议的要求，这部分项目投资在 2005 年重新规划，并增加了一部分。

资料来源：www.hydrogen.energy.gov/budget.html。

从表 1-1 中可以看出，布什政府中后期（2004~2008 年）对氢能的投资较高，一度达到年度 2 亿美元以上。2010 年，在经济危机的大背景下，奥巴马政府坚持缩减预算，逐渐缩减到原有规模的 50% 左右。2017 年，特朗普政府上台，总统个人及其团队的立场更偏向于传统工业界，且放开了对煤炭、石油使用的管制，美国政府对氢能的预算支持状况有所弱化。

（二）政府下属机构资助与补贴

美国联邦政府对氢能产业的补贴可以分为研发投资和消费者补助两部分。

1. 研发投资

美国政府向美国能源部等政府机构的拨款以多种形式流向氢能相关的企业和研究机构。根据 grants.gov 的数据，2008 年至今美国政府各大部门发起的与氢相关的登记在册的投资项目共 237 项，其中补贴性质的项目有 124 项，占比 52.3%。发起这些投资项目的部门主要是能源部（76 项，占 32.1%）和国防部（53 项，占 22.4%），交通部、商业部、教育部等部门也都不同程度地进行了立项。

美国能源部主要通过"氢能规划"（DOE Hydrogen Program）实现对氢和燃料电池技术的研究和应用，规划制定了从研发到产业化的计划路线，跨越 2000~2040 年。其中"燃料电池技术方案"（Fuel Cell Technologies Program）作为该规划研发阶段内容的重要组成部分，主要由美国能源部下属的能源效率及可再生能源部门（Office of Energy Efficiency and Renewable Energy，EERE）负责，具体投资方案、补贴审核及商业化运作是由 EERE 下属的金田办公室（the Golden Field Office，GFO）负责。投资、补贴形式主要有以下七种，部分具有竞争性，部分是非竞争性的。

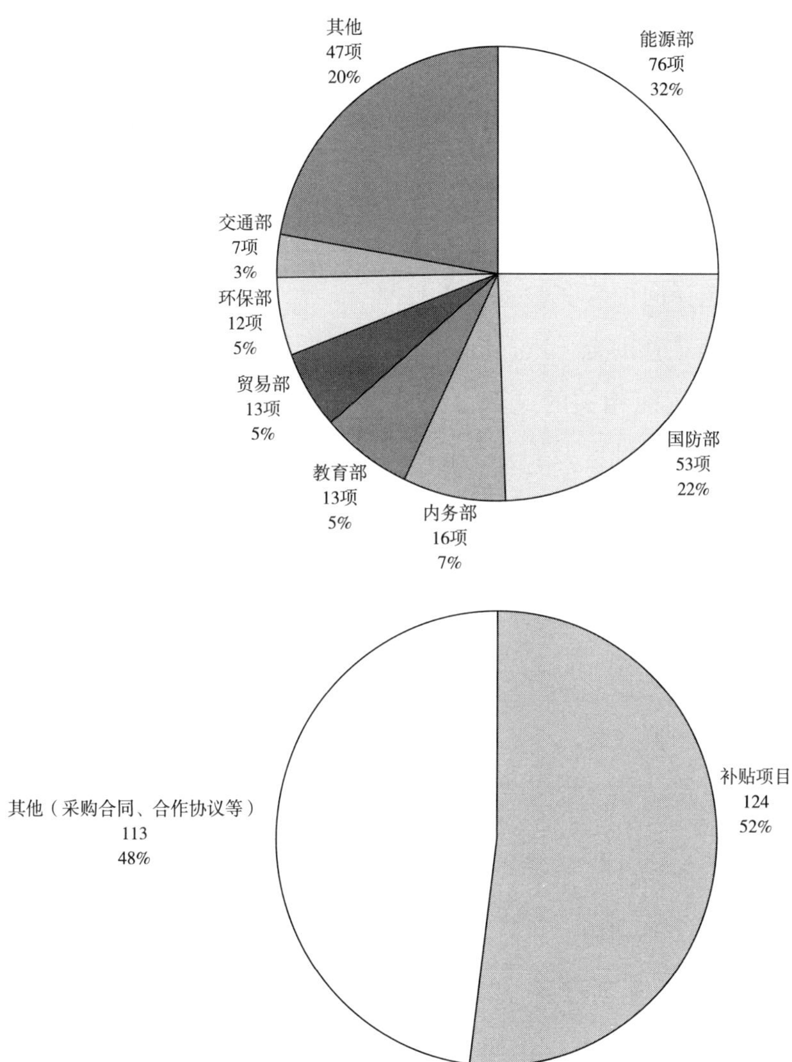

图 1-1　自 2008 年起美国由政府机构发起的氢能投资项目

资料来源：grants.gov。

（1）投资公告（Funding Opportunity Announcements，FOAs）

这是企业、研究机构主要获取投资的手段，由 EERE（或其他部门）发起的申请 - 审核制投资项目，与中国现有的国家重点项目类似。目前 EERE 开放的项目有材料高性能计算项目（HPC3Mtis）、氢能规模化目标项目（H2@Scale）等。

（2）合作研发协议（Cooperative Research and Development Agreements，CRADAs）

由 DOA（或其他部门）支持国家实验室与私营企业进行合作研发。CRADAs 不直接向两者提供资金，而提供其他方面的帮助，私营企业可以选择向国家实验室投资。

（3）公式补助金（Formula Grants）

美国与氢能相关的这部分公式补助金指由联邦政府确定补助公式的面向家庭、社区及企业的住房能源改造补助金以及一系列辅助措施，主要由国家能源计划（State Energy Program，SEP）和气候援助计划（Weatherization Assistance Program，WAP）组成。其中 WAP 的运作方式是 DOE 和州政府（及公共事业部门）按照 1 ：4.62（2015 年）的出资比例向全国 700 多家当地机构签订合同，为符合条件的家庭提供服务。

（4）采购（Acquisition）

一方面，DOE 与企业签订采购合同，通过购买、租赁和交换的形式向企业购买财产或服务；另一方面，DOE 与能源服务公司合作，提供节能绩效的合同服务。

（5）小企业创新研究 / 小企业技术转让奖励［Small Business Innovation Research（SBIR）/Small Business Technology Transfer（STTR）Awards］

这是具有强烈竞争性的补助方案，目的在于鼓励美国中小企业参与联邦教育和研发工作。具体的实施方案为：美国能源部技术办公室向一期项目研究中证明技术可行性创新的小企业授予第一阶段的资助。大多数第一阶段资助金额为一年不到 15 万美元。如果成功完成，一期项目有资格进入二期。根据技术的不同，二期的资助金可高达 100 万美元或高达 150 万美元，而作为二期奖项还可提供额外的 100 万美元；2018 年氢能与燃料电池领域共有 4 家机构参与该项目。

（6）技术投资协议（Technology Investment Agreement，TIA）

TIA 是一种辅助工具，在极少数情况下用于支持或激励涉及营利性公司的研究项目，尤其是主要在商业市场开展业务的商业公司。

（7）非应标建议书（Unsolicited Proposals）

非应标建议书是企业或机构自发向国家能源技术实验室提供建议书，国家能源技术实验室根据建议书的内容进行投资的方式。

美国国防部的研究则主要集中于氢能和燃料电池在军事方面的应用，研究重点是质子交换膜和固体氧化物燃料电池。其核心项目包括“高级电力和能源项目”“热电电力生产”，以及为固体氧化物燃料电池系统的军事应用研发制氢设备（达到 10kW）等。具体投资形式除不参与公式补助金之外，与能源部基本一致。

2. 消费者补助

2018 年 2 月，美国政府面向所有安装氢能及燃料电池设备（包括燃料电池叉车、燃料电池电站等，不包括加氢站）的一切满足如下条件的企业及个人重启了氢能及燃料电池投资税减免政策（Investment Tax Credit，ITC）：在美国各州境内安装及使用；2017 年 1 月 1 日以后新建且容量大于等于 500W；燃料电池系统的纯电运行效率必须大于 30%；在 ITC 的有效时限内必须正常运行。

满足条件的氢能项目可以向美国国税局以退税形式申请退回（相当于补贴）建设、安装成本，金额取 3000 美元 /kW 和成本的 30% 之间的较小值。但 ITC 补贴政策按照项目建设开始时间退坡：2017 年 1 月 1 日至 2019 年 12 月 31 日，补成本的 30%；2020 年 1 月 1 日至 2020 年 12 月 31 日，补成本的 26%；2021 年 1 月 1 日至 2021 年 12 月 31 日，补成本的 22%，且要求在 2024 年 1 月 1 日之前投入使用。

除上述补助外，美国还对所有氢能基础设施的运行费用实行

30%~50% 的税收减免。整体来看，美国对氢能及燃料电池项目的补贴额度退坡相对较快。

（三）各州政策及发展状况

由于美国联邦制的特点，各州氢能政策和发展状况有很大不同。美国 50 个州中有 46 个州安装了氢能相关的设备，其中加利福尼亚州、纽约州、亚拉巴马州等 9 个州除了有氢能的生产线 / 供应商以及相应的项目之外，还成立了相应的部门来负责氢能及燃料电池产业的发展。

1. 加利福尼亚州

（1）清洁能源汽车补贴项目（Clean Vehicle Rebate Project，CVRP）

加州向当地购买 / 租用近零排放车辆 / 插电式混动 / 氢燃料电池汽车的个人和家庭提供最高 5000 美元的补助，对于年收入在 35640 美元以下的个人或 72900 美元以下的家庭可以提供最高 7000 美元的补助。截至 2017 年 3 月，加州已经有 775 辆氢燃料电池汽车获得了 CVRP 项目的补贴。

（2）基础设施建设

加州政府计划直到 2024 年初每年向替代和可再生燃料和车辆技术项目（Alternative and Renewable Fuel and Vehicle Technology Program，ARFVTP）拨款 2000 万美元用于加氢站建设，目标是建设至少 100 座加氢站。此外，2017 年初，加州能源委员会发起了共计 3300 万美元的氢能基础设施建设资金。

（3）燃料电池卡车 / 巴士

2000 年颁布的加州运输车队规范（California's Transit Fleet Rule）中要求运输行业从业者逐渐进行能源转型，达成近零排放的目标。所以截至 2016 年底，加州有 19 辆燃料电池卡车 / 巴士投入常规运营。此外，加州燃料电池协作会（California Fuel Cell Partnership，CaFCP）发布的中型/重型燃料电池卡车行动计划（Medium- & Heavy -Duty Fuel Cell Electric Truck Action Plan For California）中采取措施进行其商业化推广，提高燃料电池卡车相关基础建设的优先级。

2. 康涅狄格州

（1）康涅狄格州氢能与纯电动汽车购置补贴（Connecticut Hydrogen and Electric Automobile Purchase Rebate，CHEAPR）

从 2016 年 1 月开始，康涅狄格州将购置/租赁新能源汽车的补贴金额从 3000 美元上调到 5000 美元，补贴仅限建议零售价在 60000 美元以下的车辆。

（2）颁布 HB-5510 氢燃料电池汽车法令

该法律允许燃料电池车辆停放在地下室，并更改了之前对以加压气体作为燃料的车辆进行特殊标注的法案，修改为“只要是符合相关联邦法规和轻型乘客使用标准的车辆都可以不用特殊标注”。

3. 马萨诸塞州

马萨诸塞州新能源汽车补贴项目（Massachusetts Offers Rebates for Electric Vehicles program）：针对满足要求的氢燃料电池汽车，补贴额度在 750~2500 美元。

4. 纽约州

对于行驶里程在 10~50 公里的燃料电池车辆，纽约州给予 2500 美元的补贴，而对于 50 公里以上的车辆给予最高 5000 美元的补贴。而对于氢能基础设施项目，纽约州给予最高 25 万美元的补贴。

三 代表项目、企业与市场运用

美国氢能行业的代表企业有很多，多数集中在氢能政策较好的地区。

（一）氢燃料电池汽车、叉车方面

1. 通用公司

2017 年 10 月，通用公司向媒体发布了正在研制的燃料电池车辆平台 SURUS（Silent Utility Rover Universal Superstructure）。它基于 Hydrotec 燃料电池系统和通用原有的四轮驱动卡车平台开发，尺寸与集装箱接近。它的设计应用范围很广，比如用作移动和应急发电、货物运输、救灾援助等。目前该平台正在极端条件下进行压力测试。

图 1-2　通用氢燃料电池概念平台 SURUS

图片来源：通用官网新闻页，www.gm.com /our-stories/technology/。

此外，通用在 2013 年 7 月与本田正式达成一项战略协议，共享燃料电池技术，力求在 2020 年将新的燃料电池技术投入使用。

2. 普拉格动力公司（Plug Power）

普拉格动力公司位于纽约州，是一家系统集成的供应商，其主要产品是用于叉车的质子交换膜燃料电池系统 GenDrive，是美国推广燃料电池叉车最主要受益者。2016 年，公司研发投入为 2117 万美元，总投资为 8593 万美元，总收入为 8198 万美元。截至 2018 年底，Plug Power 共向全世界的诸多商业巨头（Amazon，Walmart，Supervalu，Whole Foods，BMW）售出了 25000 组 GenDrive。新推出的 ProGen 电堆将能量密度提高到原技术的 2.5 倍并降低了 25% 的生产成本。

图 1-3　GenDrive Class3 以及它驱动的叉车

图片来源：www.plugpower.com/products/gendrive/。

（二）固定式燃料电池（动力系统、燃料电池热电联产系统以及备用电源等）方面

1. 布鲁姆能源（Bloom Energy）

布鲁姆能源位于加利福尼亚州，是美国固体氧化物燃料电池（SOFC）的代表企业。其前身是亚利桑那大学与美国航天局的合作项目团队，在 2001 年该团队成员开办了 Bloom Energy。主要产品是迷你冰箱大小的家用燃料电池电站 Bloom Box，数个 Bloom Box 组合在一起就成为一个“能源服务器”。公司主要与 Equinix、AT & T、谷歌、联邦快递等科技公司合作，提供部分燃料电池发电站的建设。Bloom Energy2018 财年营业收入为 7.42 亿美元，同比上涨 97.35%。

2. 燃料电池能源（FuelCell Energy）

燃料电池能源位于康涅狄格州，是一家全球领先的综合性燃料电池公司，主要产品是固定式燃料电池电站（一种熔融碳酸盐燃料电池），以电化学方式从包括天然气和沼气在内的一系列基本燃料中产生电和热。为全球能源供应、回收和储存提供清洁、创新的解决方案，产品主要的买方是政府机构。2018 年，研发投入为 2281 万美元，

总收入为 8943 万美元。

3. 联合技术动力公司（UTC Power）

联合技术动力公司位于康涅狄格州，主要生产建筑用燃料电池、巴士、汽车用燃料电池，还为航空事业和潜艇应用开发了燃料电池。其燃料电池可为现场发电、运输、航空和国防应用供电，同时公司还开发可再生能源解决方案以及分布式能源市场应用的冷热电联供系统。除氢燃料电池之外，UTC Power 公司还生产甲烷燃料电池。迄今为止，公司在六大洲的 19 个国家设计、制造和安装了 300 多个固定燃料电池。该发电厂已进行超过 940 万小时的野外作业，生产了超过 16 亿千瓦时电力。

（三）供应商方面

空气产品公司（Air Products）位于宾夕法尼亚州，是一家世界顶级的工业气体、化学中间体产品和相关设备的供应商，在加氢站领域具备很大优势。加利福尼亚州目前的 34 座零售加氢站中，有 31 座使用了空气产品公司的设备，其中更有 7 座是空气产品公司设计运营的。目前其加氢成本已经压缩到每千克 10 美元以下。

第二节　欧洲氢能产业发展进展

一　历史进程

欧盟把燃料电池和氢能源技术发展成为能源领域的一项战略高新技术，使欧盟在燃料电池和氢能源技术方面处于世界领先地位。高新技术的研究和发展以及新型能源市场的建立，主要目的是更好地应对能源和气候变化的挑战，帮助欧盟实现其 2020 年的减排目标。2003

年，欧盟促成了欧洲研究区（European Research Area，ERA）项目，该项目旨在联合欧洲共同体的力量进行更有战略意义的研发活动，项目涉及诸多领域的跨国合作。作为该项目的重要实践措施，欧盟以合作协议为基础建立了很多研发平台，其中之一就是2004年建立的欧洲氢能及燃料电池技术研发平台（European Hydrogen & Fuel Cell Technology Platform，HFP），其早期主要功能是向欧盟委员会提供氢能与燃料电池发展的相关前瞻报告以及政策建议。2005年，HFP下属的战略研究议程（Strategic Research Agenda，SRA）小组制定了欧洲的氢能发展路线图，计划在2020年以后用氢能来满足社会整体日益增长的能源需求并在全欧洲拓展氢能网络。在2007年3月，欧盟领导人通过了能源和气候一揽子计划。计划中，欧盟承诺到2020年将温室气体排放量在1990年的基础上至少减少20%；将欧盟可再生清洁能源占总能耗的比例提高到20%；将欧盟化石能源的消费量在1990年的基础上减少20%。为实现这些承诺，氢能在欧盟的发展势在必行。

欧洲对氢能及燃料电池研发与推广的资金支持主要是处于欧盟框架计划（Framework Programme for Research，FP）之下的，从2003年ERA成立开始，FP中与氢能相关的投资项目有如下几个。

FP6（2003~2006年）：第一轮资金支持涉及30个项目，共投入资金1亿欧元，涉及氢能制造（1460万欧元）、氢能贮藏（1070万欧元）、氢能安全及其标准制定（750万欧元）、氢能运输（2134万欧元）、氢能应用（1350万欧元）、高温燃料电池（1510万欧元）、SOFC燃料电池（1495万欧元）、便携式燃料电池（275万欧元）以及其他通用技术研发（21万欧元）。相对于FP6的175亿欧元资金投入总额的份额相对较小，不到1%。

FP7（2007~2013年）：共投入7.9亿欧元进行氢与燃料电池有关的项目。其中大部分资金主要用来支持2008年建立的燃料电池和氢能联合组织（Fuel Cells & Hydrogen Joint Undertaking，FCHJU）进行研发工作，共投入约 4.5 亿欧元，其中 34% 用于交通方面氢能的研究，11% 用于氢生产方面的研究，36% 用于加氢站及固定式燃料电池的研究，13% 用于市场化研究，7% 消耗在横切活动（Cross-cutting Activity，指跨领域的综合研究，如发展战略、环境影响等）中。

Horizon 2020（2014~2020 年）：欧盟计划向 FCHJU 提供共计 6.65 亿欧元进行研发活动，除此之外，对类似于 TEN-T/CEF 和 H2020 这样的氢能 / 燃料电池相关项目也将进行投资。折算下来欧盟目前对氢能及燃料电池产业的投资约为 1.2 亿欧元 / 年。

二　国家政策

欧盟氢能的多数政策是以多国合作的形式进行氢能及燃料电池发展的支持，德国等少数国家有突出的自主政策。

1. 欧盟 – 燃料电池和氢能联合组织（FCHJU）

2008 年 5 月 30 日，欧盟成立了 FCHJU，作为欧盟委员会、欧洲工业界和研究组织三者之间的公私合作伙伴关系，旨在加速燃料电池和氢技术的开发和部署。投资经由 FP7 和地平线 2020 计划向各个项目投资，截至 2017 年底，FCHJU 参与的氢能领域的投资额已经超过 7 亿欧元。时至今日，FCHJU 已经支持了全欧洲的 227 个研究和部署项目。此外，欧洲政府已经确定在 2024 年开展第二阶段的燃料电池与氢联合承诺计划（FCH 2 JU），进一步对氢能相关项目进行支持。

2. 欧盟 – 欧洲城市清洁氢能项目（Clean Hydrogen in European Cities project，CHEC）、H2moves Europe

这两个项目都是 FCHJU 体系下的大型车辆示范项目，于 2011 年底正式开始实施，分别着眼于燃料电池家用车、燃料电池巴士以及相关的基础设施建设（如加氢站等）。2016 年底结项时，CHEC 投资运行了 54 辆燃料电池巴士，并且与之相关的项目将燃料电池巴士的成本从 100 万欧元 / 辆降低到了 65 万欧元 / 辆。

3. 德国 – 氢能与燃料电池科技创新计划（NIP）

由于对汽车工业的依赖，德国在欧洲氢能和燃料电池技术领域的投入处于绝对领先地位。德国在 2007 年启动了“氢能与燃料电池科技创新计划”，计划在 10 年内投入 5 亿欧元科研经费，同时要求参与企业按照 50% 的比例投入配套资金来支持氢能和燃料电池技术领域的技术研发。为管理 NIP 的项目与经费，德国政府以有限公司的形式成立了国家氢与燃料电池组织（The National Organisation Hydrogen and Fuel Cell Technology，NOW）。截至 2017 年底，NOW 主导的 NIP 项目完成了 145 个，还有 20 个项目正在运行当中，涵盖了德国参与的包括燃料电池研发、加氢站建设、氢能运输（汽车、轮船等）、氢能固定式电站等几乎所有与氢能相关的领域，投资对象包括企业 - 研究机构、企业 - 地方政府等。2017 年，麦肯锡咨询公司代表德国联邦运输和数字基础设施部对 NIP 进行了项目评估。评估结果显示，NIP 为加速氢能技术市场开发，确保德国在这一领域的技术领先地位，进一步发展氢能增值产业链做出了重大而有力的贡献。2007~2016 年，德国政府和工业界在 NIP 氢能和燃料电池项目上实际共投资约 14 亿欧元。约有 240 家工业公司和 50 家研究机构以及公共实体获得了国家实施计划的资助。受益公司的平均营业额在 NIP 实行阶段翻了两番，达到每年约 2.6 亿美元。也因此德国于 2017 年通过了 NIP 第二阶段框架，2019 年的经费为 2.5 亿欧元。2017 年 7 月，宝马、戴姆勒等 11 家企业联合申请了燃料电池自动化生产的项目，共获得 NIP 2130 万欧元的支持。至 2017 年 9 月，德国投入使用的氢燃料电池汽车数量共为 488 辆，加氢站共 42 座，4 座建成尚未运行，15 座在建，另有 17 座已经在计划中。

4. 丹麦、英国－免税与补贴

丹麦从2012年开始对购买氢燃料电池汽车的个人实行免税政策，原政策2015年到期。2015年11月，丹麦政府通过了一项政府决议，将现有对于氢燃料电池汽车的免税优惠政策延长至2018年。英国交通部主导的氢燃料电池汽车补贴方案对售价低于6万英镑的氢燃料电池乘用车提供4500英镑的补贴，相应的商用车最高能得到8000英镑的补贴。

三 代表项目、企业与市场运用

（一）传统车企方面

由于传统燃油车的排放问题以及能源转型需要，世界各国传统车企都或多或少地在进行氢燃料电池汽车的研发与技术储备，近几年更是纷纷推出了性能各异的氢能汽车概念车型。欧洲传统车企早期战略上对氢能汽车没有足够重视，导致在该领域与日本、美国存在一定的差距，直到FCH JU项目的出台和丰田Mirai的横空出世，欧洲车企才逐渐加快这方面工作，目前推出的车型多数是基于电动汽车开发的混合动力车型。

1. 大众

为针对同年发布的丰田Mirai，大众早在2014年的洛杉矶车展上就推出三款氢燃料电池混合动力汽车：奥迪A7 Sportback h-tron quattro、高尔夫Sportwagen HyMotion、Passat HyMotion（和高尔夫HyMotion的基本架构较为类似），可这三款车型此后并未投入生产，仅停留在样车阶段。2018年，大众又在商务领域推出了一款新的概念车Crafter HyMotion，这款概念车基于2016年发布的纯电动商用车e-Crafter开发，设计续驶里程超过500公里，虽然它现在还是概念阶段，但大众表示该款车型所需要的全部生产技术已经成熟，只等欧洲氢能基础设施得到完善、零部件成本降低就能投入生产。

图 1-4　大众的氢能汽车

注：从左至右为奥迪 A7 Sportback h-tron quattro，高尔夫 Sportwagen HyMotion、Crafter HyMotion。

图片来源（从左至右）：奥迪中国（www.audi.cn），green car site（greencarsite.co.uk），中国卡车（www.chinatrucks.com）。

2. 戴姆勒 - 奔驰

1994 年戴姆勒 - 奔驰就推出了它的第一台氢燃料原型车 NeCar 1。2010 年奔驰在美国、欧洲、新加坡和日本小范围试行租赁了 60 辆基于梅赛德斯 - 奔驰 A 级车和 B 级车架构开发的 F-Cell 车型，其续航里程约为 402 公里。2017 年法兰克福车展上，奔驰基于 GLC 款 SUV 推出了相应的氢能混合动力车型 GLC F-CELL，在保持了 GLC 作为 SUV 的动力性能之外，续航里程能达到 437 公里，该车计划在 2019 年投入量产。

图 1-5　戴姆勒的氢能汽车

注：从左至右为 NeCar1、F-Cell、GLC F-Cell。

图片来源（从左至右）：www.flickr.com/photos/brikupfer/14960594206/，en.wikipedia.org/wiki/Mercedes-Benz_F-Cell，www.motor1.com/news/179910/mercedes-glc-f-cell-reveal/。

3. 宝马

宝马是欧洲最早试图将氢能汽车进行商业化推广的汽车公司。

2006年11月，宝马推出了宝马氢能7系，2007年正式发布。宝马氢能7系的动力技术并非主流的氢燃料电池，而是通过其6.0升V12氢/汽油双燃料发动机燃烧氢气驱动的，燃氢与燃油时的最大输出功率均为191kW，最大扭矩为390Nm，纯氢驱动模式下设计续航里程为200公里，这款车型由于价格昂贵、氢能设施建设极不完善等原因只有小规模生产。2015年，宝马宣布重拾氢燃料汽车项目，并展示了以宝马5系平台为基础的氢燃料电池样车，并计划在2021年量产氢燃料汽车，改换技术方向，以宝马赛车部门为核心研发氢燃料电池技术。

图 1-6　宝马的氢能汽车

注：从左至右为宝马氢能7系、宝马5系氢燃料电池样车。

图片来源（从左至右）：http：//4s.315che.com/100018867/pic-7868-871.htm，http：//auto.qq.com/a/20170331/019654.htm。

（二）企业联盟方面

1. H2 MOBILITY Deutschland

2015年由德国政府和企业牵头，德国戴姆勒（Daimler）、法国液化空气公司（Air Liquide）、德国林德气体（Linde）、奥地利石油与天然气集团（OMV）、荷兰壳牌石油（Shell）和法国道达尔（Total）六家欧洲汽车、能源巨头结成了H2Mobility联盟，并以合资形式建立了H2 MOBILITY Deutschland GmbH&Co.KG，以社会产业资本的身份作为这六家财团与德国 NOW 合作的接口，主要进行氢能基础设施的建设和运营工作，包括供氢网络规划、申请许可证、采购、施工、运行和维护等。计划到 2019 年，在汉堡、柏林、莱茵河 - 鲁尔、法兰克福、纽伦堡、斯图加特和慕尼黑等大都市区以及主要道路和高速公路上建成并运营 100 座加氢站，到 2023 年增加到 400 座。这与德国政府对加氢站的建设规划基本一致。

2. H2 MOBILITY UK

这是由来自世界各国能源、汽车、工业气体等领域的企业、欧洲公私合作伙伴关系以及三个英国政府部门所组成的英国氢能联盟。与德国的 H2 MOBILITY 不同，它并没有成立一个具体的公司进行投资和政企合作，而是将主要工作放在了对氢燃料电池汽车发展路线图的研究上。2012~2015 年，它对企业、政府和市场进行了多方面的调研，并形成了相应的研究报告。

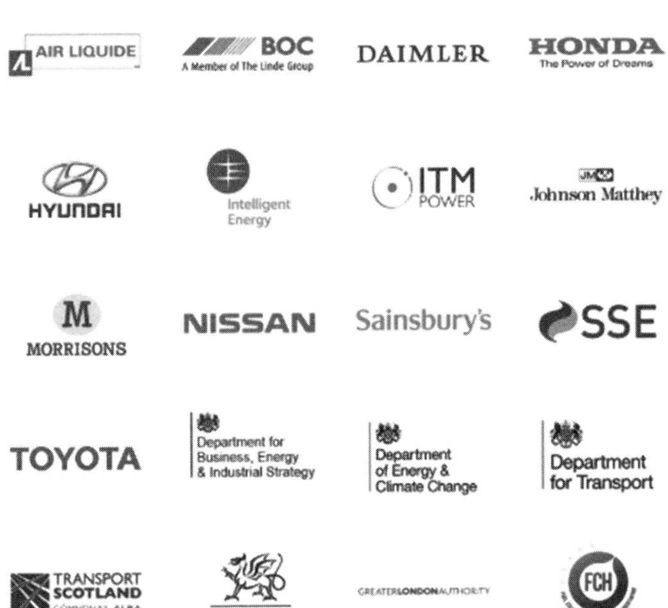

图 1-7　UK H2 MOBILITY 成员一览

（三）供应商方面

1. 西门子 – 阿尔斯通（Siemens–Alstom）

阿尔斯通位于法国，原名为通用电气 - 阿尔斯通，在能源、输配电、运输、工业设备、船舶设备和工程承包六大业务进行运作。2015 年 11 月，阿尔斯通以 124 亿欧元的金额将能源业务（发电和电网）出售给通用电气，完全专注于其轨道交通业务，德国 40% 尚未电气化的铁路环境成为其最好的市场。2016 年，阿尔斯通就与德国政府进行深度合作，公布了世界第一台氢能列车 Coradia iLint，该列车于 2017 年正式投入运行，搭载两台 198kW 燃料电池系统并配备了两组 111kW 锂电池设备，续驶里程达 600~800 公里。德国汉堡市向阿尔斯通公司购买了氢能源列车，首批订购量为 50~60 辆，前期投入已超过 800 万欧元。2018 年 3 月，德国老牌电子电气厂商西门子（Siemens）与阿尔斯通宣布合并，将是中国未来发展氢能列车最强的对手。政府对西门子 - 阿尔斯通的投资也颇为慷慨，根据 NOW 的统计，仅西门子—阿尔斯通与亚琛工业大学合作的 X-EMU（将燃料电池集成到轨道车辆的技术研发项目）总预算就有 2034 万欧元。

表 1–2　X–EMU 项目预算

Förderkennzeichen:
03B10502

Partner	Laufzeitbeginn	Laufzeitende	Gesamtbudget	Fördermittel
Siemens AG	01.10.2017	30.09.2019	16.802.200 €	8.149.067€
RWTH Aachen	01.10.2017	30.09.2019	3.536.317 €	3.536.317€
			20.338.517€	11.685.3846€

资料来源：www.now-gmbh.de/en/national-innovation-programme/projek tfinder/ verkehr/x-emu。

2. 智慧能源（Intelligent Energy）

智慧能源位于英国，成立于 2001 年。主要产品是质子交换膜燃料电池以及集成化的动力系统，专注于无人机电堆、移动式燃料电池电站以及车用高功率密度蒸发冷却燃料电池市场。与日本铃木汽车公司携手开发了“伯格曼燃料电池摩托车”，是第一个达到欧洲整车型认证的燃料电池摩托车。此外，Intelligent Energy 公司还为波音公司世界上第一架载人燃料电池飞机提供燃料电池动力，也为空中客车公司的燃料电池公司提供产品。如今，Intelligent Energy 公司已经拥有超过 440 项专利。

3. ITM Power

ITM Power 公司位于英国，基于质子交换膜和电解水技术进行氢气制备以及加氢设备的研究，早期工作核心是氢气储能和制备，近年来主打可再生能源制氢（主要是风能制氢）。公司与波音欧洲研究与技术中心（Boeing Research & Technology Europe S.L.U.）签订了设备开发与租赁协议，以开发、组装和现场试验质子交换膜燃料电池（每天产出为 2.1 公斤）。同时还参与德国的 Power-to-Gas 储能项目。2018 年，公司前三季度的总收入及拨款共计 141 万英镑，同比增长了 53%，且 2018 年总共销售了 16 吨氢气，同比增长了 700%。

4. Nedstack

Nedstack 公司位于荷兰，主要产品是液冷式燃料电池电堆，应用于叉车、船舶、商用车和电站等领域。截至 2018 年，全世界已经有超过 500 个燃料电池系统是基于 Nedstack 的技术开发的，其中包括 2012 年建立的当时世界上最大的质子交换膜燃料电池系统，也即在比利时安特卫普市 Solvay 公司安装的基于氯碱工业副产氢的 1MW 级“PEM 电厂”燃料电池系统，该系统的表现一直十分出色，有 50% 的发电效率，80% 的总效率和 99% 的电能利用率。2016 年，Nedstack

与荷兰化学制品公司 AkzoNobel、机械设备公司 MTSA Technopower 联合，在中国山东向营创三征交付世界首座 2MW 级基于氯碱工业副产氢的 PEM 电厂。

5. Air Liquide

Air Liquide 公司总部位于法国，在中国、美国、日本等地建立了大型分公司，是一家以气体技术为核心的综合性公司，其早在 1962 年建成的先进技术研发中心就参与到法国“阿里安”系列火箭（Ariane program）有关的研发项目当中，其中有部分项目与氢能源相关。现在，由于 Air Liquide 深厚的气体技术背景，韩国现代、欧洲大众等氢燃料电池汽车企业，以及我国的玉皇化工、OMA 等副产氢的化工企业，都和 Air Liquide 建立了合作关系。

第三节　日本氢能产业发展进展

一　历史进程

日本是资源短缺型国家，90% 以上的能源消费依赖化石能源进口，而且在福岛核电站事故之后，利用核能受阻。日本能源战略中，降低石油对外依存度成为最重要的内容。氢能被视为日本能源结构转型、保障能源安全和应对气候变化问题的重要选择。如今，氢能发展已经上升到日本国家战略的层面。

1973 年 10 月，第四次中东战争导致第一次石油危机爆发，世界各国强烈感受到能源安全对国家乃至世界经济政治以及社会生活的重要性。同年，日本成立“氢能源协会”，以大学研究人员为中心开展氢能源技术研发工作。在 1980 年，日本经济贸易产业省（Ministry of Economy，Trade and Industry，METI）正式设立日本新能源产业技术综合开发机构（The New Energy and Industrial Technology Development Organization，NEDO），此后NEDO在氢能领域从技术、产业、预算管理等角度进行战略的制定与执行，成为政府与研究机构和企业的桥梁。1981年，日本正式将燃料电池技术的研发纳入"月光计划"（日本1978年推出的战略性节能规划）的范围中，标志着日本政府和研究机构开始正式向氢能产业投入资源。此时日本重视熔融碳酸盐燃料电池的研究，直到1989年，日本才开始固体氧化物燃料电池的研究，与美国相比，日本晚了近十年。1993年，NEDO牵头设立了1993~2003年"氢能源系统技术研究开发"综合项目（WE-NET），涉及氢气制备、储存、运输以及最终使用等氢能全产业链。同一时期，丰田、本田和日产投入氢燃料电池汽车的早期研发中，东芝、松下以及三洋等电气公司各自启动了家庭式燃料电池设备的开发项目。2002年，日本METI启动了氢能源及燃料电池示范项目（Japan

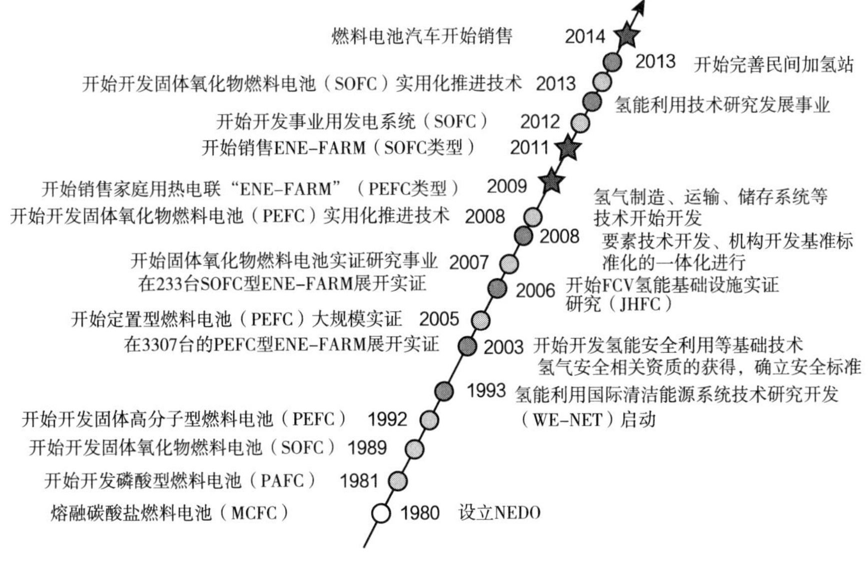

图1-8 日本氢能技术的研究历程

资料来源：日本NEDO《2014氢能产业白皮书》。

Hydrogen &Fuel Cell Demonstration Project，JHFC），它包括氢燃料电池汽车研发推广和氢能基础设施建设两个方面，该项目分为两个阶段：2002~2005 年为第一阶段，采用全生命周期等研究方法来论证氢燃料电池汽车和加氢站建设的实际效用，并在 2006 年发表了氢燃料电池汽车和加氢站的发展可行性报告；2006~2010 年的第二阶段，从数据、方法等多个角度分析了日本在氢能领域的政策、技术发展方向。

战略方面，2006 年日本发布的《国家能源新战略》当中明确提出，到 2030 年总能源储备增长 30%，石油依存度降低到 40%，核能发电率为 30%~40% 的发展目标。2007 年，与《国家能源新战略》相呼应，METI 联合日本汽车工业协会、石油行业协会发布了《下一代汽车和燃料的解决途径》，其中明确提出了 2030 年氢燃料车和氢燃料电池汽车售价要达到传统汽油车同等水平。2013 年 5 月，日本政府提出的《日本再复兴战略》将氢能源发展提升到“国策”地位，并启动民间加氢站建设工作。2014 年，日本政府发布第 4 次《能源基本计划》，将氢能与电力、热能并称为“核心二次能源”，提出建设“氢能社会”的终极目标。计划提出，为进一步普及固定式燃料电池，各部门需要力求继续降低成本，并进行相关应用的实证研究，同时要为燃料电池车大量投入市场进行社会环境方面的综合准备。同年 6 月，METI 制定《氢能与燃料电池战略路线图》，就日本氢能源政策、技术和发展方向等方面进行了全面阐述，并制定了氢能源研发推广的时间表。2016 年 3 月，METI 对路线图进行了修订，提出了日本实现“氢能社会”目标的三个阶段：第一阶段到 2025 年，快速扩大氢能的使用范围，实现氢能利用市场的进一步普及；第二阶段到 2030 年，全面引入氢发电和建立大规模氢能供应系统；第三阶段从 2040 年开始，建立起 CO_2 零排放的供氢系统。2017 年 12 月，日本政府进一步发布了《氢能源基本战略》，确立了2050年氢能社会建设的目标以及到2030年短期内的具体行动计划，其中提到了加氢站的建设规划。在这份文件中，日本进一步提高了氢能的重要性，将它与其他可再生能源并列，力求通过补贴政策、税收优惠、设立示范基地等措施进一步扩大氢能市场。

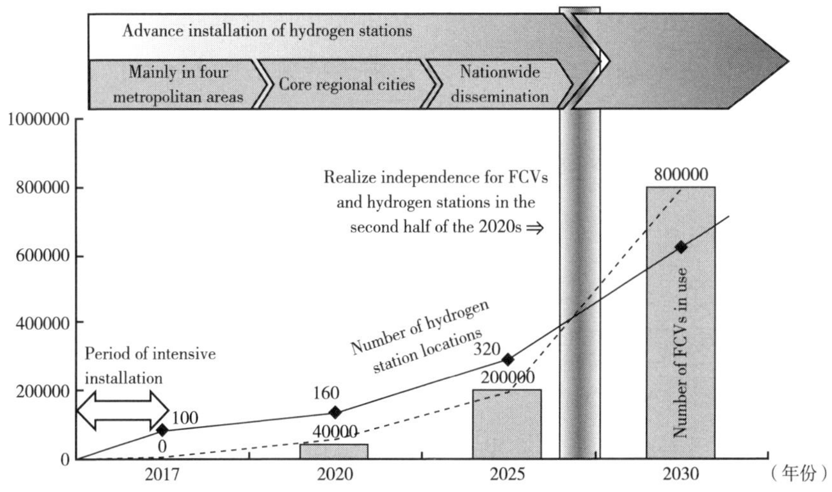

图 1-9 日本政府对氢燃料电池汽车以及加氢站的发展规划

资料来源：日本METI，Outline of the FY2016 Annual Report on Energy。

近十年来，日本广泛采取各种政策措施推广氢能产业，推广对象包括氢燃料电池汽车、分布式燃料电池发电站以及家用分布式燃料电池热电联供系统等。2014年，Mirai正式在大阪发售，这也是世界首个实现商业化的氢燃料电池汽车。2015年，日本政府和企业共同将2014年称为“氢能元年”，宣布在未来进一步加快氢能产业化的步伐，这也确立了日本在氢能领域“龙头老大”的地位。2017年3月，日本氢能与燃料电池领域的优先权专利数量达66971个，在全球占比56%，牢牢把控着全球专利排名第一的地位，且在多个关键技术上绝对领先。

二　国家政策

（一）研发投资方面

日本政府对氢和燃料电池研发项目的支持主要是通过NEDO进行计划、审核和管理的，投资形式也主要是向NEDO投入科研专项经费。2017年NEDO的总预算为12.7亿美元（按照美元：日元=110 ：1进行换算，后文如非特殊说明均为此单位），其中3.8亿美元投入新能源与节能产业中。根据NEDO的《2014年氢能产业白皮书》，2010~2014年日本政府对氢能产业的相关投入约为12.10亿美元。

NEDO与相关企业、研发机构的合作方式分为两类：外包项目和补助项目。外包项目包括商业外包、协作研究等，与一般性的商业行为一致；补助项目是国家机关设置的各项补助金，与氢能研究相关的有先进工业技术制造补助金、节能创新技术开发补助金、新能源风险技术创新项目补助金等。补助项目额度、申请方式、考核办法各不相同，整体都采取申请-审核制。

（二）消费者补贴

1. 加氢站建设补贴

日本政府为新建加氢站提供部分补贴，由“下一代汽车振兴中心”（Next-Generation Vehicle Promotion Center，NEV）具体管理和发放。接受补贴的加氢站供氢能力要求按世界标准设计。补贴上限根据加氢站供氢能力的不同而不同，每年的上限标准有增加的趋势。补贴额取补贴对象所用经费的50%和补贴上限之间的较低值。对于移动式和箱式加氢站，补贴额取补助对象所用经费和补贴上限之间的较低值。日本对于加氢站的建设方面补贴力度较大。

表 1-3　2010~2014 日本政府对氢能产业的投资

单位：亿日元

年　份	2010	2011	2012	2013	2014
固体高分子燃料电池研发	51.0	48.4	35.0	31.9	31.9
固体氧化物燃料电池研发	14.5	6.2	6.2	12.4	13.0
氢气利用相关技术研发	32.5	27.2	23.0	20.0	32.5
氢燃料电池实证开发	8.7	9.2	20.0	7.5	0.0
可再生能源储存、运输技术开发	0.0	0.0	0.0	11.3	16.0
燃料电池车氢气供给设备辅助工作	67.7	136.7	90.0	250.5	200.0
METI 投资	0.0	0.0	0.0	46.0	72.0
合　计	174.4	227.7	184.2	379.6	365.4

注：2014 年作为日本“氢能元年”，NEDO 出版《2014 年氢能产业白皮书》，总结日本氢能发展的阶段性成果，成文时间为 2015 年 3 月。

资料来源：日本 NEDO《2014 氢能产业白皮书》。

表 1-4　2014 年日本政府对新建加氢站的补贴

供氢设备规模	供氢能力（标方 / 小时）	供给方式	补贴率	补贴上限（千万日元）
中型	300 以上	现场式（含柜式）	公式值	280
		现场式（与上述不同）	0.5	280
		现场式（含柜式）	公式值	220
		现场式（与上述不同）	0.5	220
		移动式	公式值	250
小型	100~300	现场式（含柜式）	公式值	180
		现场式（与上述不同）	0.5	180
		现场式（含柜式）	公式值	150
		现场式（与上述不同）	0.5	150
		移动式	公式值	180
集中制氢设备			0.5	60
氢气液化设备			0.5	40

资料来源：日本 NEDO《2014 氢能产业白皮书》。

2. 对家庭用燃料电池系统的补贴

为促进燃料电池的普及使用，日本政府为家庭用燃料电池系统的施工费和购买的设备提供补贴，具体由日本燃料电池普及促进协会实施。随着技术进步带来的成本降低，家庭用燃料电池系统的补贴金额从 2009 年开始逐渐减少，国家从 2014 年开始取消部分补贴项目，到 2016 年底终止补贴，使家庭用燃料电池系统完全进入市场。截至 2014 年 12 月，日本政府共计为家庭用燃料电池系统和燃料电池补贴投入 766.9 亿日元。

表 1-5 日本政府对家用燃料电池系统的补贴

<table>
<tr><th rowspan="2">年份</th><th rowspan="2">2009</th><th rowspan="2">2010</th><th colspan="2">2011</th><th colspan="2">2012</th><th rowspan="2">2013</th><th rowspan="2">2014</th></tr>
<tr><th>4~7 月</th><th>10~1 月</th><th>初始预算</th><th>修订预算</th></tr>
<tr><td>补助（万日元 / 台）</td><td>140</td><td>130</td><td>105</td><td>85</td><td>70</td><td>50</td><td>45</td><td>PEFC：38
SOFC：43</td></tr>
<tr><td>预算（亿日元）</td><td>61</td><td>67.7</td><td>86</td><td>50</td><td>90</td><td colspan="2">250.5</td><td>200</td></tr>
</table>

资料来源：日本 NEDO《2014 氢能产业白皮书》。

3. 燃料电池车购买补贴

日本政府在氢燃料电池汽车销售领域也实行补贴制度，补贴由中央政府补贴和地方政府补贴两部分组成。以在东京购买 Mirai 为例，车辆售价约为 700 万日元，中央政府补贴约 200 万日元，相应的，东京都政府也会向消费者补贴 100 万日元。

表 1-6 日本政府对乘用车的补贴措施

单位：万日元

类型	巴士	乘用车	
	租赁 / 自用	租赁	自用
价格（税后）	10000	670~709	670~709
国家补助	5000 环境省，价格的 50%	223~236 交通省，价格的 33%	202~208 经济发展省
地区补助	3000	111~118	101~108
购买者负担	2000	336~355	367~397

资料来源：日本 NEDO《2014 氢能产业白皮书》。

三　代表项目、企业与市场运用

根据 METI 下属的日本资源能源厅在 2017 年 4 月发布的《日本能源白皮书》，在 2016 年已经有 19 万单位的燃料电池在各种车辆上得到应用，而且从 2009 年到 2016 年，ENE-FARM 分布式热电联供设备的售价从 303 万日元 / 台降低到 113~135 万日元 / 台，降低到原本的 1/3 左右。在优异市场表现背后，是日本政府、企业、研究机构的通力合作。在这个过程中也诞生了诸多代表项目。

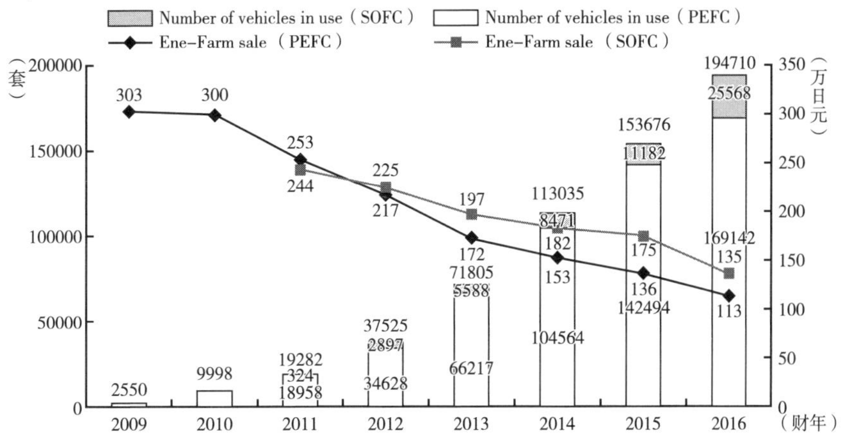

图 1-10　2009~2016 财年日本车辆燃料电池使用量及分布式热电联供系统售价

注：PEFC——固体高分子燃料电池；SOFC——固体氧化物燃料电池。

资料来源：FY2016 Annual Report on Energy（Energy White Paper），METI-the Agency for National Resources and Energy。

（一）传统车企方面

日本车企在世界氢能汽车领域具有统治地位。

1. 丰田

1997 年，丰田推出全球首款量产的混合动力乘用车 PRIUS，这也是混合动力汽车中最为经典的车型之一。丰田此后的混合动力汽车，包括 Mirai 的开发都和 PRIUS 所打下的技术基础有联系。2014 年 12 月，丰田在日本正式推出了燃料电池乘用车 Mirai，在日本的试验工况下续航里程可以达到 700 公里，而且加氢时间控制在 3~5 分钟。随后，从 2015 年秋季开始丰田将销售范围扩大到美国和欧洲。如今，Mirai 在日本、美国、欧洲区域共 9 个国家进行销售，并在中国、澳大利亚、加拿大和阿拉伯联合酋长国进行验证试验。年产量也从 2015 年的 700 辆，到 2016 年的约 2000 辆，再到 2017 年的约 3000 辆，总数不断增长。此外，丰田还计划在 2020 年前后将 Mirai 等氢燃料电池汽车的产销量扩大到每年 3 万辆以上。

丰田在氢能相关的技术上贡献卓著。截至 2017 年 5 月，丰田已经在 21 个国家和地区以及 2 个国际知识产权组织申请了 15867 项与燃料电池有关的专利。在推出丰田 Mirai 的同时，丰田也宣布开放 5680 件相关专利使用权，其中包括 1970 项与 Mirai 有关的专利。

图 1-11　丰田 Mirai

图片来源：http：//blog.moneydj.com/tech/2015/12/15/fcv-mirai/。

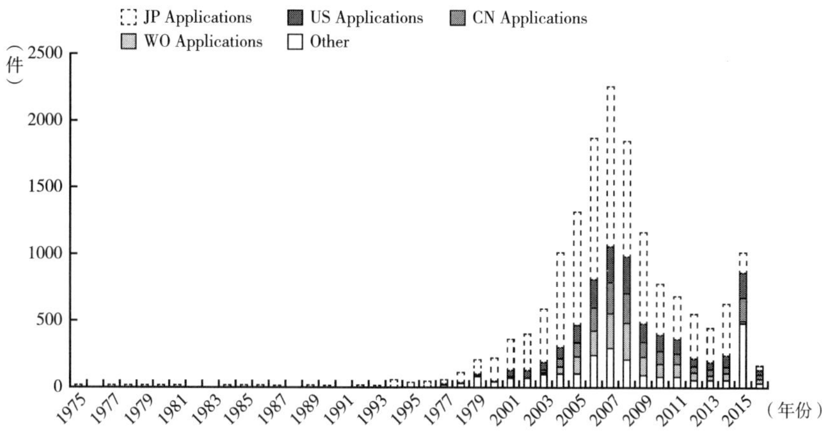

图 1-12　1975~2016 年丰田燃料电池相关专利申请数

资料来源：Patent Cloud。

2. 本田

2008 年 6 月，本田以美国标准推出了新型氢燃料电池汽车“FCX Clarity”。次月，FCX Clarity 在美国加州进行实验性质的租赁业务，并于同年秋季在日本进行同样的租赁。当时的综合销售计划为一年数十辆，2011 年前超过 200 辆。不过此后很长一段时间，FCX Clarity 停留在小规模试运行阶段。2013 年 7 月，本田与通用正式达成一项战略协议，共享彼此的燃料电池技术，力求在 2020 年将新的燃料电池技术投入使用。经过与通用的合作，2015 年的东京车展上，本田正式推出了 Clarity，并于 2017 年推向市场。其所搭载的电机最大功率为 177 马力（130kW），燃料电池的功率为 103kW。其加氢时间约为 3 分钟，日本标准测试工况下的续航里程可以达到 750km，各项参数与 Mirai 非常接近。

除了氢燃料电池汽车之外，本田还投资了 HSHS（Honda Smart Home System）智能家居系统（允许氢燃料电池汽车向家庭供电）以及自己的加氢站项目。

图 1-13　本田 Clarity

图片来源：汽车之家，https：//car.autohome.com.cn/photo/series/24337/1/4157763.html#pvareaid=3454508。

图 1-14　本田 HSHS 智能家居系统示意

图片来源：tech.nikkeibp.co.jp/dm/english/NEWS_EN/20120424/214770/?SS=imgview_en&FD=47651877。

（二）分布式热电联供系统（Combined Head and Power，CHP）方面

与我国氢能发展以氢燃料电池汽车为主不同，日本氢能研发的重点之一是家用氢能系统（CHP）。CHP 直接针对终端用户，利用氢气发电的同时产出热水以供热。一方面能减少能源运输过程中的消耗，另一方面能将反应生成的余热进行利用，最大限度地提高了能源利用效率，日本现行的 CHP 系统的整体效率可以达到 90% 以上。日本 CHP 以国企与民营企业联合进行研发和推广的模式进行。2008 年 6 月，日本燃料电池协会为了推广氢能技术，将国内所有厂家生产的 CHP 系统统一命名为“ENE-FARM”。

松下、东芝等多家电气公司早在 2004 年就推出了功率在 1kW 左右的 PEFC-CHP 系统样机。2005 年 2 月，东京燃气公司联合松下、东芝采用租赁的形式向 200 户日本家庭提供 PEFC-CHP 系统。到 2008 年底，日本家庭用户已经累计使用超过 3000 台 PEFC-CHP 系统。次年，东京燃气公司正式宣布 PEFC-CHP 全面进入市场。

除了东京燃气 - 松下 / 东芝开发的 PEFC-CHP 之外，日本也投入力量研发 SOFC-CHP 系统。2011 年，吉坤能源公司研发的 SOFC-CHP 系统进入市场，率先实现了其商业化。次年，大阪燃气和爱信精机合作推出的 SOFC-CHP 进入市场，2016 年 4 月，大阪燃气对该系统进行了全面的更新。

截至 2017 年中，ENE-FARM 项目累计售出了 PEFC-CHP 系统 18 万套左右，SOFC-CHP 系统 2 万套左右。日本政府还计划在 2020 年 700W 级 CHP 系统用户将达到 140 万套，售价降低为 PEFC 型 80 万日元，SOFC 型 100 万日元，用户 7~8 年能通过节能收回设备成本；2030 年，CHP 系统用户达到 530 万，用户 5 年左右收回成本。该计划将继续为 CHP 提供支持，市场空间巨大。

表 1-7　东京燃气 2015 年款 ENE-FARM 技术参数

		2015 年 4 月新款		2013 年第三代
		集成式（电 - 热集成）	分离式	
参数	发电功率	200W~700W	200W~700W	200W~750W
	电效率 LHV/HHV	39.0% /35.2%	39.0% /35.2%	39.0% /35.2%
	热回收效率 LHV/HHV	56.0% /50.6%	56.0% /50.6%	56.0% /50.6%
	全效率	95.0% /85.8%	95.0% /85.8%	95.0% /85.8%
	储氢	140L	140L	147L
重量	燃料电池	77kg	77kg	90kg
	储水单元	88kg	50kg	55kg
	备用锅炉	（与储水单元集成）	44kg	44kg
推荐售价（不含税）		136 万日元	—	190 万日元
断电输出		Max. 500W		0

资料来源：东京燃气官网，https：//www.tokyo-gas.co.jp/techno/。

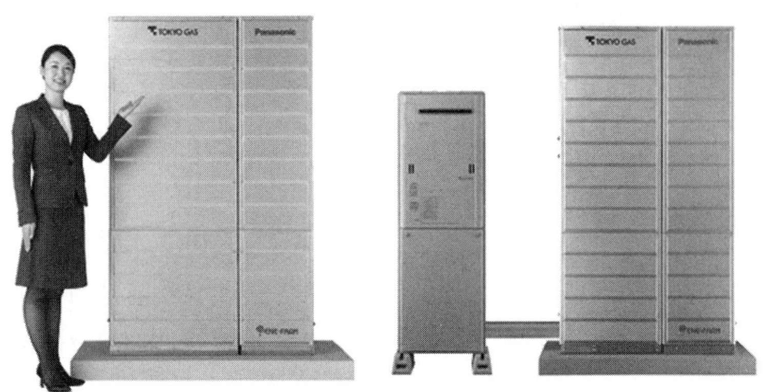

图 1-15　东京燃气公司 2015 款 ENE-FARM

注：左为集成式，右为分离式。

资料来源：东京燃气官网，https：//www.tokyo-gas.co.jp/techno/。

（三）供应商方面

1. 丰田 – 东日本客运铁路公司

在德国的西门子 - 阿尔斯通氢燃料电池列车投入运行之后半个月，丰田宣布与东日本客运铁路公司正式进行合作，目标是以铁路车站为网点构建氢能源供应链。

项目具体包括两方面内容：一是建设和扩充加氢站，促进氢能的普及，双方将在东日本铁路客运公司开展的品川开发项目中建设加氢站并向铁路连接的各地引进燃料电池乘用车和燃料电池巴士，同时两者将有效利用东日本铁路客运公司手上的土地资源，进行加氢站的建设；二是在铁路车辆中应用氢燃料电池技术，针对大型氢燃料设备在列车上运行的安全性等方面展开技术研究。

2. 岩谷产业（Iwatani）

岩谷产业株式会社是一家以工业气体 / 燃气为核心业务的综合集团。从 2005 年开始，岩谷产业将业务极大地向氢能转移，并开始举办“岩谷氢能论坛”，截至 2018 年已经举办了 12 届。同一时期，岩谷在东京、大阪、福冈、仙台等地建立起了超过 18 所加氢站，其中颇有特色的是 2014 年与 7-11 便利店合作，在东京都池上区以及爱知县刈谷市建立了氢气供能以及配备加氢站的便利店。

图 1-16 与 7-11 便利店合作建立的加氢站（左，东京池上；右，爱知刈谷）

图片来源：http：//www.iwatani.co.jp/jpn/downloads/h2sta.html。

（四）产业联盟方面

1. 日本移动式加氢站服务（Nippon Mobile Hydrogen Station Services，Nimohyss）

2015 年 2 月，由丰田通商牵头，岩谷产业、大阳日酸（主营工业气体和燃气技术）三者合资建立了 Nimohyss 公司，主营移动式加氢站的建设。据 Nimohyss 的报告，移动式加氢站的土地面积只需普通加氢站的 30%，施工时间只需要 60%，比较适合在大都市进行建设。截至目前，Nimohyss 已经在东京都和爱知县地区建立起了 6 个商业化移动式加氢站，氢气的税后售价为 1200 日元 / 公斤（约 74 元 / 公斤）。

图 1-17　Nimohyss 的移动式加氢站

图片来源：日本移動式水素ステーションサービス www.nimohyss.com。

2. 日本 H2 Mobility

2017 年 5 月，丰田、日产、本田、JXTG（新日本石油）能源、出光兴产、岩谷、东京燃气、东宝燃气、Air Liquide 日本分公司、丰田通商、日本发展银行等 11 家公司一起签署了一份合作协议，并正式合资建立起 Japan H2 Mobility（简称 JHyM）。

这些公司可以分为三大类：金融企业（丰田通商、日本发展银行）提供贷款和社会投资，负责 JHyM 的融资项目，辅助运营日本各地的加氢站；能源与基础设施建设企业（JXTG、出光兴产、岩谷、东京燃气、东宝燃气、Air Liquide 日本分公司）是加氢站的建设者和运营者；汽车制造商（丰田、日产、本田）向 JHyM 成员提出建设、运营加氢站的委托，并推广氢能源汽车。

该合资公司计划从 2021 年开始在全日本建立 80 个加氢站，完成 NEDO 发布的氢与燃料电池战略路线图目标的 50% 并为超过四万辆的氢燃料电池汽车提供氢气。此外，这个联合体还会和日本燃料电池商业化会议等组织进行合作，参与到法规修订和设备标准的制定当中。

第四节　韩国氢能产业发展进展

一　历史进程

同日本情况相似，韩国能源对外依存度一直较高，其中 93% 靠国外能源进口。能源结构不合理问题突出，化石能源占韩国总能源使用量的 83%，可再生能源只占总数的 4.9%，二氧化碳排放量居世界第七，环境污染问题较为严峻。根据巴黎协议中规定的减排任务，韩国到 2030 年需减少 37% 的二氧化碳排量。为改善能源结构和环境问题，韩国政府提出了能源过渡政策，建立淘汰核能路线图和生态友好型智能能源基础设施，减少煤炭使用，同时推进能源价格体制改革与分布式电源应用，以提高能源效率，促进向低碳高效结构过渡。

根据韩国汽车进口商和分销商协会以及韩国汽车制造商协会公布的行业数据，2018 年全年，韩国环保型汽车总销量达到 12.3387 万辆，比上年增长 27%。2018 年，韩国每五辆环保汽车中就有一辆是纯电动或者氢燃料电池汽车。由于消费者需求的增长和政府提供的补贴措施，预计下阶段韩国环保汽车市场将继续增长。此外，根据韩国贸易、工业和能源部数据，目前韩国全国只有 15 座加氢站，计划在 2019 年增设 71 座加氢站，到 2022 年增至 310 座。

韩国汽车制造商现代公司是为数不多的已经成功推出氢燃料电池汽车产品的制造商之一。该企业于 2013 年推出 Tucson FCEV，是全球大规模量产氢燃料电池电动汽车之一。韩国现代汽车的目标是通过加强研发来提高氢燃料电池电动汽车的性能和耐用性，从而巩固其在氢燃料电池技术方面的领导地位，同时进一步推动这项技术更小型、更便宜。现代汽车公司 2017 年第四季度推出了一款全新的氢动力巴士，并于 2018 年初在韩国销售新款 Nexo 燃料电池 SUV。

2018 年 6 月，现代和奥迪签署了一项多年期专利交叉许可协议，涵盖范围广泛的燃料电池电动汽车零部件和技术，旨在利用两家公司在燃料电池技术方面的集体研发能力，提升各自在燃料电池电动汽车

图 1–18　韩国现代公司已经量产的 NEXO 氢能燃料电池

图片来源：http：//energy.people.com.cn/n1/2018/1018/c71661-30348541.html。

市场的地位。现代汽车计划在2030年前向氢燃料电池汽车生产设施及相关研发活动投资7.6万亿韩元，新建两座工厂，生产50万辆燃料电池电动汽车和70万套燃料电池系统，其中20万套系统将出售给其他汽车制造商。尽管现代汽车在燃料电池技术方面取得了重大进展，但由于氢燃料电池汽车的价格高昂，且加氢站数量有限，市场对氢燃料电池汽车的需求仍然很低。目前，现代汽车制造商正在积极研发燃料电池技术，以降低车辆的总体成本，实现经济性和市场推广。

二 国家政策

韩国目前已将“氢经济”列为三大创新增长战略之一，从国家层面出台政策大力推动氢能发电，加强氢能基础研发，以确保技术优势。与此同时，通过增设氢能产业园，发展氢能相关新兴产业，对用于发电、建筑、交通等方面的氢能源产业支持，致力与各国加强氢能领域合作，构建氢燃料电池产业生态圈。

（一）出台《氢经济发展路线图》

韩国政府将氢能经济与人工智能、大数据并列为三大战略投资领域。2019年1月，韩国政府出台了《氢经济发展路线图》（以下简称“路线图”），明确不同阶段氢能发展目标，其中，2018~2022年为氢能立法、技术研发和基础设施投资准备期，2022~2030年为氢能推广发展期，2030~2040年为氢能社会打造期。韩国政府还计划制定《韩国氢能经济与安全管理法》等，为本国氢经济五年基本计划和年度计划提供法律支持。

韩国出台氢能经济路线图，符合韩国政府减少温室气体排放、挖掘汽车工业增长动能以及降低对石油进口依赖程度的计划。此外，韩国氢燃料市场具有强大的发展潜力，可以重振包括中小型企业在内的制造业，创造新的就业机会。韩国政府目标是通过氢经济发展路线图为钢铁生产、石油化工和机械工程等传统行业带来新的投资和就业机会。预计到2040年，韩国氢能市场将每年产生43万亿韩元的附加值，创造42万个新的就业机会。为实现该目标，韩国贸易、工业和能源部表示，韩国政府和企业到2022年将投资2.6万亿韩元，建立公私合作伙伴关系，以加快韩国氢燃料电池汽车生态系统的发展。2020~2022年，韩国能源部还将投资扩建制氢工厂与燃料电池堆工厂，大力推进加氢站建设，并将约1250亿韩元用于支持燃料电池堆等主要部件的研发。

具体来看，路线图囊括氢能生产、储运以及应用等全产业链各个领域，计划在全球氢燃料电池车市场发展取得先机。路线图中，韩国政府宣布将组合实现多样化氢供应，未来20年内，计划增加氢供应量至526万吨，氢能源市场价格降至每公斤低于3000韩元（约合18元人民币/公斤）。此外，韩国政府还将支持氢能在工业、家庭中的供电，研发由氢能驱动的船舶、火车和建筑机械，这与其打造氢经济社会的目标相一致。

（二）建立发展氢能经济社会的方案

韩国国民议会（以Won Wook Lee为中心）正准备氢能法案（由H2KOREA和KHIA支持），法案涉及氢能产业综合计划、预算支持基础、本地基地和涉及氢能的各项应用等，旨在建立具有市场竞争力的氢能价格及供应系统。一是推动加氢站商业化，将发布关于加氢站商业化的声明，并建立商业化的服务系统。二是为制定合理的氢能价格提供指导，提出关于加氢站供氢指导价格的议案。三是提出氢能供应管理计划，建立氢燃料分布中心，推动加氢站生态系统的建立，为大量生产及交通设施提供技术发展。四是提升氢能燃料的需求，为出租车、巴士所用到的氢燃料提供价格补贴，建立出租车、巴士大规模示范项目。五是与当地政府部门合作制定价格体系政策，和私营部门合作，为临时加氢站的成本提供运营支持，维持管理合理的价格体系。

三 代表项目、企业与市场运用

从制氢、储运和氢能应用等上中下游全产业链看，目前韩国以化石燃料制氢为主，正考虑与澳大利亚、加拿大及太阳能丰富的中东地区加强氢能进口合作，表示在制氢领域同中国存在较大合作空间。韩国已实现高压气体储运，拥有以蔚山、丽水、大山为中心的氢气管道和高纯度氢气生产技术，利用仁川、平泽、三陟、同阳天然气供应基地，进行氢气生产与供应，但在长距离、大容量运输所需液化和液态技术上，仍处在前期研发阶段。2018 年韩国氢气产量为 13 万吨，预计到 2022 年、2030 年和 2040 年，氢气产量将分别达 47 万吨 / 年、194 万吨 / 年和 526 万吨 / 年，氢气价格将从当前的政策价格分别下降到 6000 韩元 / 公斤、4000 韩元 / 公斤和 3000 韩元 / 公斤，合人民币约 36 元 / 公斤、24 元 / 公斤和 16 元 / 公斤。2018 年韩国氢燃料电池发电为 323 兆瓦，2019 年有望增加到 462 兆瓦。2018 年韩国家用氢能发电为 7 兆瓦，预计到 2019 年底可达 13 兆瓦。

在燃料电池技术方面，膜电极技术已实现自主研发，气体扩散层仍依赖海外进口，国产化也在同步推进中。高压容器零部件已成功实现国产化，碳复合材料等核心材料仍然依赖进口。韩国政府将提供 3000 亿韩元（约合 18 亿元人民币），提高配件技术能力，建设氢能研发生态系统。预计到 2022 年实现核心零部件国产化率 100%。韩国现代全新一代 NEXO 氢燃料电池汽车技术已达全球领先水平，2018 年推出第三代燃料电池大巴车，并计划自 2019 年开始，5 年时间内向 H2 Energy 公司提供 1000 辆氢燃料电池重卡。预计到 2019

年，韩国将新增 2000 辆氢燃料电池汽车，到 2030 年新增 63 万辆氢燃料电池汽车，届时占韩国新车的比例有望达到 10%。

在氢能基础设施方面，2019 年，韩国将按照交通网络建设 86 座加氢站，计划到 2022 年和 2040 年，在全国建成 310 座和 2100 座加氢站，还计划将全国 2027 个 LPG 加气站发展成油氢混合加氢站，并在此基础上加快私营加氢站普及运营。

在氢能应用方面，韩国计划将交通、氢能城市建设以及发电作为主要突破口。在交通领域，计划同步发展乘用车和商用车，包括氢能汽车、氢能火车、氢能输送（液化储运）等。韩方预计，到 2019 年底，氢能在韩国交通运输领域占比有望达到 3%~5%。其中，氢能乘用车将从 2018 年的 890 辆增加到 2019 年的 6358 辆，氢能大巴将从 2018 年的 2 辆增加到 2019 年的 35 辆，5 吨级氢能货车将进入试点阶段。

在氢能发电领域，韩国斗山集团公开表示将与大山绿色能源合作，向位于韩国忠清南道的国内最大的氢能燃料电池发电站提供总能量 50 兆瓦的燃料电池，预计项目总金额将达到 4690 亿韩元（约合人民币 27 亿元）。此外，韩国大山绿色能源建设所建造的发电站在韩国氢能燃料电池发电站中规模最大，预计将在 2020 年完工投入使用后，能够每年供给 17 万多户家庭，年产量达 40 兆瓦特的电力。

第五节　国际氢能产业发展综述

一　加氢站建设与规划

根据 Ludwig-Bölkow-Systemtechnik（LBST）和 TUV SUD 共同

建立的网站 H2stations.org 的第 11 次年度报告①。2018 年底，全球共有 369 座加氢站投入运营，其中 273 座面向公众开放，其他属于研究所 / 企业的内部加氢站。欧洲目前有 152 座，亚洲有 136 座，北美有 78 座。日本是全球最大的加氢站建设国，有 96 座加氢站，集中在东京、大阪、名古屋、福冈四个城市。其次是德国，有 60 座，分布全国。第三是美国（42 座），主要分布在加利福尼亚。

2018 年全球共新建 48 座加氢站。德国新建 17 座，进一步巩固了德国作为全球第二大加氢站建设国的地位，其中位于德国东部的 4 座加氢站增加了欧洲东至西、北至南氢走廊沿线的全国综合覆盖率和加油站密度。日本新建 9 座加氢站，与往年进度相当。美国加利福尼亚州新建 6 座加氢站，此外，美国东北部也新建 4 座加氢站。

德国已进行另外 38 座加氢站的选址与筹建工作，其中 34 座将由 H2 MOBILITY Deutschland GmbH&Co.KG 建造，德国计划到 2019 年建成并运营 100 座加氢站，到 2023 年增加到 400 座，其中绝大多数也将由 H2 MOBILITY 完成。根据 H2stations.org 的数据，世界其他地区确定选址及在建的加氢站数目为：美国 33 座、韩国 27 座、中国 18 座、荷兰 17 座、法国 12 座、加拿大 7 座、日本 1 座。其中，美国加利福尼亚州计划到 2024 年至少建立 100 座加氢站。韩国 Hydrogen Fusion Alliance Bureau（H2KOREA）计划在 2020 年建设 80 座加氢站，2025 年建设 210 座。2018 年 6 月，韩国贸易部、工业部和能源部牵头，联合现代汽车公司、SK 集团、韩国液化空气公司、现代重工业株式会社、现代钢铁工业公司、韩国天然气公司等签署了谅解备忘

① H2station 的数据由网站调研和企业上传两部分组成，包括 in operation、old projects、planned 三种状态，本文提到的加氢站如非特殊说明均指 in operation。超过设计使用年限且信息未更新的加氢站都被网站认定为 old projects，所以可能存在一定差距。同时，部分公司比如 plug in power 并没有上传加氢站数据。

录，计划合资成立公司负责全国加氢站的建设工作。日本已经完成了第一批100座加氢站补贴计划，在第二批加氢站补贴政策落实之前出现了短暂的真空期，日本计划在2020年日本奥运会之前建设160座加氢站，2025年达到250座，JAPAN H2 MOBILITY将扮演重要角色。

德国北部新建的3座加氢站将由附近的风力发电站供电电解制氢。冰岛新加氢站的氢气是由地热发电厂生产的电力产生的。苏格兰奥克尼群岛的加氢站所用的氢气是由潮汐和风力发电厂产生的电能制备的。

二　企业技术实力与投入

（一）美国：传统车企投入较少，新兴企业未来可期

美国的氢燃料电池汽车发展重心放在客车、叉车等商用车领域，在乘用车领域的技术优势和投资意愿相对较小，而且传统车企入局晚，不具备技术优势，不少都和以日本车企为主的技术领先企业采取了合作策略。

通用基于和本田达成的氢燃料电池汽车合作战略推出的SURUS平台是近年来美国最成功的氢燃料电池概念车。克莱斯勒、福特曾分别在1998年、2013年与其他国家氢能企业进行技术合作，但都以失败告终。近年来炙手可热的特斯拉更是公然质疑氢燃料电池汽车，不具备发展意愿。

与传统车企相对应的是，在美国高科技企业聚集的加利福尼亚州和工商业发达的东北部地区，氢燃料电池汽车受到了州政府与新兴企业的重视。除了Bloom Energy、FuelCell Energy、UTC Power等燃料电池供应商之外，还出现了Plug Power以叉车为核心的商用氢燃料电池汽车公司和以Nikola Motor为代表的氢燃料电池卡车、全地形车创业公司。

（二）欧洲：老牌企业依托技术、市场优势逐渐发力

欧洲车企在能源转型的大背景下纷纷布局氢能源汽车产业，大众、戴姆勒、宝马等企业均在 2014 年丰田 Mirai 发布至今公布了各自的氢燃料电池概念车，并纷纷设定了 2021 年左右量产的目标。欧洲在氢燃料电池汽车技术离日韩有一定差距的基础上，均采取跟随战略。

欧洲扎实的工业基础及其海量供应商在氢燃料电池汽车产业当中扮演重要地位。欧洲的工业气体集团（Linde、OMV、Air Liquide、Shell 等）、燃料电池供应商（Nedstack、Intelligent Energy 等）、汽车零部件供应商（Bosch、ZF Friedrichshafen、Continental AG 等）以及加氢站设备（如 Nel 公司的 H2 Station®）都处于行业领先地位，在全球各地的氢燃料电池汽车产业链相关项目中都受到依赖，打开了新的市场。

（三）韩国：现代集团一枝独秀

韩国现代全新一代 NEXO 氢燃料电池汽车已经达到全球领先水平。2018 年，现代推出第三代燃料电池大巴车，并计划自 2019 年开始，5 年时间内向 H2 Energy 公司提供 1000 辆氢燃料电池重卡。预计到 2019 年，韩国将新增 2000 辆氢燃料电池汽车，到 2030 年新增 63 万辆氢燃料电池汽车，届时占韩国新车的比例有望达到 10%。

（四）日本：丰田一马当先，本田紧随其后，日产逐渐乏力

丰田从 1997 年的混合动力汽车 Prius 开始逐步积累了难以追赶的技术优势，是世界首例实现商业化的氢燃料电池汽车，从 2014 年发布开始，其年产量从 2015 年的 700 辆增加到 2017 年的约 3000 辆。此外，丰田还计划在 2020 年前后将 Mirai 等氢燃料电池汽车的产销量扩大到每年 3 万辆以上。

本田采取了跟随策略，2008 年 6 月，本田推出氢燃料电池汽车“FCX Clarity”。不过此后很长一段时间 FCX Clarity 就停留在小规模试运阶段。2015 年的东京车展上，本田正式推出了 Clarity，于 2017 年推向市场，各项参数与 Mirai 非常接近。

日产原本也采取了跟随策略，但逐渐陷入停滞。在 2011 年推出燃料电池概念车 X-Trail FCV。同时在 2013 年曾与福特、戴姆勒达成氢燃料电池汽车的合作协议，合作最终于 2018 年宣告失败，此后日产并未宣布新的研发计划。

图 1-19　日产 X-Trail FCV 概念车断面模型

图片来源：http：//www.china-hydrogen.org/fuelcell/application/2011-03-25/427.html。

第六节　各国支持氢能产业发展的共同做法

一　从国家能源战略视角制定氢能发展目标

2002 年，美国发布《国家氢能发展路线图》，详细讨论了氢能发展在美国未来能源、环境领域所能做出的重大贡献，以及氢能从制备、储存、运输到实际运用等领域的技术现状和技术发展趋势。2017年日本发布《氢能基本战略》，将氢能作为重要的二次能源进行示范应用，提出2030年实现氢燃料电池发电商业化，建立大规模氢能供给系统，2050年全面普及氢燃料电池汽车，建成零碳氢燃料供给系统。鼓励家用燃料电池消费，采用ENE-FARM替代家庭传统能源。韩国2019年发布《氢经济发展路线图》明确2018~2022年为氢能立法、技术研发和基础设施投资准备期，2022~2030年为氢能推广发展期，2030~2040年为氢能社会打造期。韩国政府还计划制定《韩国氢能经济与安全管理法》等，为本国氢经济五年基本计划和年度计划提供法律支持。

二　起步早，投资大，具有先发优势

美国、欧洲、日本政府最早从1973年石油危机开始就着手进行氢能产业化相关的布局，而且部分企业（如Air liquide）的相关团队可能在更早的时间就参与到国家的氢能前瞻技术研发当中，韩国起步相对较晚，但转型力度大。世界各国以国家战略、项目等形式进行持续的研发投入和商业化探索，积累了大量经验。同时，政府为此大力投入资金，美国能源部的年度氢能研发预算达2亿美元，欧洲NIP项目中氢与燃料电池的部分从2007年到2016年的实际投入超过14亿欧元，日本NEDO2017年的年度预算更是达12.7亿美元，韩国计划2018~2022年向氢能领域投资2.6万亿韩元。

随着能源资源消耗增加，节能减排压力加剧，能源革命终将成为世界各国的必经之路。氢能作为替代能源的重要选择之一，各国的先发优势将对其国家能源战略产生深远影响。德、日两国氢能发展态度更为坚决，先发优势也相对较大，更有可能选择氢能作为能源转型的主要技术路线。美（除加利福尼亚州外）、韩两国相对而言优势较小，存在更大的不确定性。

三 成立专门的产、学、研统筹机构

各国均成立了专门机构推进氢能产业发展。如美国的效率与可再生能源处、欧洲的FCH JU以及日本的NEDO等，这些机构负责组织全国的产、学、研团队进行联合开发，进行研究专项的立项以及研发经费的统一管理等工作。此外，这些部门或多或少地参与到各地区氢能细分领域行业协会的组建当中，以固体氧化物燃料电池为例，美国能源部于2000年牵头成立了固态能源转化联盟（Solid State Energy Conversion Alliance，SECA），2000~2018年累计投入近10亿美元推动产业发展。日本NEDO牵头在1989年成立了先进固态能源转换联盟（Advanced Solid Energy Coalition，ASEC），推出了包括ENE-FARM在内的诸多项目。

四 因地制宜选择发展重点及未来战略

各国对氢能产业的投入与发展重点各不相同，这与国家的政治经济条件、能源依赖状况、能源发展战略、现有产业结构都息息相关。

1. 美国：短期发展力度不大，商用车更受青睐

政府方面，氢能发展对石油交易状况、经济发展状况、政党战略等因素均较为敏感，随着特朗普政府工业回流的方针以及页岩油、气技术的成熟，氢能难以成为近期内能源转型的主流。产业方面，美国发达的零售、物流产业以及补贴政策导致燃料电池叉车、物流车受到西斯科（Sysco）、沃尔玛、宝洁等企业的青睐。同时，美国的新技术团队和企业较多，接纳能力强，氢能电站等新产品能受到

谷歌、eBay 等高新技术企业的欢迎，也因此美国加利福尼亚州的氢能产业远超美国其他地区。相对的，美国氢燃料电池汽车等产业发展不足。

2. 欧盟：德国最关注氢能，公共出行将发展更快

北欧国家（如英国、丹麦等）经济发达，社会福利高，对能源、环境状况比较关注。因此虽然欧洲整体的氢与燃料电池商业化运营表现不如日本，但是在公共出行领域的实践和推广上处于领先地位，比如欧盟的 CHIC 燃料电池巴士项目，取得了很好的成果。德国化石能源依赖度比欧洲平均高很多，能源转型的需求强烈，其汽车、机械和电子工业发达，所以德国的氢能发展全面，投入巨大。此外，德国 2022 年全面弃核的决定也将使氢能成为未来能源转型中的主要技术。

3. 日本：将在各个领域全面发展，力度最大

日本的石油进口依赖度极高，国际能源市场上所扮演的角色也远远比不上美国，福岛核事故更是让日本宣布 2030 年摆脱对核能的依赖。因此，日本对氢能的看重以及对氢能产业的投入在世界范围内首屈一指。除了本田、丰田等世界级老牌汽车企业参与氢能行业之外，日本用氢能满足居民日常生活的耗能需求的愿景也带来了家用式氢能设备（ENE-FARM、燃料电池电站等）的发展壮大。日本未来战略将氢能作为最主要的能源转型技术，在社会生产生活的各个方面都将进行投资发展。

4. 韩国：将跟随日本战略，推动国际合作

韩国综合考虑其资源禀赋、国际环境以及从半导体行业转型的需要，在 2018 年将氢能经济作为三大战略重心之一，并提出“打造氢经济社会”这一颇具野心的发展目标。韩国在氢能交通、发电、家用等领域的发展战略以及现代集团一枝独秀的行业现状决定了它跟随日本战略、全面加强氢能国际合作的发展策略。

五　跨行业合作推动产业发展成为主流

美、日、欧、韩在氢能领域的参与者除诸多关注新技术发展的创业型企业之外，还有传统行业的财团级企业，这些企业业务范围很广。以旨在建设加氢站的 H2 Mobility 企业联合项目为例，日本、德国和英国的 H2 Mobility 联盟涉及汽车（戴姆勒、本田、丰田）、能源（OMV、Shell、东京燃气）、工业气体（Air Liquide、岩谷）、金融（丰田通商、三井住友）甚至是零售行业（Sainsbury、Morrisons、7-11），这些行业巨头相互合作，组成“投资 - 研发 - 基础设施建设 - 市场化”的完整产业链。由于氢能产业的重要性和困难性，其发展要依靠多个行业的通力合作，国家氢能行业的国际竞争力也取决于各个环节当中所有企业的竞争力。

第七节　几点启示

一　氢能发展需要统筹考虑国家能源战略等多方面因素

各国立足国情科学谋划氢能定位。美国基于国际能源市场和新技术发展的双重需求采取了灵活的氢能发展策略。德国、日本主要目的在于实现“氢电共存”，解决能源短缺问题，缓解环保减排压力，并重新掌握在全球能源和新能源汽车发展的技术主导权。韩国也是能源高度依赖进口的国家，发展氢能与日本初衷相似，同时希望通过扶持新兴产业来提振近年增长乏力的经济态势，发展氢经济是重要抓手。日韩存在资源短板，则致力于构建海外氢能供给体系和销售市场。可以看出，各国对氢能产业的投入与发展重点各不相同，这与国家的能源发展战略、能源依赖状况、政治经济条件、现有产业结构都息息相关。因此，氢能发展需要统筹考虑国家能源等多方面情况，科学谋划其战略地位。

二　氢能可应用于交通及发电、储能和建筑等广泛领域

欧、美、日、韩等国家和地区的经验表明，氢对能源体系的作用也是多方面的，在发电、储能、建筑等领域，氢能都将大有可为。美国将燃料电池叉车、物流车与零售企业进行结合，欧洲在燃料电池电站有所建树，日本将家用分布式热电联供系统和氢燃料汽车作为发展重点，韩国也将氢能拓展到船舶、列车、无人机等装载、物流及农林作业等应用场景。因此，未来氢能发展不仅仅在交通领域上，在农业、工业及第三产业都将有广泛用途，需要提前布局。

三　持续稳定的战略和政策能推动技术研发和产业有序发展

欧、美、日等国和地区在氢能和燃料电池领域出台战略多年，技术研发起步早，产业发展投资大。政府持续安排预算推进相关技术研发，并出台相关政策支持产业有序发展。行业内牵头企业和机构也稳扎稳打，持续推进相关技术和产业发展。比如，日本东丽公司历经百年深耕细作，成为全球顶级材料供应商，膜电极用膜和碳纤维占据全球最高份额。近年来将业务扩展至膜电极，但该公司坚持有限参与，而不涉足全领域、全链条。从政府到企业，需要坚持持续稳定的战略和政策，有效推进技术研发和产业有序发展。

四　政府统筹牵头突破关键技术可促进氢能产业进步

各国充分认识到发展氢能技术、推广氢能产业的困难性，均从能

源环境部门中独立出专门的机构，如美国的效率与可再生能源处、欧洲的 FCH JU 以及日本的 NEDO 等，进行统筹促进关键技术的共同研发和突破。这些机构负责组织全国的产、学、研团队进行联合开发，进行研究专项的立项以及研发经费的统一管理等工作。可以看出，政府通过专门机构牵头组织产业链龙头企业参与，汇聚政产学研用力量集中进行科研攻关，知识产权实行内部共享，有助于快速实现技术突破，也避免了分散研发带来的资源浪费和恶性竞争。

第二章　中国氢能产业发展现状及前景

燃料电池产业发展离不开氢气制、储、运及加注等上游产业链，也与氢燃料电池汽车、燃料电池备用电源、燃料电池分布式发电等终端应用息息相关。我国氢燃料电池产业发展初具条件，步伐加快，在氢气制储加注、氢燃料电池及系统，以及氢能应用等各环节取得积极进展。在产业发展过程中，应关注环保及经济效益，把握产业发展前景，推动产业持续健康发展。

第一节　氢气制备、储运及加注

一　氢气制备技术及产业发展现状

氢气是重要的化工原料气体，广泛应用于炼油、甲醇 - 合成氨等行业。氢气制备技术可分为热化学方法制氢（如煤制氢、天然气重整制氢、甲醇重整制氢等）、工业副产氢提纯制氢（氯碱工业副产氢、焦炉煤气副产氢等）、电解水制氢、水光解制氢、生物制氢等。目前，我国热化学与工业副产氢提纯制氢技术及装备发展成熟，与国外先进技术水平相当；水电解制氢方面，碱性电解槽制氢技术处于世界一流水平，质子交换膜和高温固体氧化物电解水技术相对落后；水光解制氢、生物制氢等新型制氢技术仍处于探索研究阶段。

（一）热化学制氢

热化学制氢是指以煤、天然气、甲醇等为原料，通过气化、裂解、部分氧化等热化学反应，再经净化、一氧化碳变换、提纯等生产过程制取氢气的制氢方式。

1. 煤制氢

我国煤炭资源储量丰富，据统计，2017 年我国煤炭查明资源储量 16666.73 亿吨，同比增长 4.3%[①]，煤制氢成本优势突出。我国煤制氢技术及装备发展成熟，随着 CO_2 捕捉封存技术逐步成熟，煤制氢在未来较长一段时间内仍将占据主导地位。《中国氢能产业基础设施发展蓝皮书（2018）》数据显示，2016 年，中国氢气产量约为 2100 万吨，其中煤制氢占比 62%。

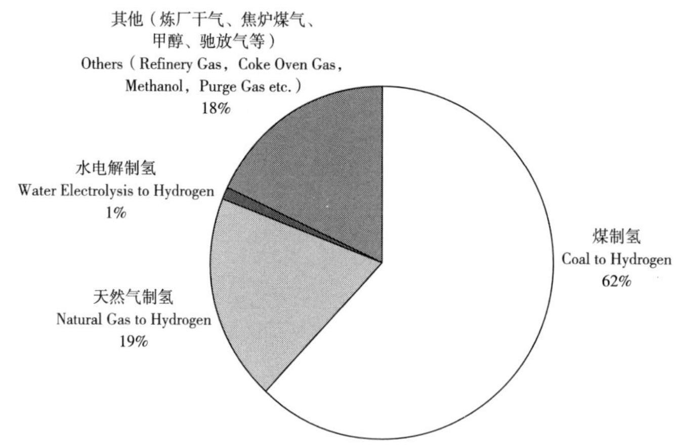

图 2-1　2016 年中国氢气生产结构

资料来源:《中国氢能产业基础设施发展蓝皮书（2018）》。

煤制氢技术主要包括煤焦化制氢和煤气化制氢，其中煤气化制氢技术发展成熟。煤气化可用于生产燃料煤气，作为工业窑炉用气和城

① 《中国矿产资源报告 2018》。

市煤气，也可用于制造合成气，作为合成氨、合成甲醇和合成液体的燃料。典型的煤制氢工艺流程如图 2-2 所示。

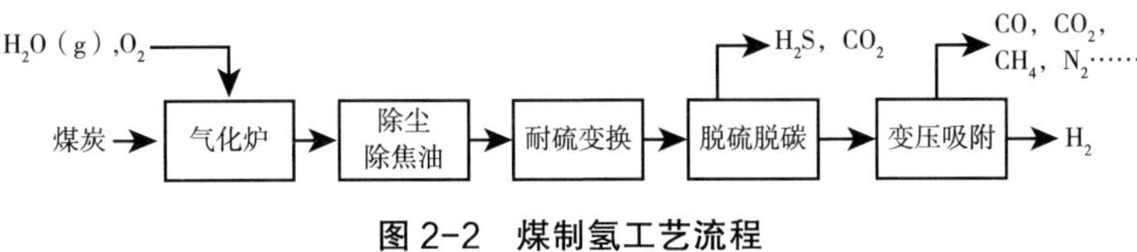

图 2-2 煤制氢工艺流程

我国煤制氢技术处于国际领先地位，发展方向以大型化、高能效及宽煤种适应性等为主。据统计，2010 年至今，全国新建大型炼厂煤 / 石油焦制氢项目 6 套，煤制氢的总规模约为 80.5 万立方米 / 小时（m^3/h）；此外还有 15 个拟在建炼化一体化项目，其中 11 个确定采用煤气化制氢工艺①。随着应对气候变化和环保压力持续加大，大型煤制氢技术结合二氧化碳捕集、封存、利用技术将是推动实现煤炭清洁、高效制氢的重要方式。

2. 天然气制氢

据统计，2016 年我国天然气制氢占比 19%，仅次于煤制氢②。天然气制氢技术主要包括天然气蒸汽重整制氢、天然气部分氧化制氢、天然气自热重整制氢和天然气催化裂解制氢等，其中天然气蒸汽重整制氢技术发展较为成熟。天然气制氢工艺流程如图 2-3 所示。

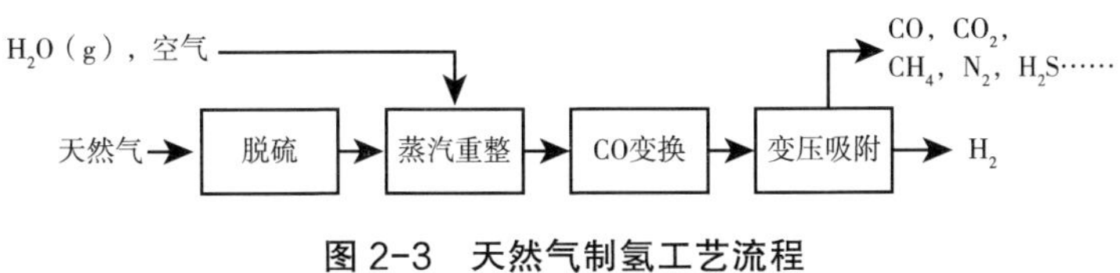

图 2-3 天然气制氢工艺流程

① 《中国煤制氢年度报告 2018》。
② 《中国氢能产业基础设施发展蓝皮书（2018）》。

我国天然气对外依存度较高，制氢成本显著高于煤制氢。目前，我国大规模天然气制氢主要分布在西北等天然气资源相对丰富的地区，也广泛应用于化工行业，例如天津石化 10 万立方米 / 小时天然气制氢项目（在建）、东营市亚通石化有限公司 5 万立方米 / 小时天然气制氢项目等。天然气制氢存在较大量的 CO_2 排放，且装置投资高，不适合小规模的氢气用户。随着我国天然气需求量的逐年上涨，天然气供应紧张局势趋紧，天然气制氢规模化发展前景有限。

3. 甲醇制氢

甲醇制氢包括甲醇重整、甲醇部分氧化、甲醇裂解等方式。甲醇重整制氢技术较为成熟，应用广泛，常规工艺流程如图 2-4 所示。甲醇重整制氢成本受甲醇价格影响较大，通常情况下比煤制氢成本高，但是由于项目审批容易，装置投资低，建设周期短，且装置规模灵活，原料容易获取等原因，备受炼油企业青睐。

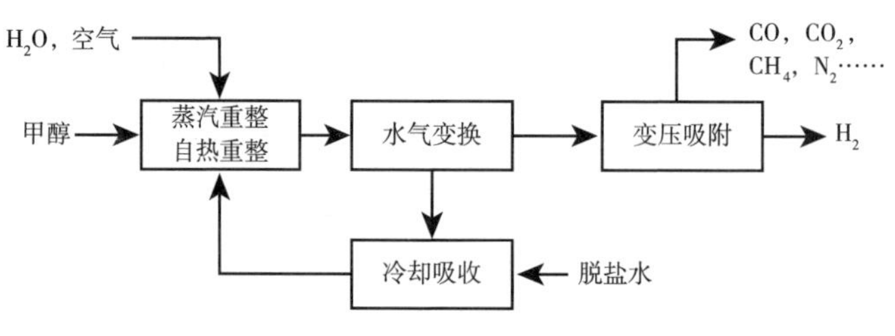

图 2-4 甲醇重整制氢工艺流程

甲醇便于存储和运输，挥发速度慢，适于作为制氢原料，在偏远地区推广应用燃料电池备用电源技术。目前，江苏氢电新能源、广东国鸿、常州博能新能源等国内燃料电池厂家已经在该领域规划布局。我国小型甲醇重整制氢装置技术及装备发展成熟，主要设备制造商包括四川天一、亚联高科、蜀泰化工、邯郸派瑞气体等。

（二）工业副产氢

氯碱、焦化、丙烷脱氢、乙烷裂解、煤化工等工业行业生产过程中会产生大量含氢副产气。回收利用工业副产氢气，既能通过处理废气资源降低污染物排放，又能提高资源综合利用效率。工业副产气制氢的工艺流程如图 2-5 所示。

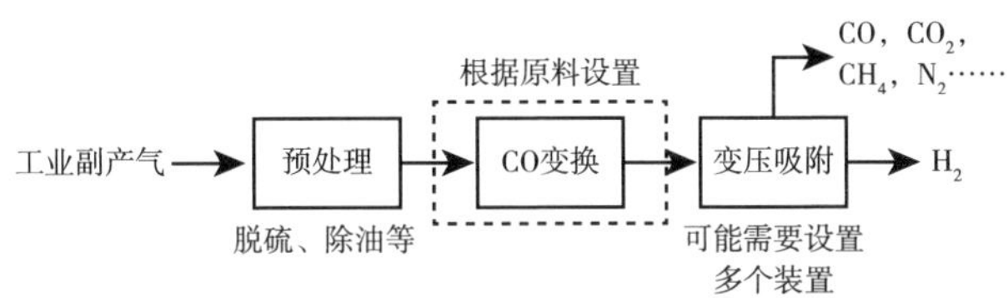

图 2-5　工业副产氢工艺流程

氢气提纯包括膜分离、低温分离、变压吸附脱氢（PSA）、金属氢化物法、催化脱氧法、分子筛等多种技术。其中，PSA 技术发展成熟，广泛应用于工业领域。我国从 20 世纪 80 年代开始发展 PSA 技术，很快取得突破。随着吸附剂及工艺技术的进步，PSA 操作过程中的切换频率、吸附剂利用率均有提高，装置投资成本逐步降低。目前，国内 PSA 技术与国际先进水平相当，主要代表企业有四川天一和亚联高科等。国内外主要企业的技术水平对比如表 2-1 所示。

表 2-1　国内外部分 PSA 厂家产品性能对比

公司	装置规模（m^3/h）	压力范围	氢气纯度
Honeywell（UOP）	1000~268000	>1000 psig	99.999
美国 PRISM	0~25000	—	99.5
亚联高科	1000~2800000	0.4~3.5 兆帕	99.5~99.9995
四川天一	45000~100000	0.4~4.0 兆帕	98~99.999
北大先锋	100~20000	—	99.999
上海华西化工	50~300000	0.2~6.0 兆帕	90~99.9999

我国 PSA 制氢工业实践案例较多，河南首创化工的 300 立方米 / 小时焦炉煤气 PSA 制氢装置、河南能源化工集团鹤壁煤化工有限公司 8500 立方米 / 小时 PSA 制氢装置、青海盐湖集团 PSA 制氢装置已经投产，山东华鲁恒升化工 12 万立方米 / 小时乙二醇项目配套 PSA 制氢装置、沧州正元化肥有限公司 12.5 万立方米 / 小时 PSA 制氢装置等已开工建设。

（三）电解水制氢

电解水制氢原理简单。根据电解槽分类，电解水制氢主要有碱性电解水制氢、质子交换膜电解水制氢（PEM 制氢）及固体氧化物电解水制氢（SOEC 制氢）。图 2-6 为典型电解水制氢工艺流程，主要包括配液、电解和气液分离等工艺过程。

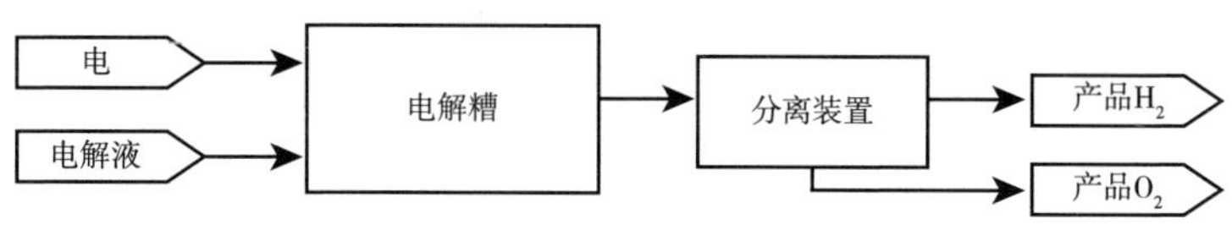

图 2-6 电解水制氢工艺流程

目前，碱性电解水制氢技术发展成熟，国内外技术水平接近，国内相关产业配套设施齐全，该项技术的主要衡量指标是气体纯度和综合电耗，低成本、低电耗、高纯度是该技术的发展方向。天津大陆、苏州竞立、中船重工 718 所等是国内从事碱性电解水制氢较早的企业或机构，近年来也涌现出安思卓、扬州中电、凯豪达等新兴企业，国外代表企业有德国 EB、Enapter 等，技术指标对比如表 2-2 所示。

PEM 制氢是质子交换膜燃料电池电化学反应的逆过程。国内的 PEM 制氢技术尚处于从研发走向工业化的前期阶段。20 世纪 90 年代

表 2-2　国内外碱性电解水制氢设备公司产品性能对比

公司	制氢能力（m^3/h）	电耗（m^3/kWh）	氢气纯度
德国 EB	2~1200	4.2~4.5	99.9
Enapter	250~1000	—	99.9
天津大陆	0.1~1000	≤ .1–	≥ .1–1
苏州竞立	2~1500	≤ –	99.9
扬州中电	20~1000	4.5	99.999
安思卓	0.18~1000	<4.5	>99.999
中船重工 718 所	1~600	≤ –.6	99.99

中期，中国科学院大连化学物理研究所、武汉大学、中船重工 718 所及航天员科研训练中心等机构开始研究 PEM 制氢技术。2010 年以来，我国 PEM 制氢技术及装备开发取得突破。目前，航天员科研训练中心研制的首台装置于 2011 年随“天宫一号”发射，在轨成功工作；中国科学院大连化学物理研究所、中船重工 718 所等机构的技术指标达到国际水平；山东赛克赛斯氢能源有限公司的 1.0 立方米 / 小时常压小型 PEM 制氢装置已经实现产业化；天津大陆的纯水 PEM 制氢产量最大可达 10 立方米 / 小时。从单机能耗上看，国内的 PEM 制氢装置较优，但在单台设备制氢规模上与国外产品还有距离。我国 SOEC 制氢技术仍处于实验室验证阶段，中国科学院大连化学物理研究所、清华大学、中国科技大学在固体氧化物燃料电池研究的基础上，已经开始研发 SOEC 制氢技术及装备。

电解水制氢成本主要包括电价和装置折旧，且受电价影响较大。在能源转型背景下，借鉴德国、日本等发达国家经验，以“电转气”储能，发展谷电制氢，消纳风电、光伏及水电等弃电，能够降低制氢成本，推动行业发展。

（四）其他制氢方式

除上述几种较为成熟的制氢技术外，光解水制氢和生物质制氢等新型氢气制备技术尚未进入产业化阶段。

1. 光解水制氢

根据反应方式不同，光解水制氢可分为非均相光催化制氢和光电催化制氢。光解水制氢是一种理想的能量转化方式，能克服太阳能能量密度低、不稳定、不连续等缺点。该项技术研究的重点是寻找高效、稳定、廉价的光催化剂和光电极材料，提高转化效率。

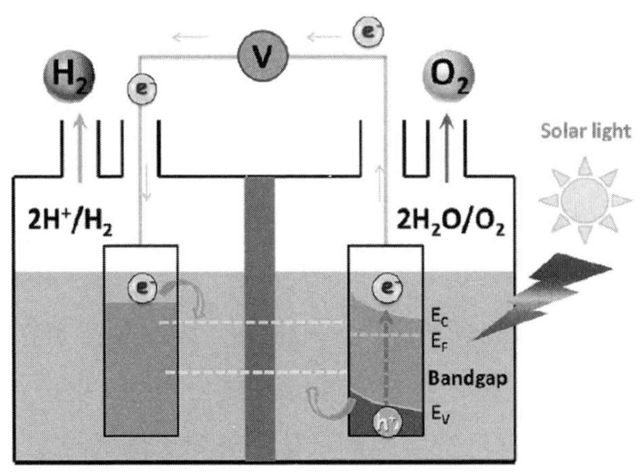

图 2-7 光解水制氢工艺流程

我国高度重视光解水制氢技术开发，21 世纪以来，支持了多个“973”计划和“863”计划项目。2008 年，中国科学院启动了太阳能行动计划，支持中国科学技术大学合肥微尺度物质科学国家实验室、西安交通大学等国内高等科研院所开展该项研究。目前，西安交通大学设计搭建的太阳能聚光与光催化分解水耦合系统太阳能能量转化效率达 6.6%；其光催化剂制氢效率为目前 ZnO-ZnS 体系的最高值，表观量子效率达到 25.47 %（365 nm），处于国内领先水平。

2. 生物制氢

根据发酵产氢的微生物不同，生物制氢分为以光合细菌为基础的光发酵制氢和以异养型厌氧产酸发酵细菌为基础的暗发酵两类。

光发酵制氢发展较早，具有光合细菌易培养、底物氢气转化率高等优点，备受关注。目前，该技术仍处于实验室研究阶段。暗发酵制氢不依赖光照，而且发酵工艺可借鉴发酵工业、厌氧菌水处理等现有技术，因此虽起步较晚，但发展迅速。我国的暗发酵制氢技术研究始于 20 世纪 90 年代，1990 年哈尔滨工业大学生物制氢课题组提出了以厌氧活性污泥培养为基础，以有机废水为原料的发酵法生物制氢技术路线，目前仍处于研究阶段。

联合使用暗发酵和光发酵技术，可以利用大分子有机物及成分复杂的物料制氢，大幅提高基质的氢气转化率。但是，联合制氢至少需要两个独立的反应系统，对于复杂的底物还需要单独设置预处理单元，工艺流程较为复杂。我国相关基础研究较为薄弱。

二　氢气储运技术及产业发展现状

（一）高压气态储运

高压气态储氢是目前应用最广泛的储氢方式。高压气态储氢容器主要分为纯钢制金属瓶（I 型）、钢制内胆纤维环向缠绕瓶（II 型）、铝内胆纤维全缠绕瓶（Ⅲ型）及塑料内胆纤维缠绕瓶（IV 型）4 个类型，如表 2-3 所示。其中，Ⅲ型瓶和 IV 型瓶具有重容比小、单位质量储氢密度高等优点，已广泛应用于氢燃料电池汽车。高压储氢瓶的工作压力一般为 35~70 兆帕，国内车载高压储氢系统主要采用 35 兆帕 Ⅲ型瓶，国外以 70 兆帕 IV 型瓶为主。

表 2-3　四种高压氢气容器的性能对比

类型	I 型	II 型	Ⅲ型	IV 型
工作压力（兆帕）	17.5~20	26.3~30	30~70	70 以上
介质相容性	有氢脆、有腐蚀性	有氢脆、有腐蚀性	有氢脆、有腐蚀性	有氢脆、有腐蚀性
产品重容比（kg/L）	0.90~1.3	0.60~0.95	0.35~1.00	H2：0.35~1.00
使用寿命（年）	15	15	15~20	15~20
储氢密度（g/L）	14.28~17.23	14.28~17.23	40.4	48.8
成本	低	中等	最高	高
车载是否使用	否	否	是	是

目前，我国Ⅲ型瓶技术发展成熟，35 兆帕和 70 兆帕两种压力类型的产品均已产业化，其中 35 兆帕储氢瓶应用广泛，70 兆帕储氢瓶建立了纤维全缠绕高压储氢气瓶结构 - 材料 - 工艺一体化的自适应遗传优化设计方法仍处于示范应用阶段。国内多个科研机构、企业开展了 70 兆帕储氢瓶的技术及装备研发，并取得一定成效。浙江大学适应遗传优化设计方法，成功研制了质量储氢密度达 5.78wt% 的Ⅲ型 70 兆帕储氢瓶。科泰克、天海工业、中材科技、富瑞氢能、斯林达等企业已陆续完成 70 兆帕储氢瓶的研发或已具备量产能力。高压氢气运输方面，长管拖车运氢仍是目前我国氢气运输的主要方式，其储存压力为 20 兆帕。气氢长管拖车运输成本对运输距离较为敏感，仅适用于少量短距离运输，运输半径一般不超过 150 公里。高压氢气运输设备方面，我国长管拖车产业发展非常成熟，设计制造技术已达到国际先进水平，形成了一批具有较强影响力的企业，石家庄安瑞科、鲁西化工、新兴能源、上海南亮等十余家企业具备长管拖车生产或组装资质。

管道技术适用于大规模、长距离输送氢气，是成本最低的输氢方式。国外管道输送氢气比较成熟，美国、欧洲已分别建成 2400 公里、

1500 公里的输氢管道[①]。我国目前氢气管道里程约 400 公里，最具有代表性的大口径氢气管道是济源 - 洛阳（25 公里）、巴陵 - 长岭（43 公里）两条输氢管线，输送压力为 4 兆帕。管道输送方式安全可靠，自动化程度高，稳定性好，距离越长经济效益越突出，将是未来氢气输送的重要技术选择。

（二）液态储运

1. 有机液态储运

有机液体储氢具有体积储氢密度大（可达 60g/L）、常温常压下储运安全可靠且脱氢响应速度快等优点。但是，有机液体储氢也存在一些不足，使其规模化推广前景仍不明朗。比如，技术操作条件较为苛刻，需要催化加氢和脱氢装置；脱氢反应需在低压高温非均相条件下，否则影响氢气纯度；该存储方式在冷启动和脱氢时会燃烧少量有机化合物，难以实现零排放。

武汉氢阳能源有限公司是国内最早开展常温常压有机液体储氢技术商业化开发及示范的企业，2016 年 9 月“泰歌号”工程样车下线。该车由氢阳能源与扬子江汽车公司联合研发，搭载有机液体储氢系统，储氢密度为 58g/L。氢阳能源后续还开发了二代产品“氢扬号”及物流车三环“新氢卡”。2018 年，大洋电机收购全球领先的氢气储运技术公司 Hydrogenious Technologies GmbH（HT 公司）部分股权，支持 HT 公司开发有机液体储氢技术，并计划向 HT 公司采购一定数量的有机液体储氢系统在国内投入测试及使用。

2. 低温液氢储运

低温液氢对大规模高效氢液化技术及其装备制造技术、高性能液氢储罐设计和制造技术等具有较高要求。目前，在国家重大科研装备

---

① 《中国氢能生产与消费现状》，http://www.sohu.com/a/300398051_120044724。

研制专项的支持下，我国突破了液氢温度大型氦制冷技术和装备制造技术，为突破大规模高效氢液化技术和氢液化器制造技术奠定了坚实基础。在液氢储运技术方面，我国已经掌握了 300 立方米以下的液氢储罐（固定和移动）制造技术，基本可以满足当前产业发展需要。液氢储运被认为是前景较好的氢气大规模储运发展方向之一，探索大规模液化储氢装备和液氢的无损储运，对我国未来氢能大规模应用具有重要战略意义①。

中航 101 所、中科富海、富瑞特装是国内较早开展液氢储运技术及装备开发的机构或企业。中航 101 所早在 20 世纪 70 年代就设计制造了 30 立方米真空多层绝热液氢贮箱。中科院理化所研制的工业规模氢液化工程样机的技术水平已经达到市场推广要求。中科院理化所孵化的中科富海是当前国内唯一、全球第三家具有自主知识产权的大型低温制冷装备制造与工程系统解决方案供应商。中科富海研制的首台全国产化氦透平制冷氢液化器氢液化能力达 1000L/h，可连续运行 8000 小时，具有完全自主知识产权。富瑞特装引进了俄罗斯膨胀机及氢液化工艺，自主设计制造冷箱和液氢储运容器，并计划建设大型液氢厂。

液态氢的密度是气体氢的 845 倍，因此低温液氢储存密度，适合长距离运输。在氢气量大、运输距离较长时，液氢储运经济效益突出。张家港氢云新能源研究院的研究显示，半径 1000 公里左右的范围，液氢运输成本较低，但运输半径超过 1000 公里后，运输成本随着运输距离增加快速上升。

（三）固态储运

与高压气态储氢及液态储氢相比，固态储氢具有体积储氢密度

① http：//dy.163.com/v2/article/detail/DS1BFAV50514TTKF.html.

高、压力低、无须隔热及安全性好等优点，特别适合于体积要求较为严格的场合。固态储氢材料种类主要有有机金属框架（MOF）、金属氢化物（包括复杂金属氢化物和二元金属氢化物）、非金属氢化物、纳米碳材料等，目前常用的固态储氢材料的特点详见表 2-4。

表 2-4　不同固态储氢材料的特点

储氢材料	特点
有机金属框架	体系可逆，操作温度低
金属氢化物	体系可逆，多含重金属元素，储氢容量低
复杂金属氢化物	局部可逆，储氢容量高，种类多样
二元金属氢化物	体系可逆，热力学性质差
非金属氢化物	储氢容量高，温度适宜，体系不可逆
纳米碳材料	操作温度低，储氢温度低

固态储氢的储氢密度与高压气态储氢相比优势明显。相关研究表明，低压固态合金 AB_2 储氢装置单元与 35 兆帕高压氢气瓶相比，在相同体积下，固态合金储氢装置压力仅为高压氢气瓶的 1/7，有效储氢质量是高压氢气瓶的 3 倍[①]。目前，固态储氢技术仍有待完善，产业化应用尚需时日。北京有色金属研究总院、上海交大、镁源动力、镁格氢动、厦门钨业和北京浩运金能等企业在固态储氢领域有技术储备。其中，浩运金能的稀土储氢装置在 3 兆帕下可实现 30 g/L 的体积储氢密度；而镁源动力的镁基合金储氢系统的可逆储放气可在 1.4 兆帕的常压可控温条件下实现可逆循环使用，打破了固态合金材料吸放氢的动力学限制，储氢体积密度达 55 g/L，质量储氢密度达 4%。

① http: //www.cnautonews.com/tj/lbj/201812/t20181207_602397.html（固态合金储氢要为氢燃料电池汽车松绑）。

三　氢气加注技术及产业发展现状

加氢站是最重要的氢能基础设施之一，氢气加注技术及装备也是氢燃料电池产业的重要组成部分。

（一）加氢站氢气加注技术现状

加氢站加注氢气主要有顺序取气加注和增压加注两种技术路线。顺序取气加注是依靠站内高压储氢装置和氢能应用终端储氢瓶之间的压差作用，进行快速加注。对于氢燃料电池汽车来说，加氢站高压储氢装置的压力要高于车载储氢瓶工作压力，若车载气瓶工作压力为35兆帕，加氢站高压储氢装置的压力需达到40~45兆帕；若车载储氢瓶的工作压力为70兆帕，加氢站高压储氢装置的压力需达到80~90兆帕。采用增压加注方式时，加氢站内可以不储存高压氢气，但是其加注速度较慢。

目前，我国加氢基础设施的技术标准体系逐步完善，与加氢站氢气加注直接相关的标准法规详见表2-5。这些标准为我国加氢站建设提供了重要的技术支撑及依据。

表 2-5　加氢站相关技术标准

序号	技术标准名称	标准类别	标准号
1	氢气站设计规范	国家标准	GB 50177-2005
2	加氢站技术规范	国家标准	GB 50516-2010
3	压缩氢气车辆加注连接装置	国家标准	GB/T 30718-2014
4	液氢车辆燃料加注系统接口	国家标准	GB/T 30719-2014
5	汽车用压缩氢气加气机	国家标准	GB/T 31138-2014
6	移动式加氢设施安全技术规范	国家标准	GB/T 31139-2014

续表

序号	技术标准名称	标准类别	标准号
7	氢能汽车加氢设施安全运行管理规程	国家标准化指导性技术文件	GB/Z 34541-2017
8	加氢站用储氢装置安全技术要求	国家标准	GB/T 34583-2017
9	加氢站安全技术规范	国家标准	GB/T 34584-2017
10	燃料电池电动汽车加氢枪	国家标准	GB/T 34425-2017
11	加氢车技术条件	行业标准	QC/T 816-2009
12	氢燃料电池汽车加氢站技术规程	地方标准	DGJ08-2055-2017，J11330-2017
13	质子交换膜氢燃料电池汽车用燃料氢气	团体标准	T/CECA-G 0015-2017

注：仅列出与加氢站直接相关的标准，未列入通用类的氢气安全标准。
资料来源:《中国车用氢能产业发展报告（2018）》。

我国加氢站技术逐渐成熟，但对气态氢气加注协议、气态氢品质要求及其检测以及加氢质量精确计量等问题重视不足。以气态氢气加注协议为例，SAE-J2601 是全球认可的气态氢加注协议标准，该标准使用了美国空气化工产品公司的专利技术，存在支付专利授权等潜在风险。为规避产权纠纷，日本在推进加氢站建设过程中没有完全采纳 SAE-J2601，而是制定了具有自主知识产权的加注协议标准 JPEC-S0003。因此，在推进加氢站建设过程中，我国应主动采取措施规避潜在的产权风险，自主研制氢气加注技术协议标准。

（二）我国加氢站发展现状

截至 2019 年 3 月底，我国建成投产的加氢站达 26 座，主要分布在上海、广东、河北、山西、山东、湖北、安徽、河南等省市。由于总体数量少且较分散，上海、广东等地区存在投放运营的氢燃料电池汽车加氢难的问题。总体上说，加氢站等基础设施建设相对滞后已经成为产业发展的瓶颈。2019 年全国两会上，加氢站首次被写进政府工作报告中，推动加氢站建设提速，各地布局规划建站数量大幅递增。

2006 年建成的北京永丰加氢站是我国第一座加氢站，至今已有十多年历史。总体上看，我国已具备设计建造 35 兆帕加氢站的能力（包括固定式和撬装式），加氢机、压缩机、站内储氢罐等核心装备主要零部件国产化进程显著加快，但是压缩机、加氢枪等装备整机的制造精度和性能稳定性等仍落后于国际先进水平。目前占据国际主流地位的 70 兆帕加氢站及其关键设备领域，我国仍处于示范验证阶段。

近年来，随着国内氢燃料电池产业发展提速，加氢站等重要配套基础设施建设步入快速增长期。上海、佛山、云浮、中山、常熟、西安等地先后建成多座加氢站，除投产运行的 26 座外，在建将近 30 座。加氢站规划方面，全国超过 20 个城市或地区均将加氢站建设纳入其近期发展规划。预计到 2020 年底，国内建成投产的加氢站数量将超过 100 座。

第二节　氢燃料电池

一　燃料电池电堆

我国燃料电池电堆有两种发展路径，一是独立自主开发，二是引进国外先进技术并转化。大连新源动力和上海神力是国内独立自主开发电堆的典型代表。大连新源动力的双极板采用金属板和复合板的技术路线，为上汽荣威 950 乘用车和 V80 商务车提供燃料电池及系统。上海神力成立于 1998 年，是国内最早推动燃料电池商业化应用的企业之一。2019 年 1 月，上海神力为上海申龙客车有限公司研发的两款氢燃料电池公交车提供燃料电池及系统，这两款车已经交付使用。上海神力自主开发电堆核心技术水平处于国内领先，体积功率密度突破 2.2kW/L，支持 -30℃低温自启动、-40℃低温存储①，适用于客车、物流车、乘用车等领域。近几年来，爱德曼、弗尔塞、北京氢璞、武汉众宇、喜马拉雅等燃料电池电堆企业发展迅速，陆续开发成功燃料电池电堆。爱德曼主要生产金属板水冷电堆，其第三代电堆产品功率为 60kW，功率密度为 2.5kW/L，设计耐久性为 10000 小时，主要用于商用车；正在开发的第四代产品功率为 80kW，功率密度为 2.8kW/L，主要用于商用车及乘用车，当前的电堆产能为 4000 套 / 年（60kW/ 套）。

国鸿氢能是引进国外先进技术并转化的典型代表。国鸿氢能于 2015 年 6 月成立，引进业内公认最成熟的加拿大巴拉德 9SSL 燃料电池电堆技术，采用技术引进、吸收、再创新的“高铁”模式，进行产业化落地并实现规模化生产。国鸿开发出拥有自主知识产权的燃料电池电堆，电堆功率密度达到 2.5kW/L，单电池功率密度超过 1.2W/cm^2，已开始小批量生产，成为国内石墨双极板燃料电池电堆的引领者。目前，国鸿生产的电堆广泛用于东风特汽、飞驰、宇通、中通、金龙、福田等整车企业的燃料电池大巴、物流车。2018 年，国鸿氢能的电堆在全国市场占有率超过七成。

整体上看，我国氢燃料电池技术水平与先进国家相比差距较大，主要体现在以下几个方面：一是氢燃料电池总体尚处于工程化开发阶段，功率密度、冷启动性能、可靠性等主要技术性指标与世界先进水平相比还有很大差距；二是关键领域核心技术很少；三是研发和生产制造成本居高不下；四是催化剂、双极板等关键材料和空压机、氢循环泵、增湿器等关键零部件国产化率低，成本高。国内外燃料电池电堆性能对比见表 2-6。

---

① 亚化咨询:《中国氢能与燃料电池年度报告 2019》。

表 2-6 国内外燃料电池电堆厂家及产品性能对比

生产厂家		额定功率（kW）	功率密度（kW/L）	低温启动（℃）	低温储存（℃）
国外	Ballard	30/60	1.5	—	—
	Hydrogenics	30	0.8	—	—
	AFCC	30	—	-30	-40
	丰田	114	3.1	-30	-40
	本田	103	3.1	-30	-40
	现代	100	3.1	-30	-40
国内	上海神力（石墨双极板）	40/80	2.0	-20	-40
	大连新源动力	30~40（复合双极板）	1.5	-10	-40
		70~80（金属双极板）	2.4	-20	-40
	爱德曼	30~80（金属双极板）	2.5	-20	-40
	弗尔赛能源	16/36	—	-10	—
	北京氢璞创能	20–50	1.5~2.5	-10	-40
	武汉众宇	0.25~1.2/36	—	—	—
	上海攀业	0.05~1.8	—	-5	—
	安徽明天氢能	20~100	—	-20	—
	广东国鸿巴拉德	30~60	—	—	—
	武汉喜玛拉雅	1~100	—	—	—

资料来源：燃料电池发动机工程技术研究中心。

二 膜电极

膜电极由质子交换膜、催化剂层、气体扩散层组成，是电堆的核心组件，对电堆性能、寿命等具有决定性作用，其成本占据燃料电池电堆的 70%，占据燃料电池动力系统的 35%。近两年来，国产膜电极开发和制造水平大幅提升，逐步接近国际水平，但在铂载量、启停响应、冷启动、抗反极等特性方面仍落后于国际先进水平。

我国从事膜电极开发及生产的企业较多，武汉理工氢电科技有限公司、鸿基创能及苏州擎动科技等是主要代表。2018年，武汉理工氢电科技有限公司是依托武汉理工大学技术转化孵化的企业，专注于膜电极的自主开发及产业化，其产能规模达2万平方米的膜电极自动化生产线属全国首创。目前，武汉理工氢电科技有限公司的产品以出口为主，是Plug Power的重要供应商，预计2020年前膜电极年产能达到10万平方米以上。2019年3月，广州开发区鸿基创能的氢燃料电池膜电极产业化项目开工调试，一举填补了国内高能量密度膜电极制造的空白。2019年2月，苏州擎动科技有限公司自主研发的国内首套“卷对卷直接涂布法”膜电极生产线正式投产，这种国际先进的膜电极制造工艺，仅有少数几家国际知名车企掌握。与传统的喷涂法和转印法制作工艺相比，该工艺具有自动化程度高、效率高、制造成本低、产品性能和耐久性高等特点。

表2-7　国内外膜电极生产厂家及产品性能对比

生产厂家		功率密度	铂载量	备注
国外	3M	0.861W@0.692V	0.118mg/cm^2	唯一可以量产有序化膜电极的企业
	Gore	—	0.175g/kW	产品为CCM，全球主导地位
国内	武汉理工新能源	1W/ cm^2	0.4 g/kW	出口美国，批量生产
	大连新源动力	0.8W/cm^2@1200mA/ cm^2	0.4 g/kW	小批量生产
	爱德曼	1.04W/ cm^2@0.65V	0.4g/kW	批量化生产
	昆山桑莱特	≥ 0.75W/ cm^2@0.6V	—	样品为主
	南京东焱氢能	0.8W/ cm^2@0.65V	—	样品为主
	苏州擎动科技	0.8W/ cm^2	—	国内首套“卷对卷直接涂布法”膜电极生产线

资料来源：燃料电池发动机工程技术研究中心。

三 双极板

双极板是质子交换膜燃料电池关键部件之一，占整个燃料电池60%的重量和20%的成本。双极板具有均匀分配气体、排水、导热、导电等功能，其性能优劣直接影响电堆的输出功率和使用寿命。按制造材料分类，双极板可分为石墨板、金属板与复合板。石墨板的主流供应商有美国POCO、美国SHF、美国Graftech、日本Fujikura Rubber LTD、日本Kyushu Refractories、英国Bac2等。目前，我国已基本实现石墨板的国产化，代表企业包括上海神力、上海弘枫、杭州鑫能、江阴沪江科技、淄博联强碳素材料、上海喜丽碳素等。金属板供应商多为国外厂家，主要有瑞典Celli兆帕ct、德国Dana、德国Grabener、美国treadstone等，丰田等氢燃料电池乘用车厂家大多自行研制双极板。国内金属板大多还处于研发试制阶段，爱德曼在广东南海和浙江嘉善建设了三条金属双极板生产线，实现了我国金属双极板量化生产的突破；上海佑戈、上海治臻、大连新源动力等企业已研制出车用的燃料电池金属双极板，并已小规模示范应用于整车。复合双极板的研发目前还比较少，国内仅有大连新源动力和武汉喜玛拉雅等企业有所涉及，实际应用情况还未见公布。

表2-8 国内外双极板主要厂家及产品性能对比

双极板类型	主要厂家	导电率（S/cm）	抗弯强度（兆帕）	腐蚀电流（μμ/cm²）	接触电阻（mΩ·cm²）
石墨双极板	美国POCO	＞100	＞34	—	—
	加拿大Ballard	—	50	—	—
	上海弘枫	＞100	＞50	—	—

续表

双极板类型	主要厂家	导电率（S/cm）	抗弯强度（兆帕）	腐蚀电流（μμ/cm²）	接触电阻（mΩ·cm²）
金属双极板	瑞典 Celli 兆帕 ct	—	—	0.5	—
	德国 Dana	—	—	0.5	—
	大连新源动力	—	—	0.5	—
	爱德曼	—	—	＜1	4~5
	上海佑戈	—	—	＜1	3
	上海治臻新能源	—	—	＜1	5
复合双极板	大连新源动力	—	—	—	—
	武汉喜马拉雅	＞62.5	＞51	—	—

资料来源：燃料电池发动机工程技术研究中心。

四　质子交换膜

质子交换膜是一种固态电解质膜，是燃料电池的核心材料之一。质子交换膜可分为全氟磺酸质子交换膜、部分氟化质子交换膜、非氟化质子交换膜、复合质子交换膜和高温质子交换膜等。目前的主流技术是全氟磺酸增强型复合膜，质子交换膜逐渐趋于薄型化，由几十微米降低到十几微米，降低质子传递的欧姆极化，以达到更高的性能。

表 2-9　各类质子交换膜优缺点比较

类型	优点	缺点
全氟磺酸质子交换膜	机械强度高，化学稳定性好，在湿度大的条件下导电率高；低温时电流密度大，质子传导电阻小	高温时膜易发生化学降解，质子传导性变差；单体合成困难，成本高；用于甲醇燃料电池时易发生甲醇渗透
部分氟化质子交换膜	工作效率高，单电池寿命提高，成本低	氧溶解度低
非氟化质子交换膜	电化学性能与 Nafion 相似，环境污染小，成本低	化学稳定性较差，很难同时满足高电子传导性和良好机械性能
复合质子交换膜	可改善全氟磺酸质子交换膜导电率低及阻醇性差等缺点，赋予特殊功能	制备工艺有待完善

资料来源：《燃料电池质子交换膜技术发展现状》，http：//chuneng.bjx.com.cn/news/20190306/966998.shtml。

表 2-10　国内外质子交换膜生产厂家及产品性能对比

生产厂家		产品型号	厚度（μ度）	E.W 值	备注
国外	杜邦	Nafion 膜	25~250	1100~1200	化学稳定性强，机械度高，在高湿度下导电率高，低温下电流密度大，质子传导电阻小，目前市场占有率最高
	Groe	Groe-select 复合膜	—	—	改性全氟型磺酸膜，技术处于全球领先地位
	3M	PAIF 高温质子交换膜	—	—	主要用于碱性工作环境
	旭硝子	Flemion 膜	50~120	1000	具有较长支链，性能与 Nafion 膜相当
	旭化成	Alciplex 膜	25~1000	1000~2000	具有较长支链，性能与 Nafion 膜相当
	陶氏化学	Xus-B204 膜	125	800	因含氟侧链短，合成难度大且价格高，现已停产
国内	东岳集团	DF988、DF2801 质子交换膜	50~150	800~1200	高性能，适用于高温 PEMFC 的短链全氟磺酸膜
	武汉理工新能源	复合质子交换膜	16.8	—	已向国外数家研究单位提供测试样品，好评率高

资料来源：燃料电池发动机工程技术研究中心。

普通全氟化质子交换膜代表企业主要集中在美国、日本、加拿大和中国，主要品牌包括美国杜邦（Dupont）的 Nafion 膜、陶氏化学（Dow Chemical）的 Xus-B204 膜、3M 的膜；日本的旭硝子 Flemion 膜、日本旭化成 Aciplex 膜、加拿大 Ballard 公司 BAM 膜、比利时 Solvay 公司 Solvay 系列膜，国内东岳集团 DF988、DF2801 质子交换膜和新源动力、武汉理工的复合质子交换膜等。山东东岳是国内具有质子交换膜量产水平的两家企业之一，其产品已经进入奔驰公司的供应链体系。山东东岳长期致力于全氟离子交换树脂和含氟功能材料的研发与产业化，已经建成年产50吨的全氟磺酸树脂生产装置、年产10万平方米的氯碱离子膜工程装置和燃料电池质子交换膜连续化实验装置，为产业化打下坚实基础，下一步将以满足国内外燃料电池的发展需求为导向，扩大产能规模至50万平方米，研发生产高质量质子交换膜。

五　催化剂

催化剂是燃料电池的关键材料之一，催化剂根据贵金属铂的含量分为铂催化剂、低铂催化剂与非铂催化剂，目前常用的催化剂是Pt/C。降低铂载量是降低燃料电池电堆成本的重要途径，经过数十年的发展，目前单位功率的铂载量从十年前的0.8~1.0g/kW降低到0.1~0.4g/kW，为进一步降低成本，到2020年将下降到0.1g/kW左右。铂催化剂用量的终极目标是小于0.05g/kW，即铂金属消耗量与传统内燃机尾气净化器铂金属用量持平甚至略低。

目前，我国铂催化剂以进口为主，英国Johnson Matthery、德国BASF、日本Tanaka、日本日清纺、比利时Umicore等公司代表了世界一流水平。贵研铂业、武汉喜马拉雅、中科中创、苏州擎动科技、昆山桑莱特等是国内开展催化剂开发的代表企业。其中，贵研铂业是国际五大知名贵金属公司之一，在燃料电池催化剂领域布局较早，是行业内唯一的上市公司。贵研铂业与上海汽车集团合作已经研发出铂基催化剂。苏州擎动科技开发的铂合金催化剂能够将燃料电池的铂消耗量降低75%，是国内首个实现量产的燃料电池用铂合金催化产品。国内外催化剂性能对比如表2-11所示。

表 2-11 国内外催化剂生产厂家及产品性能对比

生产厂家		产品性能
国外	英国 Johnson Matthey	Pt 纯度达到 99.95%，拥有全球最先进的催化剂生产技术，主要分 3 种产品：HisPEC 4000、9100 和 13100，含铂量 38~73.5 wt%
	日本 Tanaka	建立了稳定的催化剂供应系统，催化剂产品中含铂量最少，可达到 0.12g/kw，为本田 Clarity 氢燃料电池汽车提供铂催化剂
国内	贵研铂业	铂黑：黑色粉末； 铂含量：≥ 9.99%； 比表面积：28.0 ± 1.0 ㎡ /g
	中科中创	铂碳催化剂：40wt%Pt，60 wt%Pt，单批次＞ 200g； 催化剂粒径尺寸：2.8nm； 电化学活性面积：85 ㎡ /g
	武汉喜马拉雅	Pt/C 催化剂日产能力：200g； 催化剂粒径尺寸：2~3nm； 电化学活性面积：90 ㎡ /g（60 %Pt/C 催化剂）
	苏州擎动科技	铂合金催化剂： 可使燃料电池中贵金属铂的用量降低 75%

资料来源：燃料电池发动机工程技术研究中心。

六　气体扩散层

气体扩散层（GDL）是为参与反应的气体和产生的水提供传输通道，并支撑膜电极。GDL 必须具备良好的机械强度、合适的孔结构、良好的导电性及高稳定性。GDL 由基底层和微孔层组成，其中基底层材料大多是多孔炭纸或碳布，微孔层通常由导电炭黑和憎水剂构成。目前燃料电池生产商多采用日本东丽、加拿大 Ballard、德国 SGL 等厂商的碳纸产品，东丽占据较大的市场份额。我国对碳纸的研发主要集中于中南大学、武汉理工大学等高校，国内江苏天鸟具备优秀的碳纤维织物的生产能力，但由于国内燃料电池市场太小，尚无量产计划。

表 2-12　国内外碳纸基本性能对比

生产厂家	产品型号	厚度（mm）	密度（g/cm^3）	孔隙率（%）	透气率 ml · mm/（cm^2 · mr · mmAq）	电阻率 m 阻率号纸	抗拉强度（兆帕）	抗弯强度（兆帕）
日本东丽	TGP-H-060	0.19	0.44	78	1900	5.8	50	—
	TGP-H-090	0.28	0.45	78	1700	5.6	70	39
	TGP-H-120	0.36	0.45	78	1500	4.7	90	—
中南大学	—	0.19	—	78	1883	5.9	50	—

资料来源：燃料电池发动机工程技术研究中心。

第三节　氢能应用

一　氢燃料电池汽车

交通领域是目前氢燃料电池应用的主要领域。2017 年以来，我国氢燃料电池汽车技术研发及整车示范推广应用提速。氢燃料电池汽车动力总成构架如图 2-8 所示，目前我国氢燃料电池乘用车动力系统技术平台以采用燃料电池 - 动力电池混合驱动为主，已形成千套级氢燃料电池轿车动力系统平台的集成能力。我国氢燃料电池商用车的燃料电池 - 动力电池动力系统技术平台能力相对较强，以重塑科技和清华亿华通为典型代表，已攻克制动能量回收、蓄电池系统热电管理技术、双燃料电池堆独立运行等瓶颈技术，建立了碰撞 - 氢 - 电等多因素构成的新的汽车安全技术体系。

氢燃料电池乘用车领域，日本、美国、韩国及欧盟等发达国家或地区技术相对成熟，车辆各项性能指标优越，部分车型已处于量产销售阶段，丰田 Mirai、本田的 Clarity 以及现代的 NEXO 代表了国际领

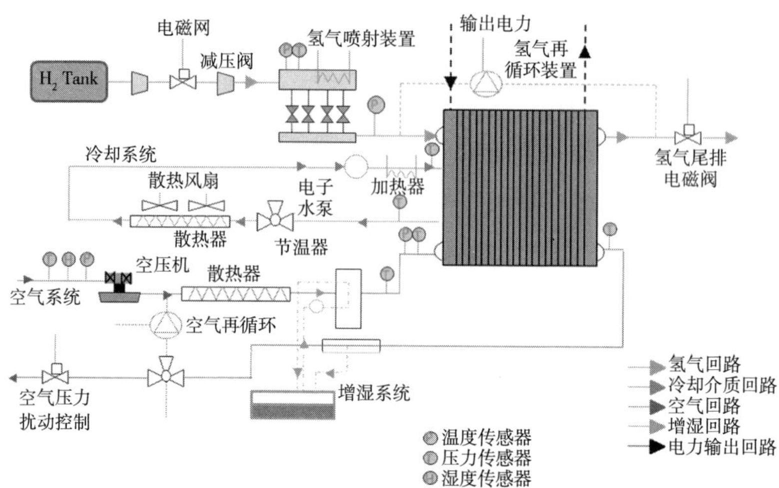

图 2-8　氢燃料电池汽车动力总成构架

先水平。我国燃料电池乘用车技术水平与国外存在较大差距。例如，国外燃料电池发动机的功率输出能力基本在 80~130kW，远高于国内的 40~60kW，而且质量比功率和体积比功率存在较大差距；金属双极板燃料电池的寿命方面，国外先进水平超过 7000 小时，比代表国内最高水平的 5000 小时高出 40%。表 2-13 是国内外氢燃料电池乘用车主要技术参数的对比。

表 2-13　国内外氢燃料电池乘用车基本性能参数对比

参数	丰田 Mirai	现代 ix35	现代 NEXO	本田 Clarity	荣威 950	荣威 750
整车质量（kg）	1850	2290	1832	1890	2080	1860
0~100km/h 加速性能（s）	10	12.5	9.5	10	12	15
最大时速（km/h）	160	160	160	161	160	150
一次加氢续航里程（km）	650	415	609	750	430	310
燃料电池电堆功率（kW）	114	110	120	100	43	—
储氢质量（kg）	5	5	6.35	5.64	4.2	3.6
动力系统构型	全功率型	全功率率型	全功率型	全功率型	Plug-in	—

与日本、韩国等氢燃料电池汽车发达国家相比，我国采取了以优先发展商用车的策略，这既是技术相对落后的理性选择，也与我国的行政管理体制密切相关。目前，国内具备氢燃料电池汽车生产资质的企业有宇通客车、北汽福田、上汽集团、上汽大通、申龙客车、中植汽车、金龙客车、东风特汽、飞驰客车等整车生产企业数十家。

表 2-14　国内外氢燃料电池商用客车基本性能参数对比

厂家	美国 Van hool	美国 New Flyer	德国戴姆勒 奔驰	日本丰田和 日野	宇通 客车	佛山 飞驰
燃料电池 功率（kW）	120	150	250	250	30/60	88
系统厂家	US FuelCell	Ballard HD6	AFCC	Toyota	亿华通	上海重塑
动力电池功率 （kWh）	17.4 锂离子电池	47 锂离子电池	26 锂离子电池	2×1.6 镍氢电池	64.5 锂离子电池	50 锂离子电池
电机峰值 功率（kW）	2×85	2×85	2×80	2×113	100	90
储氢系统压力 （bar）	350	350	350	700	350	350
氢气气瓶 个数（个）	8	8	7	10	8	6
氢气量（kg）	40	56	35	18	30	20
耐久性（h）	18000	8000	12000	5000	4000	10000

我国氢燃料电池商用车在加速时间、最高车速等动力性能，以及百公里耗氢指标等方面与国外的车型基本相当，最高车速80km/h，0~50km/h 加速时间在 20s 左右，续航里程适中，一般为250~400km，车载气瓶的最高压力均为 35 兆帕。目前，国内外燃料电池商用车的性能差异主要体现在燃料电池发动机功率、冷启动以及耐久性方面。

表 2-15　燃料电池物流车与纯电动物流车性能指标对比

	燃料电池物流车	纯电动车物流车
车辆速度及动力性能	最高车速可以达到 80~100km/h，能够满足城市配送、支干线运输和城际运输行驶速度要求	最高车速可以达到 80~100km/h，能够满足城市配送、支干线运输和城际运输行驶速度要求
续航里程及运输距离	具备稳定长续航里程，满足当前多场景运输需求，并且可以通过增加储氢瓶提升续航	续航低于标称值，但是满足大部分市内配送需求
载重质量	具备高载重优势，一般大于 2t，多数在 3t 以上	载重和续航难以兼具，载重一般低于 2t
燃料需求	载重 3.5t 左右的燃料电池物流车市区工况百公里氢气消耗 2.5kg，氢气价格 40元/kg，每百公里加氢费用为 100元，已经较传统燃油物流车体现经济性	现在商业用电均价（含服务费）大概在 1.2 元 /kWh，载重 1t 左右的轻型货车中，纯电动车辆的市区工况电耗平均在 23kWh/100km，每百公里电费不超过 28 元，在低负载短途领域具备经济性优势
加注时间	燃料电池物流车加氢 10 分钟左右，与传统燃油车加油时间相差不大	快充需要 1~2 小时，慢充 5 小时左右
全生命周期成本	在当前补贴情况下，燃料电池物流车在重载领域经济性凸显，与燃油物流车成本持平	2018 年补贴情况下，纯电动物流车在低负载短途运输领域经济性优于燃油物流车，但随着载重量的上升，其经济性有所下降

资料来源：根据国金证券燃料电池产业链系列报告进行整理。

在推广应用方面，我国重点推广氢燃料电池公交车和物流车，公交车以上述商用客车为主。在物流领域，纯电动物流车成本较低，但因其能量密度低，续航和载重难以兼顾，且充电时间长，更适合于短途运输场景，可以替代传统燃油物流车进行城市内配送。与纯电动汽车相比，氢燃料电池物流车具备高载重、长续航和加氢快等优势，适用于城市支干线运输和城际运输场景，可以成为纯电动物流车的有益补充。

随着环保压力倒逼，传统中重型卡车面临路权问题，氢燃料电池汽车迎来发展良机。截至目前，我国累计投放市场的氢燃料电池物流车 2000 多辆，主要包括东风特汽、新青年和中通等品牌，累计行驶里程超过 700 万公里。京东、德邦、韵达、申通等大型物流企业对氢燃料电池物流车的性能高度认可。综合技术水平、客户体验等多方面因素来看，氢燃料电池物流车已经具备规模化推广应用的基本条件。

以柴油为燃料的重型卡车被认为是氢燃料电池汽车未来交通领域重要的应用场景之一。美国、日本等发达国家先后推出了尼古拉1号、Kenworth T680等车型，并已开始实证运行。目前，国内主要聚焦开发大功率燃料电池及系统，整车开发落后于国际先进水平。2018年2月，陕汽开发的德龙L3000氢燃料电池环卫车首次展出，其续航里程达300公里，是目前国内首台氢燃料电池环卫专用车。

二　氢燃料电池备用电源系统

通信基站备用电源是燃料电池重要的应用场景，同时也可取代蓄电池和柴油发电机作为备用发电装置。铅酸电池在传统通信基站备用电源市场占绝对主导地位，氢燃料电池和铅酸电池性能对比如表2-16所示。

表2-16　铅酸电池与氢燃料电池在备用电源领域的性能对比

类别	铅酸蓄电池	氢燃料电池
持续工作时间（h）	4~8	依据氢气储量而定
使用寿命（年）	2~5	10~12
电力输出	在后期放电，电压衰减很快	按设定电压稳定输出电能
占地面积和质量	体积大，质量大	体积小，可安装在室内室外
环境影响	对环境污染严重	环境友好，副产物只有水

2014年，中国联通首次在通信基站备用电源领域采用氢燃料电池技术。近几年，由于政策和氢源等方面的问题，我国在备用电源应用推广方面热度不如氢燃料电池汽车，仅沿海氢能先发地区布局有示

范项目，市场资本投入反应不热烈。目前，弗尔赛能源的固定式备用电源是国内市场应用规模最大的产品，已形成百余套产品在线运行网络，累计待机 40256 天，累计发电 3008 小时，其通信基站备用电源产品已在上海、江苏、厦门等地推广应用，得到中国移动、中国电信和中国联通等用户的认可，应用情况详见表 2-17。

表 2-17　上海、江苏、厦门等地推广应用通信基站备用电源

应用区域	上海电信	上海移动	江苏移动	厦门联通	上海移动
产品					
功率	5kW	5kW	5kW	5kW	3~5kW
数量	1	10	15	1	88

2018 年，广东省云浮市政府与广东铁塔签订战略合作协议，由广东国鸿氢能为广东铁塔提供氢燃料电池备用电源，计划到 2020 年产品推广应用数量达到 100 台。

燃料电池衰减速度慢，工作时间长等优势明显，在通信基站备用电源领域具有巨大的应用潜力。2019 年 3 月，国家发改委发布了《绿色产业指导目录（2019 年版）》（发改环资〔2019〕293 号），明确提出要大力发展包括氢气安全高效储存、氢能储存与转换、氢燃料电池运行维护、氢燃料汽车、氢燃料电池汽车、氢燃料电池发电、氢掺入天然气管道等在内的氢能利用设施建设和运营。国家层面的政策陆续出台，为推广应用氢燃料电池备用电源创造了健康的政策环境。据统计，目前我国有 120 万 ~140 万个通信基站，每个通信基站至少配备两组铅酸蓄电池，基站改造时可将燃料电池备用电源技术作为选择，其存量改造市场巨大。

广东省较早布局氢燃料电池备用电源。存量改造市场方面，广东省通信基站总数占全国比重将近十分之一[①]，数量庞大，未来在既有基站改造方面可以将备用电源替换为氢燃料电池备用电源，应用潜力巨大。增量市场方面，广东省人民政府办公厅印发的《广东省加快5G产业发展行动计划（2019~2022年）》指出，到2022年底，珠三角建成5G宽带城市群，粤东粤西粤北主要城区实现5G网络连续覆盖，全省5G基站累计达17万个，其中广东电信提出未来三年将在大湾区建设3.4万个5G基站[②]，新建5G基站将为氢燃料电池备用电源提供巨大的增量市场。

氢燃料电池替代汽柴油机作为备用发电装置，能够降低噪声和振动，减少二氧化碳等气体排放。氢燃料电池和柴油发电机在备用电源领域的使用情况对比如表2-18所示。

表2-18 柴油发电机与氢燃料电池的使用情况对比

类别	柴油发电机	氢燃料电池
监控	需人工值班	自动控制，远程监控
排放和噪声	废气排放重，噪声大	无废气排放，噪声小

2018年，广东国鸿氢能与南方电网合作推广氢燃料电池应急专用车。该车是国内第一款单电堆功率超过120千瓦的氢燃料电池移动应急电源，由国鸿氢能、广东电科院能源技术公司和云浮供电联合研发，配有14个高压储氢罐，储氢压力35兆帕，可满足燃料电池系统满功率输出6小时以上。在补氢情况下能持续发电，对外直接输出AC380V电能，并可实现与电网供电的无间歇切换，支持在线切换燃料来源，

① 《广东运营商基站占全国近十分之一 4G基站数减少的原因竟是这！》，http：//tech.ifeng.com/a/20180803/45101079_0.shtml。

② 《广东电信：未来三年将在大湾区建设3.4万个5G基站》，https：//www.mscbsc.com/viewnews-2276061.html。

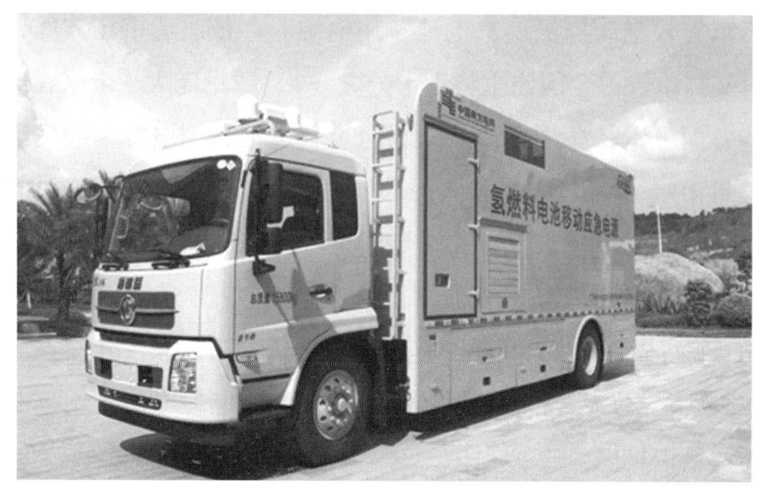

图 2-9 氢燃料电池移动应急电源车

做到长时间不间断发电。该车型已多次参与救灾和重大活动保供电工作，包括服务于珠海举办的中国国际航天航空博览会以及参与超级台风“山竹”救灾，其间备用电源性能稳定，受到一致好评。

氢燃料电池移动应急电源车，可广泛应用在医院、应急、信息储备中心等领域。除通信基站，应急专用车辆方面广东省也有很大市场空间。作为沿海地区，广东省受到台风等影响较大，其中医院、应急、信息储备中心等对绿色备用电源的需求较大。

氢燃料电池备用电源是一整套备用电源的解决方案，是目前除氢燃料电池汽车外，较为常见的氢能应用，目前国内已有相对成熟的氢燃料电池备用电源解决方案（见表 2-19），可取代传统通信基站及数据中心备用电源中的蓄电池、柴油发电机、空调、充电模块、机房、远程监控管理等六个模块。

借鉴日本 Ene-Farm① 家用燃料电池项目的做法，备用电源除上述与电网供应相互配合工作外，还可以独立运行，为住宅区提供电力，

① 日本 Ene-Farm 项目已经支持部署了超过 12 万套家用燃料电池设备，系统在产生电力的同时提供热水，这些燃料电池被安装在公寓以及普通住宅内，由公寓开发商选择安装与否，并且有其他附件应用用途可供选择。另外，新型的燃料电池可以不依赖电网独立运行。

表 2-19　国内部分氢燃料电池备用电源性能参数统计

型号	固定式			便捷式	
	FCS-48/220GFQ3000/5000	FC-DC 48V/5kW	JST-1KW	FCS-48/220BFQ 1500	HyPo- Ⅲ
生产单位	双登集团	费尔赛能源	江苏中靖新能源科技有限公司	双登集团	南京大学环境材料与再生能源研究中心
额定功率	3000W/5000W	5000W	1000W	1500W	500W
启动时间	＜ 2min	＜ 15s	≤ 2min	＜ 2min	—
尺寸	600 × 850 × 1800mm	1850 × 850 × 800mm	780 × 940 × 1760mm	650 × 330 × 500mm	450 × 400 × 300mm
噪声	≤ 65dB	≤ 65dB	＜ 70dB[a]	≤ 65dB	＜ 65dB
使用环境	-5℃至 45℃	-10℃至 45℃	-20℃至 50℃	-5℃至 45℃	-10℃至 45℃
寿命	＞ 10 年	10 年	500 hrs 后下降 10%，2000 hrs 后下降 20 %	＞ 10 年	—

注：a，该值限定距离为 1.5 米，其他为 1 米。

资料来源：众创新能。

同时电池产生的余热为住户供热，从而实现热电联供。在燃料电池的十年使用寿命周期内，蓄电池则需要更换2~5次。因此，尽管一台燃料电池的采购成本比蓄电池高，但若将常用备用电源的六个模块一起计入成本，燃料电池备用电源的成本则更具优势。

三 氢燃料电池分布式发电

目前，用于分布式发电的燃料电池有熔融碳酸盐燃料电池（MCFC）、磷酸燃料电池（PAFC）和固体氧化物燃料电池（SOFC）等，其中SOFC的优势比较突出。与其他分布式电源相比，燃料电池在发电效率、便捷性和安全性方面具有诸多优势：一是能量来源广，传统的石油、煤、天然气等化石能源以及可再生能源均可作为燃料电池的能量来源，燃料电池原料来源相当广泛；二是转换效率高，燃料电池的发电效率较其他发电方式高出许多，可以超过60%，且这种高效率是不随负荷的变化而变化的，具有很高的可控性；三是污染小，在发电过程中，燃料电池不会向环境排放污染物，具有很高的环境清洁性，同时也没有噪声；四是建设维护简单，燃料电池的构建不易受环境限制，扩容扩建简单。同时，燃料电池采用模块化结构，安装便捷，占地面积小。

燃料电池分布式发电在欧、美、日、韩等发达国家和地区开始初步商业化。其中，日本的家用燃料电池发展领先于世界，截至2019年4月，家用燃料电池热电联供系统（CHP）安装量已超过30万套[①]。根据调研数据，预测2022年全球燃料电池分布式发电系统产业规模将达到4477.72百万元，2016~2022年的年复合增长率为12.48%。2012年全球燃料电池分布式发电系统总产量132.72百万瓦特，2016年为212.82百万瓦特，预测2022年将达到408.04百万瓦特，2017~2022年

① World Hydrogen Technologies Conversion 2019 .

的年复合增长率为 11.46%。2012 年我国燃料电池分布式发电系统总产量不到 20 百万瓦特，预计 2022 年产量将超过 50 百万瓦特。氢燃料电池分布式发电系统市场上外国企业技术优势明显，国际影响力较大的企业有 FuelCell 能源、Bloom 能源、巴拉德动力、Plug Power、Hydrogenics、斗山、东芝、松下、爱信精机等。全球及我国市场氢燃料电池分布式发电系统产量具体数据如图 2-10、图 2-11 所示①。

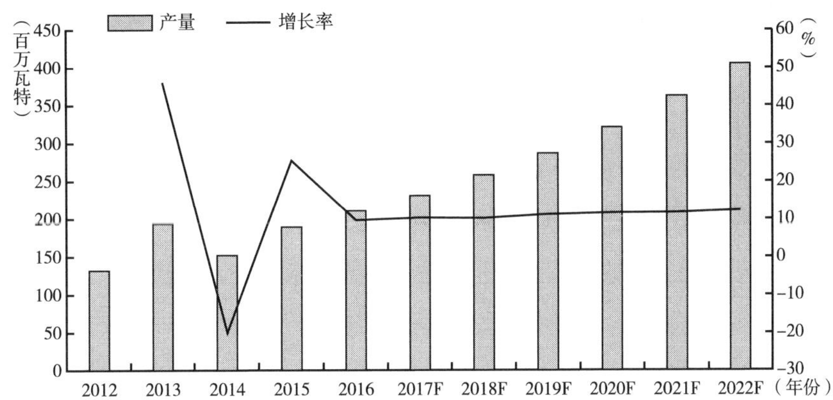

图 2-10　全球市场氢燃料电池分布式发电系统产量发展现状及未来趋势（2012~2022 年）

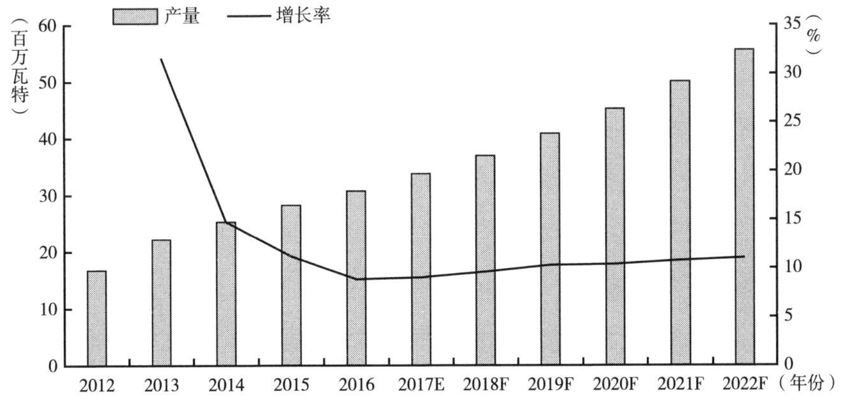

图 2-11　我国市场氢燃料电池分布式发电系统产量发展现状及未来趋势（2012~2022 年）

① 《2017 年中国燃料电池分布式发电系统市场调查研究与发展趋势预测报告》。

近年来，SOFC 分布式发电发展势头迅猛，图 2-12、图 2-13 是 E4tech《2017 年燃料电池行业回顾》中给出的近几年各类型燃料电池的出货量和出货功率，可以看出，SOFC 的出货量和出货功率增加明显。

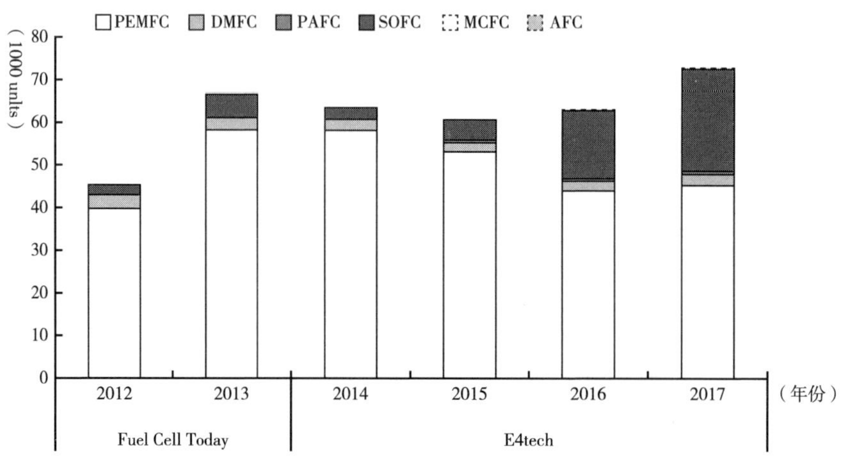

图 2-12 2012~2017 年各类型燃料电池出货量

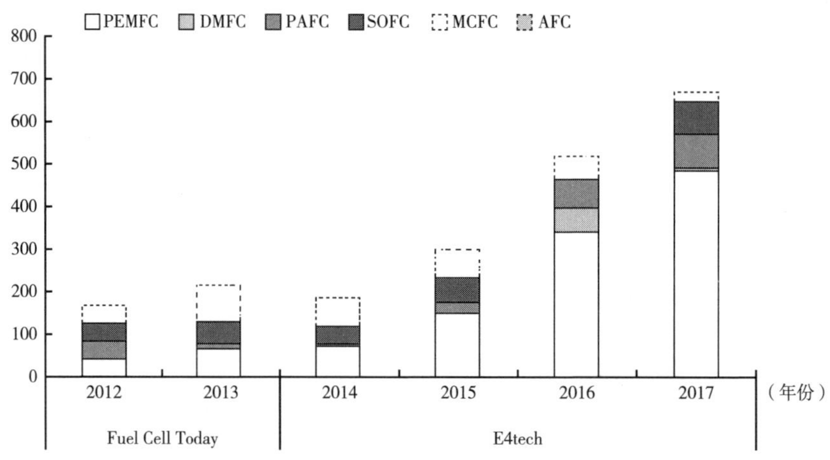

图 2-13 2012~2017 年各类型燃料电池出货功率

我国燃料电池分布式发电关键技术与国外该领域先进技术相比仍有较大差距，目前部分企业已开始布局氢燃料电池分布式发电系统，技术趋于成熟，典型企业产品示范应用梳理详见表 2-20。

表 2-20　我国部分氢燃料电池分布式发电企业

序号	企业名称	产品示范应用
1	北京氢璞创能科技有限公司	提供分布式能源应用的一站式解决方案
2	新源动力股份有限公司	提供分布式发电研发服务
3	上海舜华新能源系统有限公司	以冷热电联供的方式为同济大学汽车学院大楼提供部分电力和热（冷）量
		联合意大利 Turbec 公司共同开发出 5kW 热电联供一体机，可同时提供电力和热水

我国燃料电池分布式发电系统典型示范项目为中国营创三征（营口）精细化工有限公司于 2016 年 10 月投入使用的全球首座 2MW 质子交换膜燃料电池分布式发电系统，氢气来源为纯化副产氢，系统热电联供总效率为 75%。系统采用荷兰 Nedstack 公司生产的电堆，共计 336 个，每个 10kW。系统全年发电 330 天，平均电价每千瓦时 0.55 元。该项目由欧盟资助 335 万欧元，工厂投入人民币 1700 万元，计划 5 年收回成本。

由于燃料电池分布式发电技术优势突出，发展前景良好。我国煤相关的气化煤气、焦炉煤气、煤层气、焦炭和煤等碳基燃料资源丰富，SOFC 分布式发电是解决这些碳基燃料高效利用的有效途径。我国非常重视燃料电池分布式发电的研发示范应用，积极出台扶持政策，支持技术攻关，培育完善市场环境，为我国燃料电池分布式发电技术追赶国际先进技术水平提供了发展机遇。

政策层面，我国国家能源局于 2014 年 4 月下发豁免部分发电项目电力业务许可证的通知；《能源技术革命创新行动计划 2016~2030》

《“十三五”国家战略性新兴产业发展规划》《“十三五”国家科技创新规划》都将氢能发展与燃料电池技术创新列为重点任务，将燃料电池分布式发电等作为氢能与燃料电池技术创新的战略方向。

市场层面，相关研究预测到2020年，燃料电池在世界范围内分布式发电领域的占有量将高达50%[①]，将成为电力供应重构的重要组成部分。燃料电池发电稳定高效的特点有助于提高供电质量和可靠性，市场前景广阔。

技术层面，SOFC属于第三代燃料电池，被普遍认为是与质子交换膜燃料电池（PEMFC）一样将得到广泛普及应用的一种燃料电池。目前我国的技术仍相对落后于国外先进水平，尚不具备商业化应用条件。但是，我国部分科研院所、企业正努力进行技术攻关及产品示范，相关企业发展情况梳理见表2-21。

表2-21 国内SOFC相关企业发展情况梳理

企业	具体研发领域	研发进展
潍柴动力	燃料电池系统、电堆和电池片	与英国CeresPower成立合资公司，将联合开发以CNG为燃料的30kW SteelCell ™燃料电池，用于电动客车增程系统
中广核集团	重整器、燃烧器、热交换器、染料压缩机、控制器	中广核研究院有限公司与哈工大（深圳）签订“固体氧化物燃料电池联合研发战略合作协议”；已经在燃料电池领域承担了一些国家、深圳市和集团的项目；下一步将以市场为导向，聚焦于SOFC系统集成和辅助系统的研发
苏州华清京昆新能源有限公司	SOFC核心元件和关键材料、SOFC发电系统、燃料电池测试系统	2018年7月，公司签约投建徐州华清固体氧化物燃料电池项目。项目主要产品为燃料电池动力系统、燃料电池热电联产、燃料重整系统、燃料电池辅助电源系统等。预计2019年6月底部分试产，2020年内可逐步实现全产能：年产单电池片100万片、单电堆4万套、热盒1万台、25千瓦发电系统1000台套等，总年产能可达25兆瓦

① 赵永志等:《氢能源的利用现状分析》,《化工进展》2015年第9期。

续表

企业	具体研发领域	研发进展
晋煤集团	固体氧化物燃料电池发电系统整体开发	全国首个以煤为原料的 15kW 固体氧化物燃料电池（SOFC）项目在晋煤集团天溪煤制油分公司燃料电池实验室打通全流程，实现了煤经气化再通过固体氧化物燃料电池发电的工程示范。该项目技术由晋煤集团煤化工研究院联合清华大学、中国矿业大学（北京）、苏州华清京昆新能源共同开发，项目最终目标是建立一个以煤为原料的 SOFC 整体示范工程
武汉华科福赛新能源有限责任公司	固体氧化物燃料电池发电系统研发	在 SOFC 单电池、电池堆和系统制造方面处于国内领先水平。2018 年 4 月，公司的“高效长寿管控的固体氧化物燃料电池系统”项目获日内瓦国际发明展金奖。同年 10 月，公司与华中科技大学联合申报的“千瓦级固体氧化物燃料电池关键技术研究”获湖北省技术创新专项重大项目
索弗克氢能源有限公司	单管 SOFC 电池、管式 SOFC 电堆研究与开发；管式 SOFC 燃料电池系统集成	公司科技研发项目“无人机用微管固体氧化物燃料电池（MT-SOFC）电源系统”已经获佛山市科技局立项，并给予 1000 万元科技经费支助

在政策扶持、市场增长潜力以及技术突破的趋势下，地方政府可考虑牵头社会资本，以在城市住宅区、工业园区以及社会主义新农村布局氢燃料电池分布式应用示范项目作为切入点，逐步拓展分布式发电应用产业。

广东省在燃料电池分布式发电方面，凭借其强大的创新研发实力以及市场潜力整体发展水平处于全国前列。SOFC 分布式发电领域广东省的代表企业有中广核研究院、索特能源、索弗克氢能源有限公司等，这些企业与清华大学等知名院校合作，在 SOFC 分布式发电领域具有多项自主研发成果，大力推动了燃料电池分布式发电产业化发展。示范项目方面，广东省东莞市松山湖千瓦级 SOFC 发电示范项目顺利开展。项目依托清华东莞创新中心低碳能源环境技术研究中心韩敏芳主任团队的技术，已成功开发出千瓦级的 SOFC 发电模块，正构建 SOFC 发电系统的高端制造平台，促进 SOFC 发电系统的产业化发展。预计到 2020 年，东莞基于碳基 SOFC 及其元件技术水平将达到国内领先、国际先进水平，推动东莞乃至广东形成SOFC的相关产业聚集，规模将超过1000亿元①。

第四节　环保及经济效益分析

一　燃料电池技术推广应用的环保效益分析

氢和氧在燃料电池中发生电化学反应，产生电、热和水，二氧化碳排放为零，燃料电池技术在终端使用环节环保效益突出。因此，评估燃料电池技术推广应用过程的环保效益，重点需要考虑氢气制、储、运、加注等各个环节的碳足迹。本节以传统燃油 / 气内燃机汽车、纯电动汽车及氢燃料电池汽车为研究对象，分析燃料电池技术推广应用过程中的环保效益。

分析车辆的碳排放量，通常要以“井口到车轮”（Well to Wheel，WTW）全生命周期为对象。传统内燃机汽车使用汽油、柴油或天然气作为燃料，使用过程有二氧化碳排放，排放量与燃料消耗数量相关。纯电动汽车、氢燃料电池汽车在终端使用环节零碳排放。因此，在具体分析过程中，由将WTW分为“井口到油箱”（Well to Tank，WTT）和“油箱到车轮”（Tank to Wheel，TTW），即燃料生产过程和车辆终端使用过程两个部分。

（一）燃料生产过程（WTT）

如图2-14所示，燃料生产过程的碳排放测算边界包括原料 - 生产工艺 - 燃料（氢气）产出的过程。

① 《松山湖研发“神奇电池”，让传统能源更清洁高效！》，http：//www.timedg.com/2018-11/20/20753163.shtml。

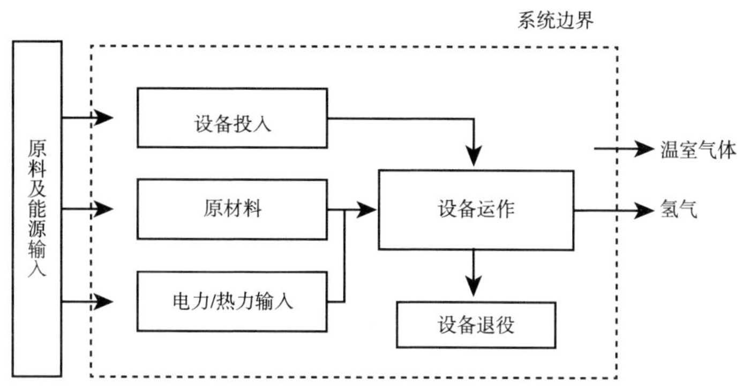

图 2-14　上游生产过程的碳排放计算系统边界

根据制氢技术路线和原料不同，选取煤气化、甲烷重整、电解水等当前主流制氢方式进行对比，电解水制氢依据电力来源不同（一般供电和新能源电力）分别比较。相关研究以全球增温潜势（GWP，即各种制氢技术路线造成的全球变暖趋势相当的二氧化碳排放）比较不同制氢方式的碳排放强度①，如表 2-22 所示。

表 2-22　不同制氢方式生产氢气过程（WTT）的碳排放情况

制氢方式	制氢类型	碳排放（kg CO_2-eq/kg H_2）
煤气化	化石能源制氢	26.97
煤气化（碳捕捉处理）		6.85
天然气重整		14.90
天然气重整（碳捕捉处理）		5.84
焦炉煤气提氢	工业副产气提氢	7.61

① Andi M., Athanasios A. D., George A., et al. Life Cycle Assessment and Water Footprint of Hydrogen Production Methods: From Conventional to Emerging Technologies[J]. Environments, 2018, 5, 0; doi: 10.3390/environments5020000.

续表

制氢方式	制氢类型	碳排放（kg CO_2-eq/kg H_2）
生物质气化	生物质制氢	5.44
生物质重整（玉米）		11.96
生物质重整（小麦）		16.79
电解水（火电）	电解水制氢	46.74
电解水（可再生能源）		2.77
电解水（垃圾发电）		28.46
电解水（垃圾发电，碳捕捉处理）		8.70

资料来源：计算中使用的GREET模型为2018版，垃圾发电（包括含碳捕捉处理的）的碳排放数据来源为：Chandel M K，Kwok G，Jackson R B，et al. The potential of waste-to-energy in reducing GHG emissions[J]. Carbon Management.3. 133-144. 10.4155/cmt.12.11. 计算中氢气运输方式统一为长管拖车（载氢362.874千克），运输距离为100公里。

传统内燃机汽车的燃料以汽油和柴油为主，汽油及柴油在生产过程中的碳排放主要在石油炼化过程。柴油生产过程中的碳排放量约为0.87千克/升，从开采到成品油的生产效率为87%。

（二）终端使用过程（TTW）

在终端使用过程中，氢燃料电池汽车碳排放为零，推广氢燃料电池汽车的减排效益取决于被取代的燃油汽车的碳排放规模。据理论计算，柴油在行驶过程中的碳排放为2.63千克/升。根据现有车型调研，公交车和厢式物流车的平均油耗分别约为百公里30升和15升，在车辆使用阶段，公交车和厢式物流车百公里碳排放分别为78.9千克和52.5千克。

（三）综合比较（WTW）

选取城市公交车、厢式物流车作为比较对象，以行驶100公里为基准计算。根据目前综合工况运行调研情况，采用氢燃料电池公交车（8.5米）、物流车（7.5吨）百公里平均氢耗分别约为5千克、3千克。

对比结果如图 2-15、图 2-16 所示。

如图 2-16 所示，可再生能源制氢的碳减排效益最高，接近零碳排，这是因为可再生能源发电电解水从制氢源头上避免了制氢过程中的碳排放，其总体碳排放仅体现在氢气加压及运输过程中。生物质气化和焦炉煤气提氢路线的减排效益也比较突出，焦炉煤气提纯氢应用广泛，其制氢碳排放来源于炼焦和 PSA 系统耗电（炼焦的碳足迹按比例分配到焦炭、氢气及制氢后尾气上）。由于焦炉煤气等工业副产气提纯氢不直接产生额外碳排放，成本低廉，具有资源回收效益，工业副产气提纯氢有望成为我国氢能产业发展所需的重要氢源。不同的生物质制氢技术，碳排放效益存在较大差异，生物质气化路线的碳排放比生物质重整路线低，减排效益高。煤炭、石油和天然气化石能源制

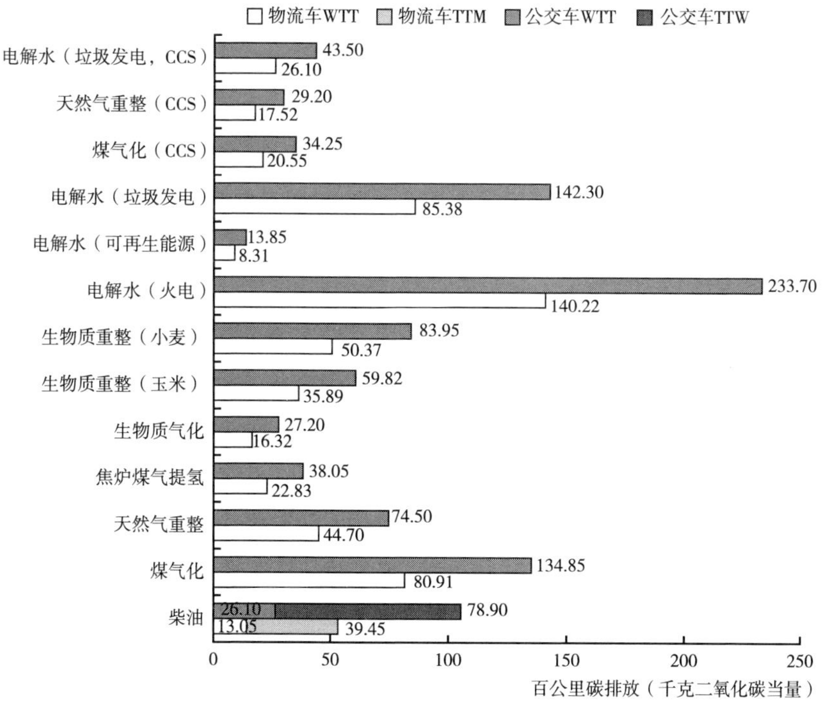

图 2-15　柴油公交车与不同氢源氢燃料电池公交车百公里碳排放水平

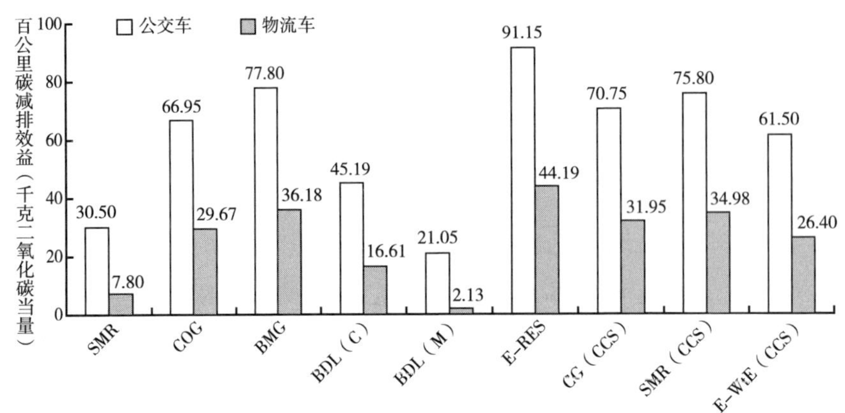

图 2-16　不同氢源下氢燃料电池汽车替代传统燃油车减排效益

注：图表中各项目缩写：SMR，天然气重整；COG，焦炉煤气提氢；BMG，生物质气化；BDL（C），生物质重整（玉米）；BDL（W），生物质重整（小麦）；E-RES，可再生能源电解水；CG（CCS），煤气化 + 碳捕捉处理；SMR（CCS），天然气重整 + 碳捕捉处理；E-WtE（CCS），垃圾发电电解水 + 碳捕捉处理。

氢路线中，天然气制氢是唯一碳减排效益为正的，由于天然气碳氢比低，碳排放系数低，可根据资源禀赋等实际情况适当发展。

煤制氢、天然气重整和垃圾发电电解水是碳排放相对较高的路线，在经过 CCS 技术处理后，碳减排效益可比肩焦炉煤气制氢，其中煤气化制氢效果最显著，可见 CCS 技术对高碳排路线效果更明显。垃圾发电电解水路线除了通过 CCS 技术提高减排效益，还能实现废物能量回收和废物无害化。CCS 技术应用过程需要额外的电力和水，每生产一千克氢气平均需耗电 0.8 度及耗水 1.8 千克①，在采用 CCS 技术时应充分考虑此影响。

生物质制氢和垃圾发电电解水制氢路线的碳排放还存在“碳中性”的部分，其中城市垃圾材料部分来自生物质。简单来说，生物质

① Lampert, D.; Cai, H.; Wang, Z.; Wu, M.; Han, J.; Dunn, J.; Sullivan, J.; Elgowainy, A.; Wang, M. Development of a Life Cycle Inventory of Water Consumption Associated with the Production of Transportation Fuels; Argonne National Laboratory: Lemont, IL, USA, 2015.

所固定的碳来自大自然，在使用过程中不会增加生物圈的总碳量，碳排放可被略去（即“碳中性”），导致两者的碳排放水平比上述计算结果更低。根据 Chandel 等人的研究成果，在考虑“碳中性”的情况下，垃圾发电经 CCS 技术处理后净碳排达 -3.1 千克 / 千瓦时，实现了“负排放”。由此可见，经 CCS 技术处理后的生物质和垃圾发电制氢可减少大气中碳总量，起到人工固定二氧化碳的效果。

二 燃料电池产业链的成本分析

燃料电池产业链成本主要包括氢气的制备成本、运输成本、燃料电池及系统成本、车载氢系统成本、氢燃料电池汽车整车成本及加氢站建设与运营成本等。

（一）制氢成本

制氢成本主要受到原料价格、能源消耗、设备投入等因素的影响，不同工艺路线的制氢成本存在较大差异。表 2-23 对煤制氢、天然气制氢及焦炉煤气提氢三种制氢方式的成本进行了对比，其中煤制氢按 100000 方 / 小时规模测算，相关数据经咨询行业专家获取。

目前，煤制氢仍是我国制氢的主流技术，产能规模最大，成本也最低，但若将二氧化碳捕捉和封存成本纳入制氢成本，煤制氢成本将大幅提升。天然气制氢及焦炉煤气提纯氢成本相差不大，但是天然气制氢成本对原料价格敏感度高，我国天然气资源分布不均衡且总体上并不富余，焦炉煤气提纯氢不需要额外消耗一次能源，能够最大限度地降低制氢所需的一次能源消耗，因此焦炉煤气提纯氢具有显著优势。

电解水制氢成本主要由综合电耗、设备折旧及人力成本等几部分组成，设备折旧和人力成本相对稳定，因此电解水制氢成本主要受电

表 2-23　煤制氢、天然气制氢及焦炉煤气提氢的成本比较

成本项目		平均单位消耗 Kg（m^3）原料 /m^3 H_2			原料单价			单位成本（元 / 立方米）		
		煤制氢	天然气制氢	焦炉煤气提氢	煤制氢（元 / 吨）	天然气制氢（元 /m^3）	焦炉煤气提氢（元 /m^3）	煤制氢	天然气制氢	焦炉煤气提氢
原料消耗		0.30	0.36	1.80	700	2.5	0.5	0.210	0.900	0.900
化学辅料	—	—	—	—	—	—	—	0.035	—	—
循环冷却水	t/m^3 H2	0.094	0.05	0.045	1			0.094	0.05	0.045
电	kWh/m^3 H2	0.33	0.05	0.039	0.85			0.281	0.043	0.332
蒸汽	Kg /m^3 H2	—	—	0.1	0.15			—	—	0.015
设备折旧	—	—	—	—	8000 万	4000 万	6000 万	0.12	0.06	0.09
合计	—	—	—	—	—	—	—	0.740	1.053	1.382

力价格影响。目前，电解水制氢综合电耗为 4.5~5.5 度 / 方，以平段电价计算，电解水制氢的成本普遍在 3 元 / 方以上。为降低制氢成本，电解水制氢可利用谷电的价格优势，还可利用新能源的电价优惠政策等。广东省人民政府发布的《关于加快新能源汽车产业创新发展的意见》（粤府〔2018〕46 号）中，新能源汽车充电价格为 0.25 元 / 度。若以此价格为准，电解水制氢电耗成本可降低至 1.2 元 / 方以下，具备一定的价格优势。

（二）氢气运输成本

氢气运输成本是氢气综合成本的重要构成部分。本节以目前最成熟的长管拖车运输方式和已经具备示范技术条件的管道输氢方式为例测算，低温液氢、有机物储氢、低温高压及常温固态储氢等运输方式的成本测算仍有待于研究。

1. 长管拖车运输

气氢长管拖车运输是目前国内氢气运输的主流方式，其成本与运输距离直接相关。张家港氢云新能源研究院系统考虑了运输车辆购置费、运输人员劳务费、车辆维护费等成本组成，并分不同情况综合考虑了轮胎、燃油、路桥等存在较大变动的费用，针对不同运输距离测算结果如表 2-24 所示。

表 2-24 不同运输距离的气氢运输成本

单位：公里，元 / 公斤

序号	公里数	运价
1	50	1.959
2	100	3.850
3	150	5.673
4	200	7.564

续表

序号	公里数	运价
5	250	9.523
6	300	11.347
7	400	15.196
8	500	18.843

注：①设定条件：长管拖车水容积 25.9 立方，满载高压 18 兆帕，卸载后低压 5 兆帕；单台单次运输氢气 3360 标方，即 306 公斤。

②采用长管拖车为日加氢量为 500 公斤的加氢站输送氢气，每天需要 1.63 趟才能满足加氢站用氢需求。

资料来源：张家港氢云新能源研究院。

测算结果表明，随着运输距离增加，长管拖车运输氢气的成本将迅速上升，通常情况下，单程运输半径 200 公里以内，长管拖车具备一定的经济性。由于我国液氢、固态储运氢及管道输氢等技术及标准法规等都仍有待于完善，长管拖车运输在未来一段时间内仍将占据主导地位。

2. 管道运输

管道运输规模效益突出，在确保一定运输量的情况下运输成本具有显著优势。目前，全球输氢管道总里程约 5000 公里，主要分布在北美、欧洲等发达国家和地区。我国大口径输氢管道有两条，即里程为 42 公里的巴陵石化氢气长输管道和里程为 25 公里的“济源 - 洛阳”输氢管道，其他氢气管道以化工园区内部管道为主。以“济源 - 洛阳”管道为例，该项目采用 φ508 毫米管道，年输送能力 10.04 万吨，建设成本为 616 万元 / 公里，管道使用寿命 20 年。运行期间维护成本及管理费用按建设成本的 8% 计算。据统计氢气管道在满载输送过程中损耗为 1252 公斤 /（年·公里）。成本费用结构如表 2-25 所示。

表 2-25　氢气管道运输成本结构

成本项目	成本结构	金额	单位
固定成本	管道折旧费	308000	可变成本
	维护及管理费	24640	元 /（年 · 公里）
可变成本	氢气压缩费用	0.42	元 / 公斤
	氢气运输损耗	13897	元 /（年 · 公里）

资料来源：玖牛研究院的数据。

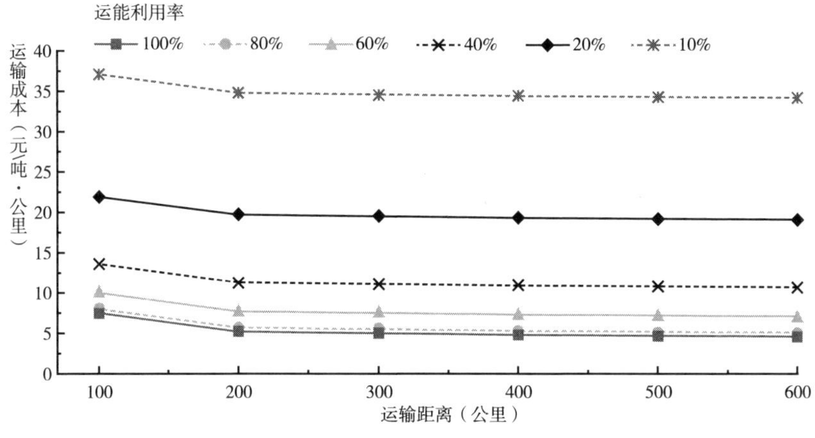

图 2-17　管道氢气运输单位成本

经测算，管道输氢成本受运能利用率的影响显著，单位运输成本随着运能利用率的下降而大幅提升，在利用率提升到 40% 以上之后运输成本的变化幅度减缓。总的来说，管道运输适合用于输送量大、距离长的干线运输。利用管道将氢气从资源富集地区输送到氢气资源匮乏区域，有望成为未来解决氢气低成本、长距离输送问题的重要途径，从而为我国三北及西南地区可再生能源消纳提供解决方案。

2019 年 6 月，中国氢能联盟发布的《中国氢能源及燃料电池产业白皮书 2019 年版》中对不同运输方式进行了全面技术比较，详见表 2-26。

表 2-26　氢不同储运方式的技术比较

储运方式	运输工具	压力（MPa）	载氢量（公斤 / 车）	体积储氢密度（kg/m^3）	质量储氢密度（wt%）	成本（元 / 公斤）	能耗（kWh/kg）	经济距离（公里）
气态储运	长管拖车	20	300~400	14.5	1.1	2.02	1~1.3	≤ 150
	管道	1~4	—	3.2	—	0.3	0.2	≥ 500
液态储运	液氢槽罐车	0.6	7000	64	14	12.25	15	≥ 200
固态储运	货车	4	300~400	50	1.2	—	10~13.3	≤ 150
有机液体储运	槽罐车	常压	2000	40~50	4	15	—	≥ 200

资料来源：《中国氢能源及燃料电池产业白皮书 2019 年版》。

由于氢气仍主要作为化工原料气体使用，长距离大规模输送案例少，目前关于氢气储运成本的测算结果仍有待于实践验证。

（三）燃料电池系统、车载氢系统与整车生产成本

氢燃料电池汽车整车成本分布如图 2-18 所示。燃料电池系统与车载氢系统是整车制造成本的重要构成部分，约占整车成本的 70%，其中车载氢系统占到 14%。燃料电池系统成本构成中，又以燃料电池电堆占比最大，约占到整车成本的 30%。当前，国内燃料电池的电堆总体成本在 5000 元 / 千瓦左右，膜电极组件成本在 2000 元 / 千瓦左右。电堆是燃料电池系统的核心，其中催化剂（36%）、质子交换膜（12%）和双极板（23%）的成本合计占到燃料电堆总成本的 70% 左右，是成本降低的主要突破口。

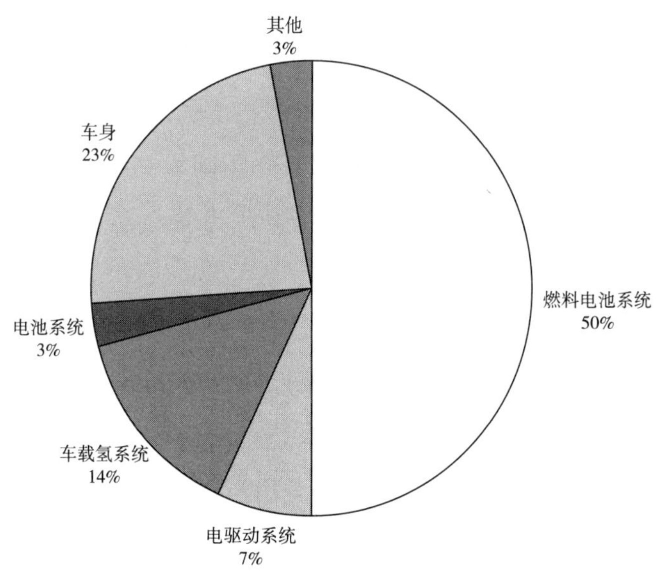

图 2-18　燃料电池系统占汽车成本比例

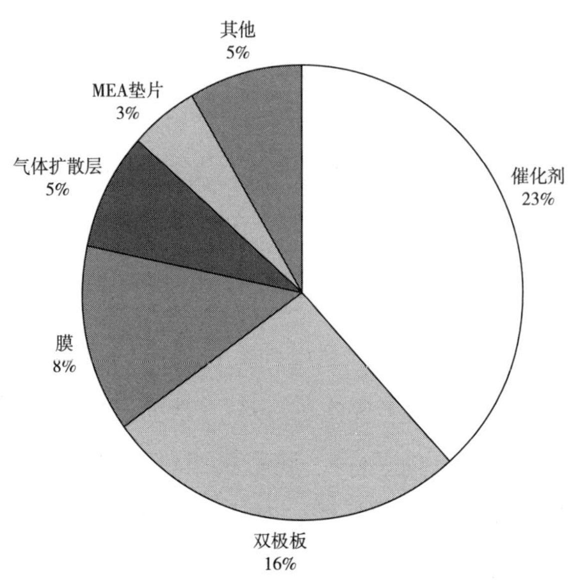

图 2-19　电堆成本占燃料电池系统成本比例

目前，燃料电池催化剂仍以铂金催化剂为主，铂金价格昂贵，使催化剂占电堆成本比例近 30%。据美国能源部统计，2015 年每辆搭载 80kW 燃料电池电堆的整车平均铂用量约为 100 克，远高于传统燃油车的铂用量。美国能源部规划到 2020 年同等功率的整车铂用量将降至 50 克左右，而最终目标将降至每车 20 克，直接带动成本下降 30% 左右。

规模效应也是促进成本降低的重要途径。据美国能源部报告，以功率为 80kW 的质子交换膜燃料电池乘用车为例，在氢燃料电池汽车年产量分别为 1000 辆、1 万辆、3 万辆、8 万辆、10 万辆和 50 万辆时，其生产成本分别为 2.2 万美元、8500 美元、6500 美元、5500 美元、5200 美元和 4400 美元。根据国内相关企业预测，我国燃料电池发动机的生产成本在 10000 元 /kW；如果年产千台以上，成本会下降到 6000 元 /kW；年产万台，成本则可下降至 2500 元 /kW。到 2025 年，国内燃料电池系统顶级公司的成本基本可控制到 800 元 /kW，届时一台 50kW 的燃料电池系统成本在 4 万元以内，与传统内燃机基本持平。

燃料电池系统关键零部件方面，由于目前氢气泵等核心零部件仍依赖进口，价格偏高，提高国产化率将大幅降低成本。近年来，广东广顺新能源成功开发出燃料电池用空压机，使空压机成本大幅降低，每台套价格由原来的几十万元降至 9 万元左右。

车载氢系统占整车成本达到 14%，碳纤维等关键材料成本高是重要原因，因此降低碳纤维用量成为车载氢系统成本控制的关键。以丰田的燃料电池车 Mirai 为例，其通过全新的纤维缠绕工艺削减缠绕圈数，使碳纤维的用量减少了 40%。当前我国车载储氢瓶已经基本国产化，但用于提高强度的碳纤维仍依赖进口，车载储氢瓶的成本依然较高。

整车方面，受限于燃料电池及系统核心零部件依赖进口，且产能规模小，整车成本居高不下。据国金证券《中国车用氢能产业经济性分析》相关数据，30 千瓦载重 3.5 吨的燃料电池物流车成本为 100 万元左右。客车方面，当前 8.5 米左右长度的氢燃料电池公交车的售价多在 150 万元以上。可以预见，随着整车关键零部件的国产化和规模化，8.5 米氢燃料电池公交车的成本有望降低到 60 万元左右。

（四）加氢站建设与运营成本

加氢站成本可分为建设成本和运营成本两部分。加氢站建设成本主要有土地、土建、设备等；运营成本主要包括设备折旧、运行功耗、人工成本、氢气采购等。以建设一个日加氢能力 1000 公斤（每天工作 12 小时加氢量，下同）的固定式加氢站为例，在不考虑氢气采购的情况下，加氢站的建设与运营成本（不含土地成本；进口和国产设备成本存在较大差异，建设施工环节不同地区存在较大差异）目前为 1200 万 ~2500 万元[①]，具体测算如表 2-27 所示。

经测算，设备折旧成本超过总加氢成本的 50% 以上。与加油站比较，加氢站的建设成本较高，主要是因为压缩机、加氢枪等主要设备国产化率低，依赖进口，随着设备国产化率提高，设备成本将大幅降低。由于管理经验不足、水平较低，以及人力资源成本逐年增长，人工及管理成本较高，约占运营环节总成本的 48%。

表 2-27　1000 公斤固定式加氢站加氢成本

成本项目	单位	成本 / 数值
设备购置	万元	900~1800
建筑及安装	—	300~700
加氢站使用率	—	80%
设备折旧年限	年	10
土地房屋折旧年限	年	20
加氢折旧成本	元 / 公斤	7.5
人工成本	元 / 公斤	2.87
管理运营费	元 / 公斤	5.60
加氢总成本	元 / 公斤	15.97

注：压缩机压缩氢气压力为 43~45 兆帕，加注压力位 32-35 兆帕，加氢站年运行时间为 365 天，加氢站运营设 7 人管理，薪资设为平均 12 万元 / 年（含社保），加氢站管理运营费用按销售收入的 5% 提取管理费用、9% 提取销售费用计算。

---

① 目前加氢站的建造和运营尚处于试验阶段，因各地建造加氢站的标准不统一、设备国产化率不同、地域差异等问题，各地加氢站投资成本差异较大。该区间数值仅代表初期阶段实际情况，并不能作为规模化的加氢站的投资标准。随着实践的发展、研究的深入、产业化的成熟，加氢站建设的各项标准将进一步完善，市场也将进一步规范。国经中心氢能研究课题组将持续跟踪行业发展状况，并更新和完善相关研究。

第五节　关于产业发展现状的三个研判

一　技术进步显著，但仍落后于国际一流水平

近年来，我国氢燃料电池核心技术取得显著进步，但在部分关键材料、核心部件及系统性能等方面仍落后国际一流水平。

（一）质子交换膜

长期以来，质子交换膜几乎全部依赖进口。目前，山东东岳和江苏科润等国内企业已经具有批量生产全氟离子膜的技术能力，对进口的依赖程度将逐年下降。山东东岳的 DF260 型膜的厚度为 15 微米，膜量在 350 兆帕，电输出性上到 560 毫伏，耐久性大约 6000 小时，其寿命、耐久性、电化学性能接近 Gore 等国际一流技术，在厚度、水管理性能等方面仍有较大的提升空间。DF260 技术已经完成了从实验室向量产的转变，预计到 2023 年左右将达到年产几百万平方米的产能规模。江苏科润拥有 30 多项全氟离子膜方面的技术专利（其中一项 PCT 国际专利），目前拥有万级恒温恒湿离子膜无尘制备车间、3 条全氟离子膜生产线，可年产全氟离子膜 30 万平方米，能为中国燃料电池、电解水制氢等行业提供替代进口的全氟离子膜产品，并已出口韩国、日本、德国、加拿大、新加坡等多个发达国家。目前，江苏科润开发了 NEPEM® 全氟磺酸离子交换膜产品，该系列采用全新流延法工艺制备的离子交换膜，具有拉伸强度高，各向同性、电导率高，化学性能好等优势，还具有自增湿的效果。南方科技大学王海江院士团队开发的短链树脂质子交换膜已经取得突破，正计划建立量产生产线。

（二）催化剂

催化剂也是我国氢燃料电池领域技术能力相对薄弱的环节。由于质子交换膜燃料电池工作温度低，对催化剂活性具有很高的要求，因此目前仅有铂催化剂实现商业化应用。中国科学院大连化学物理研究所、清华大学、北京大学、大连理工大学等高等科研院所长期致力于催化剂体系及膜电极制备技术研究，但是还没有实现商业化应用的研究成果。2018 年 4 月，武汉喜玛拉雅对外宣称自主创新开发了催化活性优良、高稳定性、低成本的燃料电池纳米负载型催化剂可控制备工艺及批量制备技术。通过优化载体处理工艺，喜玛拉雅显著提高了产品性能一致性，各项指标在 ±1% 以内，日产能达到 1200g，适合规模化应用。上海交通大学、中国科学技术大学于 2017 年先后发布开发出低铂催化剂，通过提高铂原子的利用率降低铂消耗量，但是目前未见商业化应用的报道。开发非贵金属催化剂是降低燃料电池成本的重要途径，大连理工大学宋玉江教授团队将分子自组装技术与高温热解方法结合制备出一种非贵金属电催化剂，有效提高了燃料电池电催化剂的耐久性。据亚化咨询报道，上海济平新能源科技有限公司采用独特的铂化学与前驱体处理技术、特殊炭粒处理法，让催化剂粒子分散均匀，目前该公司已有铂碳、铂合金产品，计划在 2019 年实现 1kg/ 天的量产规模。虽然国产催化剂尚不能替代进口产品，但是，近几年我国在科研领域取得的重大进展对加快国产催化剂的产业化进程具有重要意义。

（三）膜电极

长期以来，我国膜电极技术水平远远落后于丰田等公司国际一流水平，至今膜电极仍严重依赖进口，是制约我国燃料电池产业发展的关键因素之一。在国家重大科技项目持续支持下，近两年来，随着氢燃料电池汽车产业发展提速，市场需求倒逼技术进步，我国膜电极技术水平大幅提高，在工业化生产水平、功率密度、使用寿命等核心关键技术指标等方面大幅缩小了与国际一流水平的差距。

截至目前，武汉理工氢电、苏州擎动、广州鸿基创能等国内企业已经建成投产工业化的膜电极生产线。2019 年 1 月，武汉理工氢电建成的 2 万平方米 / 年产能规模的膜电极生产线正式投产，最终设计产能将达到 10 万平方米 / 年。苏州擎动通过自主创新，建成国内首套“卷对卷直接涂布法”膜电极生产线，全面达产后年产膜电极 100 万片，成本比进口产品降低一半。2019 年 3 月，广州鸿基创能对外发布了 HyKey1.0 代膜电极，并组建了国际一流的膜电极研发与生产团队。在膜电极产业研发方面，上海氢尚新能源、科力远等企业的膜电极产品均已进入测试阶段。近两年来，雄韬股份、科恒股份等上市公司纷纷投资膜电极研发领域的“小精尖”，极大缓解了膜电极的国产化进程中的资金压力。2019 年 5 月，由道氏技术参与投资的泰极动力在佛山市高明区破土动工，主要生产膜电极，同时为提高膜电极自主创新能力，道氏技术计划成立道氏云杉氢能研究院，推动国产化膜电极的技术达到国际一流水平。

（四）空压机

空压机是氢燃料电池汽车的“肺”，连续提供燃料电池电堆反应所需的氧气。空压机主要由压缩机、膨胀机、控制器和电机组成。研究表明，空压机的压缩比、流量决定了燃料电池发动机的性能。空压机的能耗占了总燃料电池输出功率的 20%，占辅助系统总耗能的 80%，空压机的能耗在很大程度上影响燃料电池的输出功率。提高进气压力，能够提高燃料电池效率和功率密度比，有助于改善系统水平衡，降低电堆系统成本，因此高压系统是未来的发展方向。

我国目前有十多家企业开发了空压机产品，近两年工信部公告的氢燃料电池汽车多数也是搭载的国产空压机，如表 2-28 所示。表 2-28 比较了几种具有代表性的空压机产品性能。经过比较发现，在国内市场占有率较高的广顺新能源空压机在转速和输出压力等核心技术参数方面仍与进口产品存在较大差距。

表 2-28　国内外空压机主要生产企业及空压机结构类型

企业名称	空压机结构类型
国家电力投资集团有限公司	离心式
潍坊富源增压器有限公司	离心式
福建雪人股份有限公司	六叶双螺杆
上海汉钟精机股份有限公司	螺杆式
江苏金通灵氢能机械科技有限公司	离心式
德燃动力系统公司	双级离心式
北京伯肯节能科技股份有限公司	悬浮离心式
广东广顺新能源动力科技有限公司	离心式
盖瑞特	双级离心式
UQM	四叶罗茨
丰田	六叶罗茨
Vairex	双级离心式
Aeristech	螺杆式
毅合捷汽车科技股份有限公司	离心式

（五）其他关键材料和核心部件

碳纸、碳纤维等关键材料和氢气循环泵、增湿器等核心部件方面，我国仍主要依赖进口。高强度碳纤维具有一定生产能力，但量产规模小，而且强度指标与东丽等世界一流技术水平的产品具有较大差距。

表 2-29　典型空压机产品性能比较

公司名称	型号	功率（kW）	转速 (krpm)	输出压力 (bar)
Garrett	—	20	100	4
UQM	R340（75kWStacks）	20	18	2.2
UQM	R410（150kWStacks）	20	18	2.2
Aeristech	—	20	120	2.7
Toyota	Mirai	20	12.5	2
雪人	OA072	—	24	1.7

二　氢能供应链条构建不完善制约产业发展

氢能供应链条包括氢的制、储、运、加注等多个环节。目前，从氢气制备、储运和加注等三个方面看，我国氢能供应链构建不完善，已经成为制约氢燃料电池汽车产业发展的重要因素之一。

首先，氢气资源分布不均衡，与投放市场示范运行的氢燃料电池汽车分布不匹配。长期以来，氢气作为重要的化工原料气体，其制备工厂主要分布在化工产业相对集中的区域，同时按照国家相关法规，氢气等危险化学品须在化工园区内生产制备。上海、广州、佛山等投放氢燃料电池汽车数量较多的城市或地区，经济比较发达，在城镇化发展过程中将化工园区“挤出”了城市中心区域，使制氢厂跟随搬迁到了距离城市中心较远的地区。目前，上海市、佛山市等地的氢燃料电池汽车用氢均来自周边城市，有的运输距离超过 100 公里，车辆用氢成本大幅增加。

其次，氢能运输效率低，单位质量氢气运输成本高，氢能供应链盈利能力不足，企业参与度低。氢气目前主要通过长管拖车、液氢槽车和氢气管道三种方式运输。国内加氢站以外供氢方式为主，氢气均采用长管拖车进行运输，适用于运输距离较近、输送量较小、加氢站日用氢量较小的情况。

长管拖车是我国氢气运输的主要方式，占据绝对主导地位。管道输氢应用于大规模、长距离的氢气运输，可有效降低运输成本。全球管道输氢起步较早，至今已有 80 余年，美国、欧洲已分别建成 2400 公里、1500 公里的输氢管道。我国有几条工业氢气输送管道在役，最具代表性的是中国石化洛阳炼化济源 - 洛阳的氢气输送管道，全长为 25 公里，年输气量为 10.04 万吨；长岭 - 巴陵石化的输氢管道，全长超过 40 公里。此外，乌海 - 银川焦炉煤气输气管线管道全长为 216.4 公里，年输气量达 $16.1 \times 108m^3$，主要用于输送焦炉煤气和氢气混合气。与美国等发达国家相比，我国氢气管道里程短，实践经验相对不足。低温液氢是将氢气液化后采用液氢槽车运输，液氢的单车运氢能力是气氢的 10 倍以上，运输效率提高，综合成本降低。但是该运输方式增加了氢气液化深冷过程，对设备、工艺、能源的要求更高。液氢槽罐车运输在国外应用较为广泛，国内目前仅用于航天及军事领域，在民用领域已经开展了标准法规研究，预计将于 2020 年左右放宽对民用液氢制备、运输的限制。

如前所述，氢气运输成本因运输方式不同而存在较大差异。长管拖车运输，运输半径以 150 公里以内为宜，超出此范围将大幅提高运输成本。伊维经济研究院认为，长远来看，管道的运输成本具有明显优势，但管道运输前期投资建设成本较高，在氢能及氢燃料电池汽车产业成熟之前有较大风险，其运输成本受运能利用率影响，运能利用率越高越经济；气氢拖车在 300 公里以内运输具有成本优势，中远距离运输，液氢占优，且在400公里后液氢的成本优势大于管道运输。但是，由于目前氢能及氢燃料电池汽车市场规模较小，氢需求量较小，考虑到国内氢气源地和使用地的距离，气氢拖车和液氢罐车可灵活应用，包括调整拖车数量来适应市场的需求，具有一定便利性。而从市场的长远期来看，未来随着市场规模的扩大、集中式氢气生产基地增加将提高对输氢管道一定的运能利用率的贡献，管道运输将具备较大优势。

目前，氢气输送环节的经济性较差，投资回收期长，液氢和管道输氢方式又受制于标准法规缺位和前期投资大等因素对投资者吸引力不足，这对当前氢能供应链建设来说，是一个很大的挑战。

再次，加氢站数量少，不能支撑投放市场的氢燃料电池汽车用氢需求。截至目前，全国建成投产的加氢站约26座，建成调试的加氢站为3~5座，这些加氢站分布相对集中的地区是上海（嘉定为主）、广州（黄埔为主）、佛山及云浮等城市。

2017年，上海市投放了500台燃料电池物流车，成为国内燃料电池物流车示范推广数量最多的城市。然而，由于加氢站数量少，不能保障全部车辆投入运营，物流车运营平台公司只能采取分步投运策略，由最初投运10多辆到现在投运约400辆用了近两年时间。佛山市是国内投放氢燃料电池汽车数量最多的城市，截至2019年6月底，共计投放公交车100多辆、物流车400多辆，仅南海区就投放了440辆氢燃料电池汽车（含公交车、小客车、物流车），此外，顺德区、高明区已经分别完成70辆和40辆燃料电池公交车的采购工作，但因区域范围内没有建成投产的加氢站，车辆尚处于闲置状态。2019年6月，深圳市物流企业采购了100辆燃料电池物流车，并完成了上牌，取得了运营资格，但由于市域范围内没有建成投产的加氢站，目前车辆只能到佛山、云浮等地运行。

加氢站投资高，运营盈利预期周期长，而且国家层面对氢燃料电池汽车产业的扶持政策不明朗，是其数量少的重要原因。

三　氢燃料电池汽车区域示范引领作用凸显

我国氢燃料电池汽车示范应用始于2008年奥运会，此前开展的示范应用以科研项目为主。2008年北京举办夏季奥运会，2010年上海举办世界博览会，2010年广州举办亚运会，2011年深圳举办世界大学生运动会，在此期间开展的氢燃料电池汽车示范应用，取得了非常好的宣传效果，向全世界较好展示了我国氢燃料电池汽车技术进步及产业发展所取得的成就。

以2010年上海世博会为例，该次活动共有196辆氢燃料电池汽车参加运行，其中，燃料电池轿车90辆，燃料电池公交车6辆，燃料电池观光车100辆，历时6个月，是目前世界上规模最大的燃料车示范项目之一。

（一）燃料电池轿车

共计投放90辆，供世博局和上海市政府接待贵宾。多家整车企业参与了示范项目，其中，上汽荣威34辆，上海大众24辆，长春一汽5辆，重庆长安5辆，芜湖奇瑞2辆，上汽荣威GM系统10辆，GMEquinox 10辆。除了采用GM动力系统的20辆外，其余轿车都是由各个整车单位联合上海氢燃料电池汽车动力系统有限公司和同济大学，应用国家“863”计划技术成果共同开发的国内最先进的燃料电池动力系统，采用35MPa车载氢气瓶储氢。世博会期间，燃料电池轿车共行驶32.9686万km，接待人员5347人次，总加氢量3005.59kg，加氢车辆3324辆次，单车百公里耗氢0.912kg。

（二）燃料电池公交客车

世博会期间，投放了6辆燃料电池公交客车。其中3辆由上汽集团、上海氢燃料电池汽车动力系统有限公司、同济大学共同研制，动力系统采用双电动机方案，通过燃料电池发动机发电为驱动电动机提供电能驱动车辆行驶；另外 3 辆由上汽集团和清华大学共同研制。6 辆燃料电池公交客车在园区内国展路线运营，鉴于车辆主要为试验和数据采集，每天上午 9 点进园下午 3 点出园，世博会期间 6 辆燃料电池公交客车参与接待 45 次，共行驶 2.6261 万公里，载客 10.6040 万人次，加氢车辆 295 辆次，总加氢量 2574.190 公斤，单车每百公里耗氢 9.8kg，车辆出车完好率达 99%。

世博会期间的燃料电池公交客车技术参数如下。

最高车速（km/h）：≥ 150；

0~100km/h 加速时间（s）：≤ 15；

最大爬坡度（%）：≥ 20；

百公里燃料消耗率（kg）：≤ 1.2；

续驶里程（km）：≥ 300；

燃料电池发动机（kW）：55；

动力蓄电池：8Ah，锂离子。

全国最近一轮氢燃料电池汽车规模化示范推广始于 2016 年 10 月，广东省佛山市、云浮市先后开通了两条燃料电池公交车示范线，各投放 10 辆和 6 辆 12 米氢燃料电池汽车。以此为带动，分布区域也越来越广泛，由北京、上海、广东向山东、山西、河南等省市拓展。详情如表 2-30 所示。

表 2-30　全国燃料电池公交示范线情况（截至 2019 年 6 月）

序号	城市	公交线路（长度）	投放车辆（数量）
1	广东佛山	682 路	12 辆
2	四川成都	郫都区 P09 公交线	10 辆
3	江苏如皋	102 路	3 辆

续表

序号	城市	公交线路（长度）	投放车辆（数量）
4	河北张家口	23 路	合计 49 辆
5		33 路	
6		1 路	25 辆
7	河南郑州	727 路	3+20 辆
8	湖北武汉	359 路（12 公里）	2 辆
9	上海	嘉定 114 路（7 公里）	6 辆
10	北京	384 路	5 辆
11	广东佛山	139 路	合计 70 辆
12		143 路	
13		156 路	
14	广东云浮	Q101	5+15 辆
15	江苏盐城	K11（26 公里）	2+8 辆
16	广东云浮	Q102（33 公里）	10 辆
17	上海	奉贤 7 路	1 辆
18		奉贤 27 路	1 辆
19	山西大同	62 路	合计 40 辆
20		201 路	
21	湖北武汉	272 路（40 公里）	1 辆
22	河南南阳	38 路	合计 72 辆
23		39 路	
24		40 路	
25		41 路	
26	山东聊城	K11 路	合计 30 辆
27		K351 路	

续表

序号	城市	公交线路（长度）	投放车辆（数量）
28	湖北武汉	240 路	合计 20 辆
29		237 外环	
30		237 内环	
31		238 路	
32	广东佛山	241 路	合计 11 辆
33		快 8 路	
34		丹 03 路	
35	江苏张家港	28 路	15 辆
36	山东潍坊	55 路	合计 30 辆
37		65 路	

截至 2019 年 6 月，全国各省市开通示范公交路线 37 条，累计投放氢燃料电池汽车超过 450 辆。上海、佛山、中山、德州等地积极在物流领域推广氢燃料电池汽车，目前全国累计投放市场使用的物流车超过 2000 辆。

第六节　氢燃料电池汽车推广应用前景分析

一　氢燃料电池汽车产业发展现状

在全球应对气候变化、环境问题日益突出等背景下，由于清洁、高效、零排放，且氢气来源丰富，氢燃料电池汽车被认为是未来汽车工业可持续发展的重要方向之一。2014 年以来，随着丰田发布“Mirai”，本田、现代等陆续推出量产的氢燃料电池汽车，推动全球汽车行业高度关注氢燃料电池汽车产业发展。

我国是汽车消费大国，超过2亿辆的汽车保有量每年消耗大量的石油、天然气等化石能源。2018年，我国原油和天然气对外依存度分别超过70%和45%，能源安全面临巨大挑战。目前，我国交通领域的耗油量占全国石油总消费量的一半以上，大力发展新能源汽车，降低交通领域化石能源消耗，是我国节能减排、降低石油对外依存度、保障能源安全的重要举措。随着燃料电池技术进步，氢燃料电池汽车成为我国新能源汽车的重要构成部分。

“十三五”以来，我国高度重视氢燃料电池汽车技术研发，国家财政和大型车企投入大量资金推动氢燃料电池汽车技术创新和产业化。同期出台的一系列产业扶持政策，带动社会资本进入氢燃料电池汽车产业。据统计，2016~2018年，中国氢能源产业链的相关投资累积金额（含计划）达2017亿元①，其中氢燃料电池汽车领域相关投资额约有1051亿元，占总投资额的一半。大量资金投入推动我国氢燃料电池汽车的快速发展，尤其是商用车的示范推广应用。

由于技术、成本、加氢站等配套基础设施等方面存在较大差异，我国在氢燃料电池汽车发展方面，以发展氢燃料电池商用车为主要切入点，尤其是客车与物流车。近两年来，入选工信部新能源汽车推广应用推荐车型目录的燃料电池整车生产企业、车型以及产量均呈增长态势。2018年工信部发布了13批《新能源汽车推广应用推荐车型目录》，共计77款燃料电池车型（筛除重复车型）入选目录，同比增加165%，产量为1619辆，同比增长27%，涉及17家整车生产企业。其中，客车车型共计56款，产量为710辆，占总产量的比重为44%。专用车（含货车及环卫车等）车型共21款，产量为909辆，

① 高工产研氢电研究所（GGII）数据。

占比为56%。2017年入选目录29款车型，产量为1272辆，共10家车企，其中，客车280辆（78%），专用车992辆（22%）。2016年氢燃料电池汽车产量为629辆。2015年产量为10辆氢燃料电池乘用车。

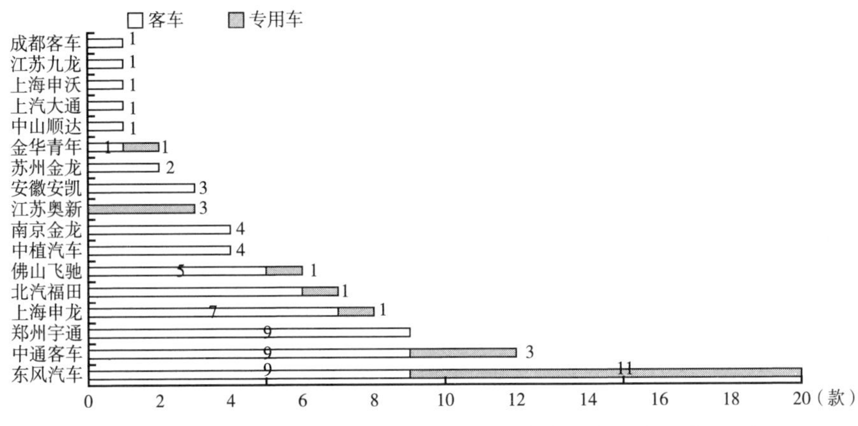

图2-20　2018年推荐目录各车企燃料电池客车、专用车车型

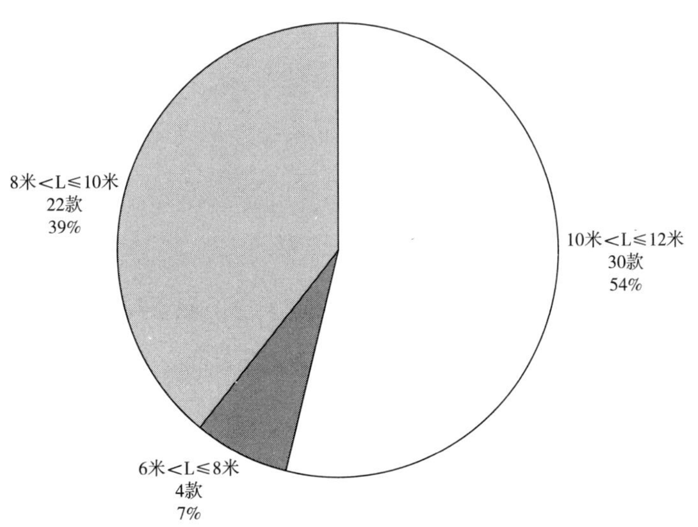

图2-21　2018年推荐目录燃料电池客车长度分布

据中国汽车工业协会统计，2018年中国燃料电池客车销售量1418辆，占燃料电池车总销量的比重为93%；燃料电池货车销售量109辆，占比7%，合计1527辆，客车为主流产品，详见表2-31。

表2-31 2018年氢燃料电池汽车销量

单位：辆，%

车型	销量	占比
客车	1418	93
货车	109	7
合计	1527	100

2015~2018年我国氢燃料电池汽车累计销量达到3438辆，其中2015年10辆，2016年629辆，2017年1272辆，2018年1527辆，年复合增长率达到61%，详见图2-22。虽然2018年氢燃料电池汽车销量增幅相比2017年大幅下降，但可以预计的是到2020年，我国燃料电池车销售数量将远远超过《节能与新能源汽车技术路线图》中提到的5000辆的目标。

我国氢燃料电池汽车的示范推广始于2008年北京奥运会，此后

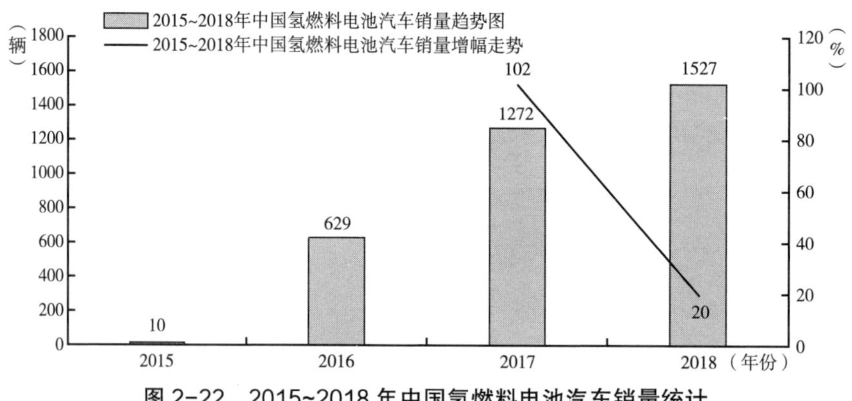

图2-22 2015~2018年中国氢燃料电池汽车销量统计

2010 年上海世博会、广州亚运会及 2011 年深圳大运会期间，总计投入近百辆氢能燃料电池汽车用于观众接驳、旅游观光等，形成我国氢燃料电池汽车示范推广的第一次热潮。2016 年以来，北京、上海、佛山、云浮等地率先示范推广氢燃料电池商用车，佛山、云浮、成都、张家口、郑州、上海、武汉等城市先后开通氢燃料电池汽车公交线路，上海、佛山、云浮开展氢燃料电池物流车示范运营，上海、新宾启动了氢燃料电池乘用车示范运营，佛山将于 2019 年内开展氢燃料电池有轨电车示范运营。部分省市氢燃料电池汽车推广情况详见表 2-32。

二 氢燃料电池汽车推广应用规模预测

近年来，我国在燃料电池关键材料技术进步、整车推广方面取得了一定的成效，推动各级政府越来越重视氢燃料电池汽车产业发展。2019 年全国两会上，推动加氢站建设首次被写入政府工作报告，极大地加快了加氢站等配套基础设施的建设步伐，氢燃料电池汽车推广应用的布局也将进一步扩大和完善，必将带动我国氢燃料电池汽车产业进入新的发展阶段。

（一）我国氢燃料电池汽车前景概况

近年来，氢燃料电池汽车越来越受到关注，我国技术创新进步显著，氢气资源丰富，基础设施建设稳步提速，且积累了丰富的新能源汽车推广经验。在当前能源消费革命和大气污染治理背景下，氢燃料电池汽车未来可期。

在国家科技研发计划的支持和引导下，我国科研院所及行业企业不断进行自主创新，燃料电池及氢燃料电池汽车方面自主研发技术不断取得突破。当前，我国乘用车燃料电池寿命超过 5000 小时，商用

表 2-32　我国部分省市氢燃料电池汽车推广情况

序号	地区	推广情况
1	广东省	• 2016 年 9 月 28 日，全国第一条氢能源城市公交车示范线路在佛山市三水区开通试运行，首批投放 11 辆氢燃料电池公交车。 • 2017 年 6 月 16 日，云浮市 Q101 路首批 5 辆氢燃料电池公交车正式上牌投入运营。 • 2017 年 8 月，佛山市开通投入 6 辆氢燃料电池公交车连接佛山西站两条氢燃料电池公交线路。 • 2017 年 9 月，佛山市南海区启动科技部 / 联合国“促进中国氢燃料电池汽车商业化发展项目”，投入 5 辆燃料电池公交车和 3 辆燃料电池小客车。 • 2017 年，开通了罗定 - 云浮 - 佛山的氢燃料电池物流配送专线，佛山、云浮、中山共投放 25 辆氢燃料电池物流车。 • 2018 年 2 月，佛山市现代有轨电车示范线首期工程开工建设，线路长约 6.5 公里，预计 2019 年下半年投入商业运营。 • 2018 年 3 月云浮市 Q101 路增加 1 辆 11 米氢燃料电池公交车。 • 2018 年 10 月，佛山市南海区 36 辆氢燃料电池物流车投入运营。 • 2018 年 12 月，佛山市禅城区 70 辆氢燃料电池公交车投入营运。 • 2019 年 1 月 16 日，云浮市 Q102 路氢能源公交示范线正式投入运营 • 2019 年 6 月，佛山市南海区 10 辆氢燃料电池公交车和 390 辆物流车投入运营。 • 按照计划，佛山市将于 2019 年底前投运 1000 辆氢燃料电池公交车，预计 2020 年左右云浮市将有超过 200 辆氢燃料电池公交车投入运营
2	北京市	• 北京市自 2003 年起作为 UNDP 试点城市，两期项目累计投运燃料电池公交车 6 辆，运营里程近 16 万公里，累计运营时间超过 30 个月，完好车率达 99%。2018 年 10 月 27 日，由西玉河公交场站开往中关村一街的北京 384 路公交迎来了 5 辆福田欧辉 BJ6123FCEVCH-1 型氢燃料电池客车的首秀。至此，北京市示范运行 16 辆氢燃料电池汽车（11 辆客车和 5 辆物流车），其中 3 辆从北京奥运期间开始持续运营至今

续表

序号	地区	推广情况
3	上海市	• 2017 年，由上海重塑能源科技有限公司、东风特汽（十堰）专用车有限公司、张家港富瑞氢能装备有限公司、上海氢枫能源技术有限公司、上海电驱动股份有限公司、氢车熟路汽车运营（上海）有限公司等公司共同组建的氢能产业合作联盟在上海地区完成中国首批 500 台氢燃料电池物流车的示范推广运营工作，由氢车熟路汽车运营（上海）有限公司负责运营管理 • 2018 年 9 月 27 日，6 辆申沃牌全低地板燃料电池城市客车正式交付嘉定公交，投入嘉定 114 路的运营 • 2019 年 1 月 18 日，上海神力、上海申龙客车联合研发的两款氢燃料电池公交车正式交付上海奉贤巴士公共交通有限公司、上海奉贤汽车客运有限公司，首次实现上海市氢燃料电池公交车“非项目性商业化”交付 • 上海浦江特种气体有限公司自购 3 辆上汽大通 FCV80 车辆用于员工班车及化工区示范运营；上海博氢新能源科技有限公司的甲醇重整制氢燃料电池物流车已获得工信部的车辆产品公告，产品已进入《新能源汽车推广应用推荐车型目录》和《免征车辆购置税的新能源汽车车型目录》，将于 2019 年 3 月前交付 50 辆甲醇重整制氢燃料电池物流车用于示范运行
3	上海市	• 根据上海市新能源汽车数据采集及监测研究中心后台数据，上海目前有 589 辆燃料电池汽车接入平台，分别是上海汽车集团股份有限公司 50 辆荣威 950 燃料电池轿车，上汽大通汽车有限公司 39 辆燃料电池客车，东风汽车公司 500 辆燃料电池厢式运输车。上海已启动燃料电池乘用车、通勤车、邮政物流车和厢式物流车的示范运营，共运营里程近 90 万公里，其中，UNDP 三期“促进中国氢燃料电池汽车商业化发展”示范项目运营 8 万多公里，UNDP 框架外其他车辆商业化运营 80 多万公里
4	江苏省	• 2018 年 6 月 11 日，由青年汽车集团与南通百应能源有限公司共同研发生产的 3 辆氢燃料电池大巴，成功交付如皋市星星公交投入商业化运营 • 2018 年 12 月 25 日，张家港市公交公司已购入 15 辆氢燃料电池公交车，即将投入使用 • 2018 年 12 月 31 日，江苏盐城市 2 辆由南京金龙客车制造有限公司生产氢燃料电池大巴车投入当地 K11 公交路线运行，正式开启示范运营，剩余 8 辆计划于 2019 年 1 月上线

续表

序号	地区	推广情况
5	河北省	• 2018 年 7 月 25 日，49 辆福田欧辉氢燃料公交车投运到河北张家口市 23 路、33 路公交线路，标志着张家口市公交行业在河北省率先迈入氢能源时代 • 2018 年 10 月 1 日，张家口市再次投放 25 辆宇通氢燃料公交车到 1 路公交线路。至此，张家口市年初采购的 74 辆氢燃料公交车全部投运，成为全国拥有氢燃料公交车数量最多的城市
6	河南省	• 2018 年 10 月 27 日，郑州市首条燃料电池公交线路正式上线，来自宇通的 3 辆氢燃料电池公交车投入 727 路公交线路运行 • 2018 年 12 月 25 日，郑州市新增 20 辆氢燃料电池公交车，即日起陆续在 727 路公交线上投入使用。至此，郑州市氢燃料电池公交车已达 23 台
7	辽宁省	• 2018 年 4 月 18 日，辽宁沐与康集团旗下辽宁沐与康氢缘汽车租赁有限公司与上汽大通汽车有限公司、北京海德利森科技有限公司合作商业化运营，共投放 40 辆上汽大通 FCV80 氢燃料电池客车在新宾上线进行全工况试验，其中 30 辆用于 3 条乡村固定线路运营，10 辆用于旅游包车服务
8	湖北省	• 2018 年 9 月 28 日，武汉市首批 30 辆氢燃料电池动力公交车在东湖新技术开发区加入 359 路公交线路进行试运行，同时由武汉中极氢能源发展有限公司承建的武汉首座加氢站启用，由此标志着武汉市氢燃料电池动力公交车投入商业化示范运行
9	四川省	• 自 2018 年 2 月起，采用东立方米电气氢燃料电池系统的 10 辆蜀都氢燃料电池公交车陆续驶上成都街头，直至 2018 年 6 月 28 日，随着最后 4 辆氢燃料电池公交车投入成都市郫都区 P09 公交线 28 日载客运行，四川也成为继广东之后，全国第二个开展氢燃料电池客车商业示范运行的省份
10	山西省	• 2018 年 6 月 1 日，由氢雄云鼎打造的山西首台 10.5 米氢燃料公交车运抵大同，向市民开放，提供乘坐体验，标志着雄韬股份氢能应用落地更进一步 • 2018 年 12 月 31 日，雄韬氢雄 40 辆氢燃料电池公交车已全部上牌，并交付大同公交运营，这是山西省首批上线氢燃料电池公交车

车燃料电池寿命超过 1 万小时，氢燃料电池汽车续驶里程能达到 750 公里，氢燃料电池低温启动温度达零下 30℃，车辆整体适用范围基本达到传统车水平。

我国是世界第一氢气生产和消费大国，2018 年全国氢气产量约 2200 万吨。总体上说，我国氢气资源丰富，但是也存在成本高、资源分布不均衡等问题。在新能源汽车推广方面，我国已经积累了超过十年的纯电动汽车推广经验，氢燃料电池汽车示范推广策略方面，优先选择产业先发区域，瞄准400万辆商用车市场①，对重型柴油车密集的港口开展氢燃料电池运输车示范运行，条件成熟后大面积推广；对于具备乘用车制造基础的氢能产业发展较好的能源消费地区，应加紧布局氢燃料电池乘用车的研发与生产，加快形成商业化市场。

加氢站等基础设施是氢燃料电池汽车发展的关键和支撑。目前，山东省、上海市、佛山市、张家口市等多个地方政府制定了加氢站建设规划，明确了未来几年的建设目标。2019 年 5 月，国内首个区域性氢能产业发展规划，即长三角氢走廊建设规划发布，该规划以上海为中心，辐射江苏、安徽、浙江等多个省市，通过区域联动规划布局加氢站等氢能基础设施建设，有利于统筹布局，整合优势资源，推动产业良性发展，也为区域内氢燃料电池汽车推广应用奠定基础。

（二）全国氢燃料电池汽车规模预测

近两年来，通过引进并转化国外先进技术，以及自主创新能力逐步提升，我国氢燃料电池技术水平显著提高，氢燃料电池汽车推广应用步入快车道，2018 年全面产销超过 1500 辆，2019 年上半年销量达到 1100 辆，连续两个年度推广规模达到千辆规模。

2018 年以来，国家层面针对纯电动汽车的补贴政策逐步退坡，截

---

① 国金证券燃料电池产业链（一）运营篇：经济性分析。

至 2019 年 3 月 26 日，维持对氢燃料电池汽车的补贴标准不变。自 2019 年 3 月 26 日起，氢燃料电池汽车的补贴额度降低为原来的 80%，财政补贴政策进入为期三个月的过渡期，截至 2019 年 6 月底，国家层面针对氢燃料电池汽车的补贴新政策尚未正式出台。各个地方政府相继发布了氢燃料电池汽车推广计划，具体氢燃料电池汽车以及相关基础设施建设的规划情况统计见表 2-33。

表 2-33　各地政府氢燃料电池汽车规划推广信息统计

单位：辆，座

序号	城市	2018~2020 年推广数量		2025 年推广数量		2030 年推广数量	
		燃料电池车	加氢站	燃料电池车	加氢站	燃料电池车	加氢站
1	上海	3000	5~10	30000	50	—	—
2	苏州	800	10	10000	40	—	—
3	佛山	5500	28	9500	43	25000	57
4	武汉	3000	5~20	30000	30~100	—	—
5	宁波	—	—	1500	20~25	—	—
6	张家港	200	10	—	—	—	—
7	北京	5000	—	—	—	—	—
8	山东	200	20	50000	200	—	—
9	嘉善	—	—	—	3~5（2022）	—	—
10	株洲	—	—	2000	12	—	—
11	浙江	—	—	1000（2022）	30（2022）	—	—
小计		>12200	>100	>124500	>385	—	—

近三年，氢燃料电池汽车的生产数量逐年上升，类比于纯电动汽车的发展历程，我国氢燃料电池汽车的推广规模已接近 2010 年纯电动汽车“十城千辆”推广时的水平（见图 2-23）。产业发展已走过

由科研院所主导基础研发的起步期，进入产业界主导产品开发的导入期。如参考纯电动汽车的发展规律，则 2025 年氢燃料电池汽车将达到 10 万辆，2030 年将达到 200 万辆，但这一预期推广规模需要氢能制储运以及基础设施体系的全面支撑。由于氢燃料电池关键技术突破难度大，基础设施建设投入大以及产业链长等问题，氢燃料电池汽车的推广将比纯电动汽车难度更大。

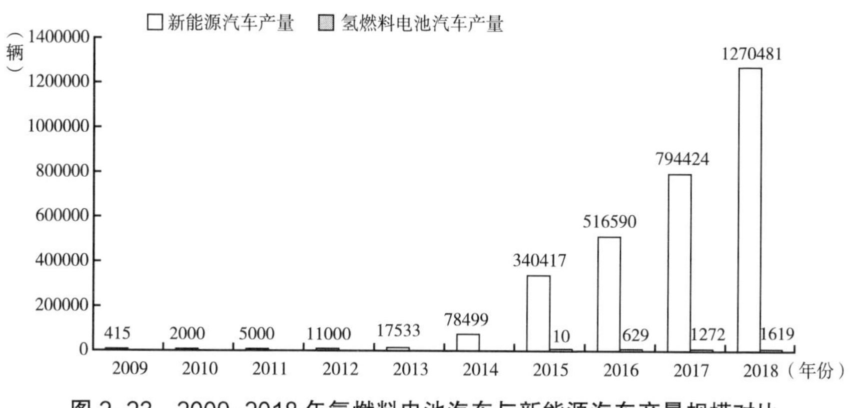

图 2-23　2009~2018 年氢燃料电池汽车与新能源汽车产量规模对比

根据《中国氢能产业基础设施发展蓝皮书》、《节能与新能源汽车技术路线图》、中国氢能联盟以及中国汽车工业协会等专项研究和机构关于我国氢燃料电池汽车规模的预测，进行综合分析论证，以 2020 年、2025 年、2030 年为三个时间节点，对我国氢燃料电池汽车示范推广数量进行预测。未来我国氢燃料电池汽车推广规模的预判如图 2-24 所示。

根据上述预测，2020 年保守预测累计达到 5000 辆，乐观预测累计达到 20000 辆，结合推广实际进程和各个地方政府的推广计划，预计 2020 年氢燃料电池汽车推广数量将达到 12500 辆，占我国新能源汽车市场的 0.62%，占汽车市场销量的 0.04%。2020 年我国商用车保有量约 929000 辆，氢燃料电池汽车推广量将占商用车保有量的 1.35%。2025

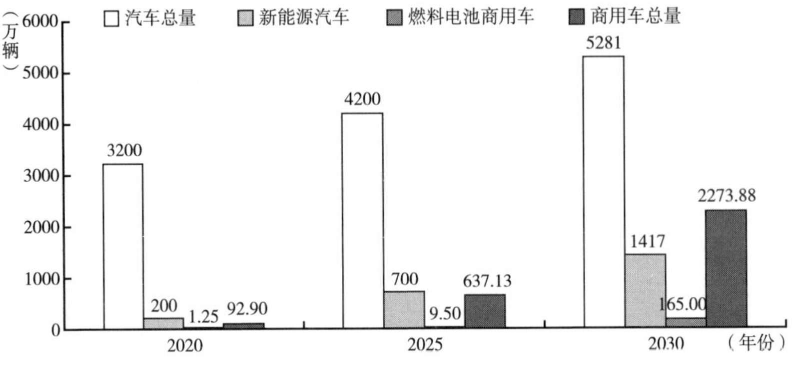

图 2-24　2020~2030 年我国燃料电池产量预测

年推广的数量预测是 9.5 万辆，占我国新能源汽车市场的 1.35%，占汽车市场销量的 0.23%。2025 年我国商用车保有量约 637.13 万辆，氢燃料电池汽车推广量将占商用车保有量的 1.49%。2030 年推广的数量预测是 165 万辆，占我国新能源汽车市场的 11.64%，占汽车市场销量的 3.12%。2030 年我国商用车保有量约 2273.88 万辆，氢燃料电池汽车推广量将占商用车保有量的 7.26%。

（三）粤港澳大湾区氢燃料电池汽车规模预测

粤港澳大湾区内仅有佛山市发布了市级政府层面的氢能源产业发展规划，对 2020 年、2025 年和 2030 年氢燃料电池汽车的推广目标做了测算，分别为 5500 辆、9500 辆和 25000 辆。

按照目前制氢、加氢站等基础配套设施建设进程，2020 年预计建成投产的加氢站不超过 20 座，按每座加氢站的日均加注能力为 1000 公斤，每辆车平均每天消耗氢气 10 公斤，2020 年佛山市能够保障 2000 辆氢燃料电池汽车正常运行；每天减排二氧化碳 350 吨。到 2025 年，预计佛山市可建成投产 50 座加氢站，每座站日均加氢能力 1500 公斤，每辆车平均每天消耗氢气 10 公斤，能够保障 7500 辆氢燃料电池汽车运行；每天减排二氧化碳约 1300 吨。到 2030 年，预计佛山市可建成投产 150 座加氢站，每座站日均加氢能力 1500 公斤，每辆车平均每天消耗氢气 10 公斤，能够保障 22500 辆氢燃料电池汽车运行；每天减排二氧化碳约 4000 吨。

近两年来，广州、中山、东莞、惠州等粤港澳大湾区其他地市也开始布局发展氢燃料电池汽车产业，但是针对氢燃料电池汽车推广应用的规划缺位，而且基础配套设施的建设进程和计划尚不明确，很难预测上述各地市在 2020 年、2025 年和 2030 年等不同时间节点的氢燃料电池汽车推广规模。

参考文献

中国标准化研究院、全国氢能标准化技术委员会著《中国氢能产业基础设施发展蓝皮书（2018）——低碳低成本氢源的实现路径》，中国质检出版社、中国标准出版社，2018。

中国汽车技术研究中心有限公司编著《中国车用氢能产业发展报告（2018）》，社会科学文献出版社，2018。

《中国氢能与燃料电池年度报告 2019》，亚化咨询。

《中国煤制氢年度报告 2018》，亚化咨询。

赵永志等：《氢能源的利用现状分析》，《化工进展》2015 年第 34（9）期，第 3248~3254 页。

第三章　中国氢能产业发展政策和地方实践

我国拥有世界上最庞大的汽车消费市场，加之能源对外依存度较高，对能源结构的转型需求迫切，为抓紧布局氢燃料电池汽车产业链提供了动力。目前，我国已将氢燃料电池汽车确定为新能源汽车行业发展的方向之一，从宏观规划、补贴推广、行业管理、科技创新、基础设施等角度出台了相应政策。河北、山东、山西等多个省（区、市）已将发展氢能作为政府工作重点，多个城市初步发布氢能规划，涉及产业链投资近千亿元。其中以广东佛山为代表的珠三角地区、以上海为代表的长三角地区及以河北张家口为代表的京津冀地区，均开始布局氢燃料电池汽车产业园区与基地，氢能产业发展迎来机遇。

第一节　产业政策：国家层面

近年来，我国从战略规划、产业政策、补贴扶持等方面给予氢能产业支持，地方政府、科研机构和企业界积极参与产业链布局、技术研发和资本投入。目前，全国初步形成长三角、珠三角、京津冀等氢能与燃料电池产业发展集群，并逐渐辐射到周边地区，进一步带动了氢能产业的发展。

一　宏观规划引领产业布局

我国一直重视汽车工业的可持续发展。早在“十五”期间，国家在863计划“电动汽车”重大科技专项中就确立了以混合动力汽车、纯电动汽车、氢燃料电池汽车为“三纵”，以电池、电机、电控为“三横”的研发布局。自2001年起，我国正式开始进行氢燃料电池汽车研发工作，随后逐步将氢燃料电池及技术纳入我国节能与新能源汽车产业发展规划（2012~2020年）、《中国制造2025》战略任务和重点、能源技术革命创新行动计划（2016~2030年）、“十三五”国家科技创新规划、“十三五”国家战略性新兴产业发展规划和我国汽车产业中长期发展规划等文件中。2019年，推动加氢等设施建设正式写入我国政府工作报告。

2012年6月，国务院发布《节能与新能源汽车产业发展规划（2012~2020年）》，进一步明确新能源汽车包括氢燃料电池汽车等，提出“氢燃料电池汽车、车用氢能源产业与国际同步发展”的发展目标与技术指标要求。规划提出要加强新能源汽车关键核心技术研究，加快建立节能与新能源汽车研发体系，继续开展氢燃料电池汽车运行示范，提高燃料电池系统的可靠性和耐久性，带动氢的制备、储运和加注技术发展。规划还指出要完善相应的标准体系和准入管理制度，加大财税政策支持力度，强化金融服务支撑，加强人才队伍保障，积极发挥国际合作的作用，以加快推进节能与新能源汽车产业发展。

2015年5月，国务院发布《中国制造2025》（国发〔2015〕28号），在“战略任务和重点”中，明确提出氢燃料电池汽车的发展规划与三大目标。一是关键材料、零部件逐步实现国产化。到2020年，实现燃料电池关键材料批量化生产的质量控制和保证能力；到2025年，实现高品质关键材料、零部件实现国产化和批量供应。二是燃料电池堆和整车性能稳步提升。到 2020 年，燃料电池堆寿命达到 5000 小时，功率密度超过 2.5 千瓦 / 升，整车耐久性达到 15 万公里，续驶里程 500 公里，加氢时间 3 分钟，冷启动温度低于 -30℃；到 2025 年，燃料电池堆系统可靠性和经济性大幅提高，和传统汽车、电动汽车相比具有一定的市场竞争力，实现批量生产和市场化推广。三是氢燃料电池汽车运行规模进一步扩大。到 2020 年，生产 1000 辆氢燃料电池汽车，并实现示范运行；到 2025 年，制氢、加氢等配套基础设施基本完善，氢燃料电池汽车实现区域小规模运行。

2016 年 4 月，国家发改委、国家能源局出台了《能源技术革命创新行动计划（2016~2030 年）》（发改能源〔2016〕513 号），将氢能与燃料电池技术创新列入了行动计划重点任务，在氢的制取、储运，加氢站建设，先进燃料电池，燃料电池分布式发电等方面进行重点支持。一是研究先进的制氢技术与氢气纯化技术，开发氢气储运的关键材料及技术设备，实现大规模、低成本氢气的制取、存储、运输、应用一体化，以及加氢站现场储氢、制氢模式的标准化和推广应用。二是研究氢气 / 空气聚合物电解质膜燃料电池（PEMFC）技术、甲醇 / 空气聚合物电解质膜燃料电池（MFC）技术，解决新能源动力电源的重大需求，并实现 PEMFC 电动汽车及 MFC 增程式电动汽车的示范运行和推广应用。三是研究燃料电池分布式发电技术，实现示范应用并推广。

2016 年 11 月，国务院印发《“十三五”国家战略性新兴产业发展规划》，进一步提出系统推进氢燃料电池汽车研发与产业化，到 2020 年实现氢燃料电池汽车批量生产和规模化示范应用，具体包括：一是加强燃料电池基础材料与过程机理研究，推动高性能低成本燃料电池材料和系统关键部件研发；二是加快提升燃料电池堆系统可靠性和工程化水平，完善相关技术标准；三是推动车载储氢系统以及氢制备、储运和加注技术发展，推进加氢站建设。

2017 年 4 月，工信部、国家发改委、科技部联合印发《汽车产业中长期发展规划》，提出制定氢能燃料电池汽车等技术路线图，组建创新平台，加大研发投入，推动技术成果转移扩散和首次商业化，面向行业、企业提供公共技术服务；同时突破重点领域，引领产业转型升级，支持燃料电池等全产业链技术攻关，逐步扩大氢燃料电池汽车试点示范范围等。

2017年5月，科技部、交通部印发《“十三五”交通领域科技创新专项规划》，在“发展重点”中提到，一是要深入开展创新研究及产业化研发，大幅提高燃料电池电堆产品性能、寿命，降低成本，实现燃料电池整车批量生产，初步实现商业化。二是推进氢气储运技术发展、加氢站建设和氢燃料电池汽车规模示范，开展各种车载储氢技术创新，重点突破碳纤维缠绕塑料内胆气瓶的低成本与产业化技术。三是形成较为完整的加氢设施配套技术与标准体系，制定车用70MPa氢瓶四型瓶标准，同时开发70MPa储氢加氢装备及其加氢站集成技术等。

2017年底，中国汽车工程学会年会发布《节能与新能源汽车技术路线图》，指出氢燃料电池汽车的总体发展思路分为三步：一是近期（五年内）以中等功率燃料电池与大容量动力电池的深度混合动力构型为技术特征，实现氢燃料电池汽车在特定地区的公共服务用车领域大规模示范应用；二是中期（十年内）以大功率燃料电池与中等容量动力电池的“电电混合”为特征，实现氢燃料电池汽车的较大规模批量化商业应用；三是远期（十五年内）以全功率燃料电池为动力特征，在私人乘用车、大型商用车领域实现百万辆规模的商业推广，以可再生能源为主的氢能供应体系建设与规模扩大支撑氢燃料电池汽车规模化发展。此外，路线图中还提到“燃料电池关键材料技术、电堆技术、耐久性、成本、载氢安全”等技术路径，以及“新型燃料电池核心材料、先进燃料电池电堆与系统、制氢运氢储氢及加氢基础设施”等发展重点。

表 3-1 我国氢燃料电池汽车相关发展规划情况

序号	名称	发文时间	发文单位
1	《节能与新能源汽车产业发展规划（2012~2020年）》	2012年6月	国务院
2	《中国制造2025》	2015年5月	国务院
3	《能源技术革命创新行动计划（2016~2030年）》	2016年4月	国家发改委、国家能源局
4	《“十三五”国家战略性新兴产业发展规划》	2016年11月	国务院
5	《汽车产业中长期发展规划》	2017年4月	工信部、国家发改委、科技部
6	《“十三五”交通领域科技创新专项规划》	2017年5月	科技部、交通部
7	《节能与新能源汽车技术路线图》	2017年底	中国汽车工程学会

资料来源：课题组整理。

二 政策措施保障产业发展

氢燃料电池汽车代表着汽车行业绿色技术创新的重要方向。我国在加强顶层设计、制定国家氢能产业发展意见的基础上，探索进一步完善氢能技术研发、产业化及示范推广等支持政策措施，以保障氢燃料电池汽车产业健康有序发展。

2009年2月，财政部下发《节能与新能源汽车示范推广财政补助资金管理暂行办法》，明确中央财政从节能减排专项资金中安排部分资金，支持国家节能与新能源汽车示范推广。办法对享受示范推广的节能与新能源汽车提出了具体的支持条件和补助标准，首次开始在试点城市对燃料电池乘用车和客车分别给予25万元/辆和60万元/辆的财政补贴。

据《关于节约能源使用新能源车船车船税政策的通知》规定，自2012 年 1 月 1 日起，对使用新能源的车船，免征车船税；对于不属于车船税征收范围的纯电动乘用车、燃料电池乘用车，由财政部、国家税务总局、工业和信息化部通过联合发布《不属于车船税征收范围的纯电动燃料电池乘用车车型目录》实施管理。

2014 年 11 月，财政部发布《关于新能源汽车充电设施建设奖励的通知》(财建〔2014〕692 号)，对新能源汽车推广城市或城市群给予充电设施建设奖励。其中，中央财政对符合国家技术标准且日加氢能力不少于 200 公斤的新建氢燃料电池汽车加氢站每个站奖励 400 万元。

2015 年 4 月，财政部发布《关于 2016~2020 年新能源汽车推广应用财政支持政策的通知》(财建〔2015〕134 号)，提出中央财政对购买新能源汽车给予补助，实行普惠制，补助的产品是纳入“新能源汽车推广应用工程推荐车型目录”的纯电动汽车、插电式混合动力汽车和氢燃料电池汽车，对于燃料电池乘用车，燃料电池轻型客车、货车，燃料电池大中型客车、中重型货车分别给予 20 万元 / 辆、30 万元 / 辆和 50 万元 / 辆的补助；2017~2020 年除氢燃料电池汽车外其他车型补助标准适当退坡，氢燃料电池汽车补助标准不变。

2018 年 2 月，财政部、工信部、科技部、国家发改委发布了《关于调整完善新能源汽车推广应用财政补贴政策的通知》，在其他新能源车型补贴做大幅调整时，对氢燃料电池汽车仍保持原有补贴支持，其中，乘用车最高 20 万元 / 辆，轻型客车、货车最高 30 万元 / 辆，大中型客车、中重型物流车最高 50 万元 / 辆。与此同时，对动力电池能量密度提出了更高的要求。

2019 年 3 月，财政部、工信部、科技部、国家发改委联合发布《关于进一步完善新能源汽车推广应用财政补贴政策的通知》(以下简称《通知》），对补贴政策进行调整，重点在补贴方面“做减法”，在服务和监管方面“做加法”，注重营造公平环境，促进消费使用。《通知》称，地方应完善政策，过渡期后不再对新能源汽车（新能源公交车和氢燃料电池汽车除外）给予购置补贴，转为用于支持充电（加氢）基础设施“短板”建设和配套运营服务等方面。

表 3-2　我国氢燃料电池汽车相关政策情况

序号	名称	发文时间	发文机构
1	《节能与新能源汽车示范推广财政补助资金管理暂行办法》	2009 年 2 月	财政部
2	《关于新能源汽车充电设施建设奖励的通知》	2014 年 11 月	财政部
3	《关于 2016~2020 年新能源汽车推广应用财政支持政策的通知》	2015 年 4 月	财政部
4	《关于节约能源使用新能源车船车船税政策的通知》	2015 年 5 月	财政部、国税总局、工信部
5	《关于调整完善新能源汽车推广应用财政补贴政策的通知》	2018 年 2 月	财政部、工信部、科技部、国家发改委
6	《关于进一步完善新能源汽车推广应用财政补贴政策的通知》	2019 年 3 月	财政部、工信部、科技部、国家发改委

资料来源：课题组整理。

三　技术标准规范产业发展

2015 年，我国氢燃料电池汽车投放市场，燃料电池发电和备用电源等初步具备示范应用的技术基础，标准规范逐渐成为产业化发展中的重要环节。我国涉及氢能标准化工作的主要机构包括全国氢能标准化技术委员会、全国燃料电池及液流电池标准化技术委员会、全国汽车标准化技术委员会、全国气瓶标准化技术委员会等多家机构。其中，全国氢能标准化技术委员会主要负责氢能的生产、储运、应用等领域的标准化工作，全国燃料电池及液流电池标准化技术委员会主要负责燃料电池的安全、性能、安装及试验方法等领域标准研制工作。

2017年，氢标委联合多家单位发起成立中国氢能产业联盟，并组织起草发布了相应的具体标准。2017年12月，由全国氢能标准化技术委员会提出，同济大学、中国科学院大连化学物理研究所、中国标准化研究院等联合起草的团体标准《质子交换膜氢燃料电池汽车用燃料氢气》经中国节能协会批准，正式发布实施，目前正在转化成国家标准。该标准是我国首个氢能领域团体标准，规定了氢燃料电池汽车用氢气的术语和定义、要求、氢气中主要杂质气体的测试方法，还规定了氢气的抽样、采样与浓度计算方法，氢气的包装、标志与储运，以及安全等级等，在制定过程中始终与国际相关标准保持同步。

《燃料电池电动汽车燃料电池堆安全要求》标准于2018年6月发布，于2019年1月1日起正式实施，其中规定了燃料电池电动汽车用燃料电池堆在氢气、电气、机械结构等方面的安全要求。此外，近年来我国还集中公布了多项氢能领域标准，包括：加氢站安全技术规范、加氢站用储氢装置安全技术要求、车用压缩氢气天然气混合燃气、甲醇转化变压吸附制氢系统技术要求、氢能汽车加氢设施安全运行管理规程、氢氧发生器安全技术要求、小型燃料电池车用低压储氢装置安全试验方法、氢气储存输送系统通用要求等。新标准实施后，氢燃料汽车、加氢站等的建设及操作将更加规范，有利于我国氢燃料电池汽车驶上快车道。同时，我国加氢站与加油站、加气站合建技术规范已制定并将择机出台实施。

第二节　产业发展：地方层面

一　总体概况

目前，全国已有多个省（区、市）发布了氢能产业规划，如山东、浙江等省，以及上海、武汉、苏州、佛山、成都等市。我国氢能产业逐步形成以广州、佛山、云浮为代表的珠三角地区，以上海等地为代表的长三角地区，以北京、张家口等地为代表的京津冀地区等三大主要区域，初步显现产业集聚效应。

截至 2019 年 8 月初，全国约出台 21 个地方氢能产业发展规划，其中，有 13 个地方规划对外公开明确了加氢站建设数量和氢燃料电池汽车规模的阶段性目标。从总体情况看，各地均将加氢站建设作为促进产业发展的重要支撑，完善产业发展基础设施。同时，各地将公交车、商用车、特种车作为氢燃料电池汽车发展重点，明确发展目标，充分体现各地对氢能产业关注度越来越高，推动产业发展的力度也不断加大。

在公开发布数量目标的规划中，2020 年共规划建设加氢站 200 座左右，到 2025 年累计达到 630 座左右，2030 年累计达到 970 座左右（见表 3-3）。氢燃料电池汽车方面，2020 年规划达到 1.7 万辆，2025 年累计达到 12 万辆左右，2030 年累计达到 22 万辆左右。此外，如皋明确了公共服务领域新增车辆中的氢燃料电池车辆占比目标，佛山明确提出氢能源产品推广应用数量目标。

二　珠三角地区

以佛山、广州为代表的珠三角地区，依托汽车行业这一传统支柱产业，走在了我国氢能产业发展的前列。广东省现有汽车整车企业约

表 3-3　地方氢能产业发展规划（至 2019 年 7 月）

地方	加氢站（座）			氢燃料电池汽车规模（辆）		
	2020 年	2025 年	2030 年	2020 年	2025 年	2030 年
上　海	5~10	50	—	3000	20000（乘用车） 10000（特种车）	—
武　汉	5~20	30~100	—	2000~3000	10000~30000	—
苏　州	10	40	—	8000	10000	—
如　皋	3~5	—	—	公共服务领域新增车辆中占比不低于 50%	公共服务领域中占比不低于总量的 30%	公共服务领域中占比不低于总量的 50%
佛　山	28	43	57	氢能源产品推广应用累计超过 5500（套）	氢能源产品推广应用累计超过 11000（套）	氢能源产品推广应用累计超过 30000（套）
张家港	10	—	—	200（公交车）	—	—
山　东	20	200	500	2000	50000	100000
宁　波	—	20~25	—	—	1500	—
嘉　善	—	3~5	—	—	占新能源公交车总保有量的 50%	—
常　熟	100	—	—	1000	—	—
张家港	3~5	—	—	100（公交车）	—	—
株　洲	—	12	—	—	2000（商用车）	—
浙　江	—	30	—	—	1000	—
合计：	184~208	428~505	557	16300~17300	105500~125500	100000

注：仅对公开资料中明确的加氢站数量和燃料电池汽车数量（不含氢能源产品推广应用套数）进行了合计。

60家，主要零部件企业超过600家，已初步构建包括研发设计、零部件、整车和专用车制造、汽车服务环节在内的完备产业体系，集聚形成以广州、佛山、深圳为中心的珠三角汽车制造业产业集群。基于这一产业基础和优势，广东省政府积极践行绿色发展、低碳经济新理念，出台系列政策提前布局氢能产业，在推动地方氢能与氢燃料电池产业商业化实践方面起到了示范引领作用。具体从重大科技专项、支持加氢站建设、降低制氢成本、为氢燃料电池整车企业提供贴息资金支持等方面，通过政策支持和地方实践齐发力，助推地方氢燃料电池汽车产业发展。其中，佛山市围绕科技部/联合国开发计划署“促进中国氢燃料电池汽车商业化发展项目”依托仙湖氢谷、现代氢能有轨电车修造基地等多个氢能产业基地，集聚了30多家加氢设备、氢燃料电池及系统、核心部件、氢能整车制造企业和一批氢能源研发机构，在构筑氢能与燃料电池产业体系和氢能汽车应用示范方面走在全国前列；云浮市依托佛山对口帮扶和产业共建合作平台，加快氢能产业商业推广和要素集聚，致力把氢燃料电池产业打造为珠三角地区乃至粤港澳大湾区经济发展的新增长点和产业发展的制高点。

（一）规划政策

1. 广东省

表3-4 广东省氢燃料电池汽车相关产业政策情况

序号	名称	发文时间	发文省市
1	《广东省新能源汽车产业发展规划（2013~2020年）》	2013年2月	广东省
2	《关于加快新能源汽车推广应用的实施意见》	2016年4月	广东省
3	《广东省战略性新兴产业发展“十三五”规划的通知》	2017年8月	广东省
4	《关于加快新能源汽车产业创新发展的意见》	2018年6月	广东省
5	《佛山市南海区新能源汽车产业规划（2015~2025年）》	2015年4月	佛山市

续表

序号	名称	发文时间	发文省市
6	《佛山市第十三个五年规划纲要》	2016 年 5 月	佛山市
7	《佛山市南海区促进新能源汽车产业发展扶持办法》	2017 年 10 月	佛山市
8	《佛山市南海区促进加氢站建设运营及氢能源车辆运行扶持办法》	2018 年 4 月	佛山市
9	《2018~2019 年加快氢能公交车和纯电动公交车推广应用工作方案》	2018 年 4 月	佛山市
10	《佛山市新能源公交车推广应用和配套基础设施建设财政补贴资金管理办法》	2018 年 11 月	佛山市
11	《佛山市氢能源产业发展规划（2018~2030 年）》	2018 年 12 月	佛山市
12	《云浮市推进落实氢能产业发展和推广应用工作方案的通知》	2017 年 12 月	云浮市

资料来源：课题组整理。

2013 年 2 月，广东省印发《广东省新能源汽车产业发展规划（2013~2020 年）》，提出根据燃料电池技术进展，适时适度开展制氢、储氢、加氢技术与装备的研发，主要从支持技术创新、完善充电和加氢基础设施配套、促进新能源汽车在公共领域推广应用等方面出台一系列政策。2016 年 4 月，广东省印发《关于加快新能源汽车推广应用的实施意见》（粤府办〔2016〕23 号），明确要求要以市场主导和政府扶持相结合，充分调动各方资源，引导创新商业模式，全面调动生产企业、充电设施建设（包括加氢站）与运营企业等各方的积极性，建立以产业链企业之间风险共担、合作经营为主，以政府扶持、财政补贴为辅的新能源汽车推广模式，并对加氢站等新能源汽车充换电设施运行给予补助。2017 年 8 月，广东省发布了《广东省战略性新兴产业发展“十三五”规划的通知》（粤府办〔2017〕56 号），明确加快完善氢能产业布局，推进氢气制备、储运、加注基础设施建设，有序推进氢燃料电池汽车研发与产业化，大幅提升新能源消纳能力。2018 年 6 月，广东省政府发布《关于加快新能源汽车产业创新发展的意见》，提出要加快新能源汽车（包括纯电动汽车、氢燃料电池汽车和插电式混合动力汽车等）产业创新发展等意见。其中，明确 2018~2020 年新能源汽车推广应用省级财政补贴资金中，30% 的比例用于支持氢燃料电池汽车推广应用（具体额度根据年度推广情况确定）。各市对 2018 年 1 月 1 日起在省内注册登记的氢燃料电池汽车，可按燃料电池装机额定功率进行补贴，最高地方单车补贴额不超过国家单车补贴额度的 100%。各级财政补贴资金单车的补贴总额（国家补贴 + 地方补贴），最高不超过车辆销售价格的 60%。

2. 广州市黄埔区

广州市黄埔区抓住氢能产业链关键环节，积极布局培育氢能源全产业链。目前正计划逐步引入电解水设备、加氢站设备、高压氢瓶设备、燃料电池系统配套零部件、第三方技术测试和检验机构落户，并在条件成熟的情况下开展氢燃料电池汽车生产，在氢能制备、储运和消费领域全方位布局。根据《广州开发区新能源综合利用示范区规划

图 3-1　氢能创新研究院

图片来源：http：//web.fosu.edu.cn/fyqyy/?p=52。

方案》的计划，在 2020 年预计建成 5 座加氢站，并投入一批商用氢燃料电池汽车示范运营。该区积极推进与德国等国开展氢能源产业链项目合作，支持广州鸿基创能有限责任公司建设氢燃料电池膜电极生产线，引入了加拿大工程院院士叶思宇，搭建项目、技术、人才引进机制渠道，强化示范促产业的带动效用。目前，广州黄埔区和鸿基创能正在合作建设氢能创新研究院，积极推进与德国有关高校共建中德能源创新研究院，以借助研究院的资源集聚能力，促进创新融合与技术协调。

3. 佛山市

2014 年，佛山市以南海区作为代表，加入科技部 / 联合国开发计划署“促进中国氢燃料电池汽车商业化发展项目”，成为全国四个示范城市（北京、上海、郑州、佛山）之一。2015 年 4 月，为推进汽车产业的转型升级和发展壮大，佛山市南海区发布了《佛山市南海区新能源汽车产业规划（2015~2025 年）》（南发改产业〔2015〕10 号），明确提出了燃料电池技术作为南海新能源汽车产业的主导力量，明确要发展新能源汽车推广应用必要的基础设施配套产业，推进加氢站等配套产业的产业化，为南海新能源汽车产业未来的发展指明了方向。

2016 年 5 月，在《佛山市第十三个五年规划纲要》（佛府〔2016〕33 号）中，佛山市明确要落实新兴产业扶持政策，重点推动纯电动汽车、插电式混合动力汽车（含增程式）、氢能源汽车开发、产业化和示范推广，促进新能源、节能环保、新能源汽车等成为新优势产业。

2017 年 10 月，南海区在全省率先出台《佛山市南海区促进新能源汽车产业发展扶持办法》，提出设立南海区新能源汽车产业发展扶持专项资金，对南海新能源汽车和氢能产业企业的生产、研发环节等进行相应扶持，通过给予一次性奖励、财政贡献奖励、租金补贴、配套补贴等与新能源汽车产业相关的扶持政策，鼓励国内外投资者在南海区投资建设新能源汽车产业企业，推动氢能产业在本地的产业化、商业化和市场化。

2018 年 4 月，南海区出台了《佛山市南海区促进加氢站建设运营及氢能源车辆运行扶持办法》（南府办〔2018〕16 号）。这是国内首个对加氢站建设运营和车辆运营环节进行财政补贴的扶持办法，涵盖在南海区建设运营的商业化运营或公共服务用途的加氢站、加氢加油合建站和加氢加气合建站（包括固定式和移动式），以及整车、动力系统总成或电堆为南海区内企业生产并在南海区运行的氢能源车辆，其中对新建固定式加氢站建设最高补贴 800 万元，这一补贴力度在当时达到了全国范围内的最高水平。在加氢站建设补贴方面，根据加氢站的类型及建成时间，进行梯段式补贴，即按日加氢能力固定式加氢站 350 公斤至 500 公斤、500 公斤以上、2019 年内建成、2020~2022 年建成等依梯度分别给予 150 万 ~ 800 万元补贴；同时，为避免出现加氢站建设骗补问题，该办法对加氢站日加氢能力从每天工作时间、储罐容量、压缩机压缩能力和加氢机加氢能力等几个方面设立了明确的标准。企业在享受南海区的加氢站建设补贴政策的同时，还可以同时按上级相关政策享受补贴。除建设环节外，对于加氢站运营，该办法也在全国范围内率先启动加氢补贴扶持，所有享受建设补贴的加氢站，需按规定的加氢销售价格标准给予符合补贴条件的氢能源车辆优惠。具体而言，在 2018~2019 年度，南海将对加氢站销售价格为 60 元及以下的氢气销售给予 20 元 / 公斤的补贴；在 2020~2021 年度，该区将对销售价格为 49 元及以下的氢气销售给予 14 元 / 公斤的补贴；到 2021~2022 年度，销售价格为 39 元及以下的氢气销售，可获得的补贴金额为 9 元 / 公斤。

2018 年 4 月，佛山市为加快推进加氢站基础设施网络建设，专门印发了《2018~2019 年加快氢能公交车和纯电动公交车推广应用工作方案》，对加氢站建设给予大力补助，对加氢站单站的建站补贴金额达到 500 万元，运营补助标准为 54 万元 /（站·年）。

2018 年 11 月，佛山出台《佛山市新能源公交车推广应用和配套基础设施建设财政补贴资金管理办法》，对符合条件的加氢站按日加氢能力确定补贴标准，最高可达 500 万元。

2018 年 12 月，佛山市政府印发《佛山市氢能源产业发展规划（2018~2030 年）》，提出到 2030 年培育氢能及燃料电池企业超过 150 家、龙头企业 8 家，建设加氢站达到 57 座。

2018 年 12 月，佛山市商务局发布了《佛山市城市配送氢能源货运车辆扶持办法（公众征询稿）》，拟对佛山在 2017~2019 年购买并用于城市配送的车辆进行扶持。

4. 云浮市

2017 年 12 月，云浮市政府印发《云浮市推进落实氢能产业发展和推广应用工作方案的通知》，提出建成国内规模较大的氢能源汽车生产基地总体目标，打造完整的氢能产业链。云浮市在氢能产业的初步布局是：到 2018 年，实现每个县（市、区）和云浮新区至少建成一座加氢站；到 2020 年，全市新能源公交车保有量占全部公交车比例超 75%，其中纯电动公交车和氢能源公交车均占新能源公交车总保有量的 50%。佛山（云浮）产业转移工业园氢能源汽车生产基地全面建成投产后，将形成每年 12000 套车载燃料电池模块和 5000 辆氢能源汽车的生产能力，成为国内规模较大的氢燃料公交车、物流车、乘用车等各类氢能源汽车生产基地。

（二）产业集聚

1. 佛山市三大氢能产业基地

近年来，佛山市把发展氢能源产业提到战略性新兴产业的高度，先后建成佛山南海“仙湖氢谷”、佛山高明“现代氢能有轨电车修造基地”、佛山云浮两市共建氢能产业基地等三大氢能产业基地，初步形成氢能全产业链。

（1）南海区

南海区围绕构建“政策制定、产业推进、基础设施建设、推广应用、人才培养”五位一体的氢能产业体系，积极推进“六个一”工作，引进培育氢能产业项目，推进加氢站建设，加速氢能产业要素聚集，成为佛山氢能产业重要名片。

第一，成立领导专家组，率先出台系列产业规划和政策。南海区成立了以区长为组长的氢能产业领导小组，下设氢能安全委员会和加氢站建设专责组，并依托全国氢能标准化技术委员会在加氢站建设专责组下成立了加氢站专家组，全面统筹氢能产业项目引进、加氢基础设施建设和氢能产业基地建设。规划方面，出台了《佛山市南海区新能源汽车产业发展规划（2015~2025 年）》、《佛山市南海区氢能源产业发展规划》和《佛山市南海区新能源汽车充电基础设施和加氢站规划》。政策方面，出台了《佛山市南海区促进新能源汽车产业发展扶持办法》以及《佛山市南海区促进加氢站建设运营及氢能源车辆运行扶持办法》，形成了相对完善的政策体系，对生产、研发、建设、运营各环节进行全方位扶持，引导氢能产业集聚发展。

第二，以仙湖氢谷为核心建设一个国际一流氢能产业园区。在丹灶镇规划 8200 亩新能源汽车产业基地的基础上，围绕丹灶仙湖，规划 47.3 平方公里建设“仙湖氢谷”，以氢能产业为方向，以人才和科技为动力，围绕氢燃料电池、核心部件、动力总成和氢动力汽车等氢能源汽车智造产业链条，依托“一湖一城三园区”，打造集氢能技术研发、智能制造、展示交流、创新服务于一体的氢能源科技中心，推进产、城、人、文融合发展，致力于将“仙湖氢谷”建设成我国氢能技术先行地、氢能产业集聚地和氢能社会示范区。

第三，打造一批氢能产业研发及标准化平台。依托产业基地，建立武汉理工大学氢能产业技术研究院、浙江大学氢能产研平台、燃料电池及氢源技术国家工程中心华南中心、广东特种设备研究院、自润滑流动动力机械技术国家地方联合工程研究中心等多个氢能产业研发平台，推进佛山绿色发展创新研究院、国家技术标准创新基地（氢能）、氢能及燃料电池检测中心等标准化创新平台以及南海新能源汽车（氢能）监管平台建设。

第四，开展氢能领域各项合作交流。2011 年和 2013 年，联合中国氢燃料电池汽车技术创新战略联盟和燃料电池及氢源技术国家工程研究中心，先后举办了两届燃料电池及氢能技术发展国际峰会。2014 年加入科技部 / 联合国开发计划署的“促进中国氢燃料电池汽车商业化发展项目”，并于 2017 年 9 月在全国率先启动示范运行。南海还积极创办全国“氢能周”活动。2017 年 12 月和 2018 年 11 月，联合中国标准化研究院、全国氢能标准化技术委员会、国家新能源汽车技术创新中心、UNDP/ 科技部促进中国氢燃料电池汽车商业化发展项目办公室等单位，先后举办两届全国氢能周活动，打造了全国最具影响力的氢能技术和产品展会。2019 年 6 月，联合国际氢标委和全国氢标委，召开首届国际氢能标准和安全（南海）高端论坛。2019 年 10 月，将联合联合国开发计划署、中国国际经济交流中心、中国汽车工业协

图 3-2　2017 年第一届氢能周、2018 年第二届氢能周活动

图片来源：https：//www.qichacha.com/postnews_8bc61b1d2254e917b63dc367755b10fd.html 和 http：//cx.cri.cn/20181112/23e46c44-49cc-7f24-9ff5-c3aee72ed5da.html。

会、中国汽车技术研究中心等机构，举办联合国开发计划署氢能产业大会，并永久落户南海。

第五，推动一批氢能产业链核心重点项目落地。南海区目前拥有华特气体、广顺新能源、泰罗斯、长江汽车、爱德曼、重塑科技、海德利森等20多家氢能企业，核心项目计划投资共约200亿元，全部达产后预计形成年产值千亿元的产业集群。

第六，规划并推动建设一批加氢站。南海积极开展探索，2015年在全国率先建立了加氢站审批、建设、验收流程，2017年9月全国首座商业化加氢站——瑞晖加氢站投入运营；2018年7月，南海以建设高密度连续加氢的商业化加氢站为目标，启动了22座加氢站设计施工总承包招标建设工作，力争在2020年每个镇至少建成3座，投入运营20座以上具备高密度连续加氢能力的商业化加氢站。

（2）高明区

为抢抓氢能产业进入粤港澳大湾区的战略性机遇，高明区着手氢能源产业发展规划编制工作，同时布局氢能源应用产业化。首先对原

图 3-3　南海瑞晖加氢站

图片来源：http：//www.nanhai.gov.cn。

有氢能产业领导组织构架进行调整，将原佛山市高明区氢能产业发展暨氢能源汽车示范推广工作联席会议制度调整为佛山市高明区氢能产业发展领导小组，同时正式着手开展《佛山市高明区氢能源产业发展规划》的编制工作。

高明区依托中车四方现代有轨电车制造基地项目和高明现代有轨电车项目，推动氢燃料电池有轨电车产业化发展和商业化运营。其中，新型氢能源有轨电车创新采用储氢与散热系统耦合式设计，车上装有 6 个 140L 的储氢瓶，加注一次氢气可持续行驶约 100 公里，有效解决了普通储能式有轨电车的续航“瓶颈”，实现了有轨电车的无接触网长距离运行。全国首条氢能有轨电车示范线项目首期工程线路长约 6.5 公里，沿途设有 10 座车站，加氢站 1 座，计划 2019 年上线运营，配套加氢站建成后，日最大加氢能力可达 750kg。除氢能源有轨电车和加氢站外，高明区还引进了泰极动力、国联氢能技术有限公司等氢燃料电池核心组件及相关企业，氢能源产业链初步形成。

图 3-4　高明现代氢能有轨电车

图片来源：http：//www.sohu.com/a/209284967_738853。

（3）云浮氢能小镇

云浮氢能小镇规划区总面积为 7.72 平方公里，正致力于打造氢能科技园区、低碳化宜居社区、未来科技文化体验景区，产城人文景区等高度融合的“中国氢谷·国际氢能创新中心”。自 2018 年以来，与普顿、巴拉德、神华、中石油等国内外大型企业深度合作，引进全产业链上中下游项目，计划总投资 50 亿元。氢燃料电池汽车示范应用走在全国前列，已建立氢燃料电池公交车运营示范线路，并初步形成研发、孵化、生产的氢能产业链雏形。

目前，云浮氢能小镇建设正在加快布局，为强化佛山（云浮）产业园思劳片区、腰古片区的联系，加快完善纵向干道建设；为加快腰古片区土地建设，正加快整体规划和综合开发建设；为加快完善氢能源产业体系和集群，正加强氢能企业布局。云浮市氢能小镇生产原材料连同工作母机基本实现国产化，形成自主知识产权；率先构建了制氢加氢、氢燃料电池及动力总成、氢能源车整车制造、氢能研究及产品检测等产业集群，并在国内率先搭建商业化生产“五大发展平台”，即氢能公交客车整车生产平台、氢燃料电池批量化生产平台、氢能源

图 3-5　云浮氢能产业研发生产基地

图片来源：http：//dy.163.com/v2/article/detail/EAG8OAP00514FBRT.html。

和燃料电池技术研发平台、制氢加氢基础设施配套服务平台、氢能商用车示范推广运营平台。

2. 广州市黄埔区

广州市黄埔区获批成为国家级新能源综合利用示范区，被列为广东省燃料电池运营示范和加氢站建设示范地区之一，正致力推进加氢站建设，推动氢燃料电池汽车运营，以此为契机，加快氢能产业核心环节、核心人才、研发和检验项目的引进。

第一，加氢站建设和氢燃料电池汽车运营示范取得进展。区内包括联新能源发展有限公司开发区加氢站和雄川氢能科技（广州）有限责任公司知识城新南加氢站均已完成建设工作，并于 2019 年 4 月底前正式运营。雄川氢能科技（广州）有限责任公司租用联众（广州）不锈钢有限公司地块建设加氢站项目、租用水西村地块建设萝平路加氢站项目正在推进。

第二，燃料电池产业关键环节取得一定突破。该区引进的广州鸿基创能有限责任公司正在建设氢燃料电池膜电极生产线，产能规划为每年 10 万平方米，产品的功率密度达到 1.2 瓦 / 平方米。该研发团队的技术专长覆盖了催化剂、质子交换膜、膜电极生产和封装、膜电极测试以及燃料电池电堆测试等。鸿基公司膜电极厂房 2018 年底已基本完成，相关设备已签订购置合同，2019 年 3 月 27 日已完成膜电极一期项目并发布了膜电极 HyKey1.0 产品。公司计划在未来 2~3 年完善燃料电池上游核心材料包括质子交换膜、碳纸、膜电极的标准化性能及寿命测试技术，并发展新型检测设备。

第三，氢能产业国际合作机制已初步建立。该区还设立了中欧企业合作中心，发挥区内国企恒运集团的作用，搭建了中德氢能源产业发展交流机制，目前已举办了两届交流会，加强与德国氢能源产业链合作，引进德国经过验证且成功示范应用的技术和项目。2018 年 11 月，与德国开姆尼茨技术工业大学、弗劳恩霍夫研究院签订了《共建

图 3-6　广州鸿基创能科技（广州）有限公司

图片来源：http：//guba.eastmoney.com/news，000723，811351233.html。

中德能源创新研究院国际合作备忘录》《共建中德能源创新研究院氢能检测认证服务中心国际合作备忘录》。目前，正加快推进中德能源创新研究院的筹建工作，积极推动中德氢能检测项目落地。

第四，加氢站建设和氢能产业扶持政策正在逐步完善。该区目前已起草了加氢站建设管理办法，正在汇总部门意见并修改完善。此外，还起草了氢能产业专项扶持办法，征求了企业和部门意见，拟从氢能创新研发、氢能产业化项目、氢能产业园区、制氢站、加氢站、氢燃料电池汽车运营以及金融贴息等方面予以扶持。

三　长三角地区

（一）规划政策

长三角地区在加氢站建设规划方面迈出了重要一步，通过聚焦基础设施建设薄弱瓶颈，开展“长三角氢走廊建设发展规划”，串联沿线氢能与氢燃料电池汽车产业发展较好的重要城市，有效建成氢高速网络，促进整个长三角地区氢能基础设施与氢燃料电池汽车的协调发展，以辐射并带动山东半岛、京津冀、珠三角都市圈、华中地区乃至全国的氢能基础设施建设。

2016 年 8 月，江苏如皋在《如皋“十三五”新能源汽车规划》中提出建设“氢经济示范城市”，重点突出制氢技术、氢气存储和加注技术、氢燃料大巴及燃料电池热电联供等氢能应用的示范引领。还将在主城区南部、如皋港区再新建 3~5 座加氢站，基本实现如皋范围内加氢站的区域覆盖；城区公交车实现燃料电池公交大巴 50% 覆盖，燃料电池物流车实现 500 辆推广示范应用；氢能小镇全面推广燃料电池热电联供模式，让小镇居民真正融入氢社会。

2017 年 9 月，上海发布《上海市氢燃料电池汽车发展规划》，提出用三年时间把上海建设成国内领先的氢燃料电池汽车技术示范城市，打造包含关键零部件、整车开发等环节的产业集群，聚集超过 100 家氢燃料电池汽车相关企业，氢燃料电池汽车全产业链年产值突破 150 亿元，建设加氢站 5~10 座、乘用车示范区 2 个，运行规模达到 3000 辆。2026~2030 年，实现上海氢燃料电池汽车全产业链年产值突破 3000 亿元。2018 年 5 月，上海印发了《上海市氢燃料电池汽车推广应用财政补助方案》（以下简称“补助方案”），对上海氢燃料电池汽车的补助范围和补助标准做出规定，在补助方案的“补助标准”中提到，“燃料电池系统达到额定功率不低于驱动电机额定功率的 50%，或不小于 60kW 的，按照中央财政补助 1∶1 给予本市财政补助”，这一规定对行业发展起到了技术升级的引导作用。补贴方案还制定了相应的检测方法，提出“车辆必须有燃料电池系统氢耗及运行监测，监测数据应接入本市确定的新能源汽车公共数据采集平台”，有利于产业健康有序发展。

2018 年 3 月，苏州市发布《氢能产业发展指导意见（试行）》，提出近期和远期发展目标：到2020年，氢能产业链年产值突破100亿元，建成加氢站近10座，推进公交车、物流车、市政环卫车等示范运营，氢燃料电池汽车运行规模力争达到800辆；到2025年，氢能产业链年产值突破500亿元，建成加氢站近40座，公交车、物流车、市政环卫车和乘用车批量投放，运行规模力争达到10000辆。同时做好保障措施，加大财政对氢能产业发展和科技创新的投入力度，研究加氢站、氢燃料电池汽车、加氢终端补贴等政策，降低消费者使用成本。

2019年1月，宁波市发布《加快氢能产业发展的指导意见》，提出将从六方面推进氢能产业发展：打造氢能装备制造基地、推进氢能技术创新研发、推进氢能示范应用、建设氢能产业创新协同平台、引进培育氢能龙头企业以及推进氢能公共服务平台建设。意见指出，到2022年，宁波市氢燃料电池汽车运行规模力争600~800辆，并初步形成燃料电池电堆、关键核心部件、氢燃料电池汽车等产业集群；到2025年，该市氢燃料电池汽车运行规模争取扩大到1500辆，同时集聚一批具有国际影响力的氢能装备企业，形成具有全球影响力的氢能产业基地。

2019年2月，江苏省常熟市发布《氢燃料电池汽车产业发展规划》，提出将氢燃料电池汽车产业的发展作为常熟推进产业结构调整、科技创新突破的重要抓手，以丰田为技术支撑、氢燃料电池汽车产业园为核心，到2030年形成千亿元级产业集群。

表3-5 长三角地区氢燃料电池汽车相关产业政策情况

序号	发文省市	名称	发文时间
1	上海市	《上海市氢燃料电池汽车发展规划》	2017年9月
2	上海市	《上海市氢燃料电池汽车推广应用财政补助方案》	2018年5月
3	江苏如皋	《如皋“十三五”新能源汽车规划》	2016年8月
4	江苏苏州	《氢能产业发展指导意见（试行）》	2018年3月

续表

序号	发文省市	名称	发文时间
5	江苏常熟	《氢燃料电池汽车产业发展规划》	2019 年 2 月
6	浙江台州	《台州市人民政府关于促进汽车产业发展的若干意见》	2016 年 10 月
7	浙江宁波	《加快氢能产业发展的指导意见》	2019 年 1 月

资料来源：课题组整理。

（二）产业集聚

1. 上海

第一，氢能发展具有历史基础。早在“十五”期间，上海氢能发展就形成了科研驱动模式，承担多项国家级项目，奠定技术积累、研发基础和人才团队等优势。“十一五”期间，上海形成示范应用驱动模式，建设了加氢站等基础设施，积累了丰富的氢燃料电池汽车示范运行经验。“十二五”期间，上海进入“整车牵引”发展模式。从 2003 年“超越一号”氢燃料电池汽车到 2015 年上汽荣威 950 氢燃料电池汽车，采用“电 - 电”混合技术的燃料电池动力系统指标代表了我国氢燃料电池汽车发展的较高水平，部分技术指标达到或接近国际先进水平，装载了大众领驭、上汽荣威、奇瑞东方之子、一汽奔腾、长安志翔等整车。之后在燃料电池轿车动力系统研发积累的基础上，进一步开发了采用双轿车动力系统的燃料电池公交客车。由上汽量产的 FCV80 是国际首款燃料电池轻客车型，代表了中国汽车工业尖端技术，合计销量 400 辆；由上汽申沃制造的 6 辆燃料电池公交车也已运营近 6 万公里，初步实现商业化运营。近期，燃料电池车 FV76（内部代号）试装下线，续航里程达 650 公里，实现 -30℃启动和运营。乘用车方面，荣威 950 燃料电池轿车目前已实现公告、销售和上牌。

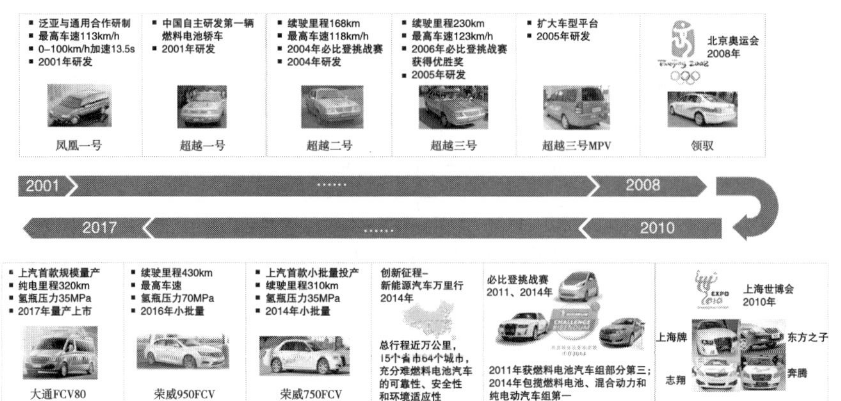

图 3-7　上海市燃料电池乘用车典型车型开发历程

图片来源：课题组调研。

第二，初步形成氢能供给三大产业集群与完整产业链。上海氢燃料电池汽车的发展经过十多年的沉淀，已初步形成以嘉定为核心的氢燃料电池汽车研发、以临港为核心的氢燃料电池汽车制造、以金山化工区为核心的氢能供给三大产业集群，以及较为齐全的涵盖氢燃料电池汽车全产业链资源（见表 3-5），具备了较为完整的产业配套要素：上游制氢、加氢基础设施，中游电堆 / 系统、核心部件厂商和下游氢燃料电池汽车整车厂商。在氢能供给方面，上海市拥有不少制氢企业，如上海化工气体、上海林德、宝钢气体、上海华谊等，据不完全估计，2018 年制氢能力为 11 亿吨左右。

表 3-6　上海燃料电池产业链相关企业

序号	产业链环节	主要企业及主体代表
1	制氢 / 供氢	上海化工气体、上海林德、宝钢气体、上海华谊、普莱克斯、上海华林、上海赛科
2	车载储氢系统	上海舜华、上海捷氢科技
3	加氢站	上海舜华、上海氢枫、上海驿蓝

续表

序号	产业链环节	主要企业及主体代表
4	燃料电池 / 系统及核心零部件	上海捷氢科技、上海新源动力、上海神力科技、上海重塑科技、上海攀业氢能源、上燃动力、上海电驱动、上海杰宁
5	整车应用	上汽集团（申沃、大通）、上海申龙
6	车辆运营商	上海国际汽车城、氢车熟路、环球车享、上海驿动、嘉定公交
7	基础研究	同济大学、上海交大、复旦大学、华东理工、811 所
8	数据标准检测	上海机动车检测中心、上海智能新能源汽车科创功能平台有限公司、上海新能源汽车数据中心

资料来源：课题组调研。

第三，“UNDP 项目”示范效应初显。在国际组织 GEF/UNDP 支持下，财政部、科技部联合北京市、上海市共同实施“促进中国氢燃料电池汽车商业化发展”项目。项目于 2016 年 8 月启动，通过在北京、上海、郑州、佛山等城市开展百辆级燃料电池客车、轿车、物流车、邮政车等商业化示范运行，降低燃料电池产业及加氢站建设成本，促进氢燃料电池汽车的商业化发展。上海作为主要示范城市之一，依托电动汽车国际示范区开展燃料电池公交车、燃料电池乘用车以及燃料电池通勤车多类型的 86 辆车的示范运营，其中使用 GEF 资金采购燃料电池城市公交车 6 辆，利用配套资金采购燃料电池轿车 40 辆、物流车 30 辆、燃料电池大巴通勤车 10 辆。截至目前，上海市销售拟开展示范运营氢燃料电池车辆合计 964 辆，其中接入上海市新能源汽车数据采集及监测研究中心 628 辆，并已陆续启动燃料电池公交车、乘用车、通勤车、邮政车和厢式物流车的示范运营，共计运营里程近 350 万公里。

第四，加快加氢站建设布局。上海安亭加氢站于 2009 年 7 月开始投入运行，是上海第一座加氢站，国内运行时间最长，也是国内首

图 3-8　上海市氢燃料电池汽车运营情况

图片来源：课题组调研。

座固定式加氢站。安亭加氢站的储氢容量为 800 公斤，可连续加注 20 辆轿车和 6 辆大巴。根据上海市氢燃料电池汽车发展规划，至 2020 年上海将建设加氢站 5~10 座，形成小型加氢站网络。据了解，目前

图 3-9　上海安亭氢燃料电池汽车服务加氢站

图片来源：课题组调研。

已立项、已建以及在规划加氢站项目共计13项（包含撬装站以及油氢混合加氢站）。其中，嘉定区6个，金山区2个，宝山区2个，青浦区1个，浦东新区1个，杨浦区1个，将初步形成环上海氢走廊格局。

第五，推动长三角“氢高速网络”建设。为解决氢能基础设施建设规模效应不足、城市间单独规划难成有效网络等问题，2017年，上海成立了氢能源基础设施投资建设运营平台，旨在三到五年内建成“环上海加氢站走廊”。这一平台由上海舜华新能源系统有限公司、林德气体（香港）有限公司、上海驿动汽车服务有限公司和上海鉴鑫投资有限公司共同出资组建。2018年4月，“长三角氢走廊建设发展规划”在上海嘉定正式启动，以上海、苏州、南通、如皋、盐城等为核心的“氢高速网络”建设开始提上日程。

2. 如皋

江苏如皋经济技术开发区作为“氢能小镇”，产业载体平台包括氢能产业园、国家级氢燃料电池汽车研究检测中心、氢能产业园创新创业中心、江苏省氢能及氢燃料电池汽车产业创新联盟等。自2010年开始，小镇围绕氢能全产业链重点领域积极布局，积极促进产业集聚。至2016年底，如皋氢能产业产值达到20亿元以上，应税销售近15亿元，预计到“十三五”末，其氢经济产业产值将达100亿元。2018年10月，中化集团在如皋成立了中化能源国际氢能与燃料电池科技创新中心，专注于研发氢燃料电池，其新能源业务进入战略突破和攻坚阶段。

图 3-10 江苏如皋氢能小镇

图片来源：http：//www.xinhuanet.com/mrdx/2018-11/06/c_137585598.htm。

3. 台州

台州氢能小镇位于台州市循环经济产业集聚核心区，2016 年 12 月，浙江台州与淳华氢能科技股份有限公司签订氢能小镇项目建设合作协议，以发展氢能源为方向，以建设氢能应用示范与产业集聚区为目标，以建设“生态之镇、人文之镇、财富之镇、智慧之镇”为定位，构筑氢能源科研、孵化、加速、示范应用及产业推广的产业生态体系。

台州氢能小镇致力于构建六大产业集群：一是 PEM 制氢产业集群，通过整合产业链资源，生产国际一流的 PEM 制氢系统，进一步生产高纯度氢气，满足下游产业用氢需求；二是高端储氢产业集群，汇集中国、美国、日本等储氢装置研发、生产企业，构建完整的储氢产业链，提升国内储氢产业水平；三是加氢站产业集群，配合政府和市场，打造国内一流加氢站设施产销集聚区，试点建设以 PEM 制氢系统为核心的，集制氢、储运、加氢于一体的加氢站系统解决方案，服务于周边地区的氢能源公交和用氢企业；四是氢燃料电池产业集群；

五是氢能汽车产业集群，在小镇内建设氢能源汽车组装区，生产适当规模的氢燃料电池汽车；六是智能电网产业集群，依托小镇全产业的研发、渠道、资金、人才、政策优势，打造智能电网产业集群，白天利用分布式太阳能系统发电，将电用于日常家庭生活，以及 PEM 电解水制氢进行存储，夜晚通过氢燃料电池产生电能为家庭供电供热。

图 3-11　台州氢能小镇示意

图片来源：http：//www.cnenergy.org/pub/xny/yw/cj/201709/t20170915_446334.html。

四　京津冀地区

京津冀作为全国氢能及燃料电池产业化的先行地区，拥有较丰富的产业链建设经验。氢燃料电池客车已经在北京 2008 奥运会、北京公交线路运营方面具备一定研发基础与经验。国家电投集团氢能科技发展有限公司与亿华通、北汽福田签署战略合作协议，共同推动京津冀地区氢能交通应用示范与推广。根据协议，三方将于 2019 年完成燃料电池电堆样机研发、燃料电池发动机系统集成到样车匹配，在 2022 年前实现 1000 辆燃料电池公交车生产，并推动相应加氢站建设。这为当前氢能和燃料电池产业推广提供了新的合作思路，有望进一步推动京津冀地区氢能产业化进步，更好发挥区域辐射带动作用。

（一）规划政策

1. 北京

2016 年 9 月，北京市发布《“十三五”时期加强全国科技创新中心建设规划》，提出前沿技术研究领域重点围绕能源高效、清洁利用和新型能源开发，开展氢能源、能源转换、新型储能技术等研发；新能源汽车创新领域，聚焦市场需求，推进以整车为龙头的新能源汽车产业链、创新链和资金链布局，到 2020 年，建成国内最大的新能源汽车研发、应用中心，总体达到国际领先水平。

2017 年 12 月，《北京市加快科技创新培育新能源智能汽车产业的指导意见》（简称“指导意见”）发布。指导意见提出，科学布局并适度超前推进氢燃料电池汽车、智能网联汽车的研制和示范，培育产业新增长点。加大以氢燃料为主的燃料电池乘用车开发力度，着力在整车耐久性、续驶里程和燃料电池使用寿命等领域取得突破。重点增强燃料电池电堆及系统、氢气循环泵、空压机等零部件，高压储氢、液态储氢等的研发生产能力。

2018 年 2 月，北京市科技委网站发布《北京市推广应用新能源汽车管理办法》指出，新能源汽车是指依法获得许可在中国境内销售的纯电动汽车和氢燃料电池汽车，在补贴标准方面，北京相关财政补助政策参照《财政部工业和信息化部科技部发展改革委关于调整完善新能源汽车推广应用财政补贴政策的通知》（财建〔2018〕18 号）另行研究制定。

2019 年 6 月，北京发布关于调整《北京市推广应用新能源汽车管理办法》相关内容的通知。据通知，自 6 月 26 日起，取消对纯电动汽车的市级财政补助。氢燃料电池汽车按照中央与地方 1∶0.5 比例安排市级财政补助。

2. 天津

2018年10月，天津发布《天津市新能源产业发展三年行动计划（2018~2020年）》，提出打造全国氢燃料电池汽车产业高地，到2020年，氢能及氢燃料电池等新兴领域工业总产值达80亿元；积极培育氢能及氢燃料电池等新兴领域，加强关键零部件研究，完善配套产业等；全面布局氢能和燃料电池全产业集群，打造滨海新区氢燃料新能源汽车产业园、氢能智慧交通示范城市。

根据这一行动计划的相关要求，天津将推动国氢新能源科技有限公司引进吸收加拿大巴拉德动力系统公司30千瓦电堆技术；引导北京蓝吉新能源科技有限公司与力神电池深入合作，开展高性能氢能燃料电池及其关键材料、燃料电池发动机等核心部件技术研发和产品开发；此外，天津还依托银隆燃料电池研究院，加快推进高功率密度钛氢动力系统产品开发。

3. 河北

2018年2月，河北发布《河北省战略性新兴产业发展三年行动计划》，提出加快储能装备产业化及前沿技术布局，推进基于可再生能源的低成本大规模制氢产业化，争取河北建投沽源风电制氢综合利用示范项目2018年竣工试运营，支持风/光互补大规模制氢技术的研发和示范，构建氢能全产业链条；建设张家口可再生能源示范区，培育可再生能源规模制氢、燃料电池、新能源汽车等新兴产业；建设邯郸氢能应用产业基地，支持中船重工718所、邯钢集团等企业深化军民融合，加快高效氢气制备、纯化、储运和加氢站等技术研发与产业化，推进成套生产装置的商业化应用，到2020年，基本建立制氢、储氢、运氢、加氢、用氢的产业体系。

2019年6月，河北张家口发布氢能建设规划。根据规划，张家口将发展约20000吨/年的氢气生产能力，以满足2022年冬奥会氢燃料汽车等氢能消费需求；到 2021 年形成覆盖氢能制备、储运、加注关键装备、氢燃料电池整车及关键零部件制造的生态体系，全市年制氢能力达 2.1 万吨，园区引入企业数量 20 家以上。到 2035 年，全市年制氢能力达 5 万吨，园区累计引入企业 100 家以上。

表 3-7　京津冀地区氢燃料电池汽车相关产业政策情况

序号	名称	发文时间	发文省市
1	《“十三五”时期加强全国科技创新中心建设规划》	2016 年 9 月	北京市
2	《北京市加快科技创新培育新能源智能汽车产业的指导意见》	2017 年 12 月	北京市
3	《北京市推广应用新能源汽车管理办法》	2018 年 2 月	北京市
4	《天津市新能源产业发展三年行动计划（2018~2020 年）》	2018 年 10 月	天津市
5	《河北省战略性新兴产业发展三年行动计划》	2018 年 2 月	河北省
6	《氢能张家口建设规划（2019~2035 年）》	2019 年 6 月	张家口市

资料来源：课题组整理。

（二）产业集聚

1. 北京

北京利用吸引和培养国内外高端人才、资源整合等方面优势，致力于加强产业链上下游企业深度合作。2017 年 3 月，北京市氢燃料电池发动机工程技术研究中心正式挂牌，研究中心定位为打造国际一流的氢燃料电池汽车核心技术和产品研发基地，高级别的氢燃料电池汽车零部件研发技术支撑平台，面向国内外人才、技术和企业的开放式创新工程中心。2017 年 7 月，北京市科委、昌平区政府联合主办北京未来科学城氢能技术协同创新平台签约仪式，与未来城北京低碳清洁能源研究所、中国华能集团清洁能源技术研究院有限公司等 5 家央企研究院及北京有色金属研究总院、北京航天动力研究所等 7 家在京研究机构共同签署了《关于共建北京未来科学城氢能技术协同创新平台的合作协议》，致力于推动未来科学城央企研究院、在京氢能领域优势研发机构聚焦氢能前沿技术与应用基础技术研究，开展协同创新。各方将聚焦氢能领域的应用基础与前沿技术研究，强化科研项目合作，互通共享科研条件，逐步形成国内具有影响力的创新共同体。

图 3-12 北京未来科学城氢能技术协同创新平台签约仪式

图片来源：http：//www.bbtnews.com.cn/2017/0704/200165.shtml。

2018 年 2 月，国家能源集团牵头，国家电网公司等多家央企参与，在北京成立中国氢能源及燃料电池产业创新战略联盟（中国氢能联盟）。这一国家级氢能产业联盟旨在推动中国氢能及燃料电池产业协同创新、资源整合、推广应用和交流宣传，全面提升我国氢能和燃料电池技术的市场成熟度和竞争力。

图 3-13 中国氢能源及燃料电池产业创新战略联盟成立仪式

图片来源：http：//www.automotive.org.cn/news/201802/31_1412.html。

2018 年 6 月，我国首个军民融合氢能工程技术研发中心在中国航天科技集团组建成立。中心依托中国在航天氢氧火箭发动机和氢的生产、储运和供应等技术领域的积累，促进航天氢能技术军民融合发展，推动氢能利用领域高端技术装备研发和工程应用。

图 3-14 氢能工程技术研发中心成立大会现场

图片来源：http：//www.chinaperfect.com.cn/news/detail.aspx?id=339。

北京永丰加氢站是中国第一座车用加氢站，曾于 2008 年为北京奥运会燃料电池示范运营提供服务。2013 年，北京加氢站进行新一轮优化改进，2015 年已开始为北京市燃料电池客车及物流车的示范运行提供氢气加注服务。

图 3-15　北京永丰加氢站

图片来源：http：//dy.163.com/v2/article/detail/DUQI342F0527RT9S.html。

2. 天津

天津市积极引进北京、上海、江苏、广州等地氢燃料电池及整车制造企业，打造氢燃料新能源汽车产业园以及氢能智慧交通示范城市，全面布局氢能和燃料电池全产业集群。推动国氢新能源科技有限公司引进吸收加拿大巴拉德动力系统公司 30 千瓦电堆技术；引导北京蓝吉新能源科技有限公司与力神电池深入合作，开展高性能氢能燃料电池及其关键材料、燃料电池发动机等核心部件技术研发和产品开发；依托银隆燃料电池研究院，加快推进高功率密度钛氢动力系统产品开发；着力打造滨海新区氢燃料新能源汽车产业园，重点吸引中国科学院大连化学物理研究所来津设立分所，充分利用渤化集团等企业充沛的工业副产氢资源，以及氢气“制—储—运”等产业链优势环节，推动加氢站的审批和建设；积极推动深圳国氢新能源科技有限公司、科陆集团有限公司、加拿大巴拉德动力系统公司等企业在津建设中国氢谷项目，加快推动力神电池与北京蓝吉新能源科技有限公司合作建设氢能燃料电池产业项目，吸引氢能领域龙头企业落地。

3. 张家口

张家口作为我国可再生能源国家示范区，拥有可开发的风电、太阳能、光伏等可再生能源规模在5000万千瓦以上，目前已初步建成千万千瓦级可再生能源生产基地。在张家口发展氢能产业，不仅可以将富余的风电、光伏等可再生能源进行能源转移，还可缓解京津冀地区能源压力，降低碳排放。张家口可借势京津冀区域已有产业链建设基础及自身较强的产业配套能力，利用2022年冬奥会契机，扩大本地氢能消费。

张家口沽源风电制氢综合利用示范项目（河北建投）是风电制氢综合利用的工业化项目，于2015年开工建设，总投资20.3亿元。项目建成后，可形成每年制氢1752万标准立方米的生产能力，一部分氢气用于工业生产，降低工业制氢产业中煤炭、天然气等化石能源消耗量，另一部分将通过配建加氢站网络，支持氢燃料电池汽车的发展。张家口市良好的风光电力资源，也吸引了中节能、金风科技、神华集团（现为国家能源投资集团）、华能集团、国家电投等能源企业前往调研布局氢能业务。神华集团计划在张家口市布局制氢、储运及加氢站建设；中石油和中石化也将考虑在张家口市启动加油站与加氢站混建项目，以油-氢混建方式推进加氢站建设工作。

张家口还积极引进培养一批氢能及燃料电池创新机构，包括亿华通动力、海珀尔、北京市氢燃料电池发动机工程技术研究中心、清华大学、北汽福田、吉利汽车等企业及机构，共同开展氢燃料电池汽车研究和开发。2017年，由亿华通动力科技有限公司（简称“亿华通动力”）在张家口市桥东区创坝产业园建设的氢燃料电池发动机产业化项目，将实现年产万台的氢燃料电池发动机生产线，并规划 DC/DC 生产线，快速实现高品质的氢燃料电池汽车发动机的国产化和批量供应。张家口海珀尔新能源科技有限公司（简称“张家口海珀尔”）目前在桥东区配套建设制氢 - 加氢站（一期），配套支撑氢燃料电池发动机的生产，以及氢燃料电池汽车的商业化运营。另外，北汽福田已在宣化规划了氢燃料电池客车组装线，水木通达也将在张家口市提供氢燃料电池客车租赁服务。

五　其他地区

随着我国氢燃料电池汽车产业的发展，除长三角、珠三角和京津冀地区外，以湖北武汉、山东等为代表的华中、渤海湾等地也陆续参与氢能产业布局，积极推进氢能产业园、加氢站建设，努力推动氢燃料电池汽车技术研发、普及和商业化推广。

（一）规划政策

2018 年 1 月，湖北武汉出台《武汉氢能产业发展规划》，从核心环节研发、制储氢基础设施、基础设施与示范推广等方面布局，计划以武汉开发区为核心，打造“世界级氢能汽车之都”。根据规划，到 2025 年，武汉将建成 30~100 座加氢站，形成相对完善的加氢配套基础设施，实现乘用车、公交车、物流车及其他特种车辆总计 1 万 ~3 万辆的运行体量，氢能燃料电池全产业链年产值力争突破 1000 亿元。2018 年 3 月，《武汉经济技术开发区（汉南区）加氢站审批及管理办法》出台，明确了加氢站的项目选址、报建、施工、经营全过程的审批及管理流程和相关监管职能部门。

2019 年 1 月，山东发布了《山东省氢能源产业中长期发展规划

（建议稿）》。规划明确提出山东发展氢能的八大重要任务为：推动制氢工艺多元化有序发展，构建低成本、安全环保氢气储运体系，加快氢能源基础设施建设，提升燃料电池及汽车等核心产业发展质量，推进氢能源示范应用，扶持培育具有国际竞争力企业，构建氢能源产业协同创新体系，完善升级公共服务平台。2019 年 5 月，山东省潍坊市人民政府印发了《关于做好全市汽车加氢站规划建设运营管理工作的意见》。

2018 年 5 月，陕西省西安市发布《新能源汽车推广应用地方财政补贴资金管理暂行办法》，新能源汽车范围明确为符合国家有关公告要求，且纳入中央财政补助范围的纯电动乘用车、插电式混合动力（含增程式）乘用车、纯电动客车、插电式混合动力（含增程式）客车、纯电动专用车及氢燃料电池汽车。就氢燃料电池汽车，不执行在现行标准基础上退坡 20% 的规定。

2018 年 6 月，海南省发布《关于调整完善新能源汽车推广应用财政补贴政策的通知》，指出 2018 年海南省新能源汽车车辆购置地方财政补贴标准继续按中央财政同期补贴标准的 1∶0.5 执行，省、市县两级财政各承担 50%。同时加快推进充电基础设施建设，新能源汽车地方购置补贴资金将根据中央政策要求逐渐转为支持充电基础设施建设和运营、新能源汽车使用和运营等环节。随后又发布《关于 2018 年海南省新能源汽车补贴常见问题的解释》，明确规定新能源汽车是指采用新型动力系统，完全或主要依靠新型能源驱动的汽车，主要包括纯电动汽车、增程式电动汽车、插电式混合动力汽车、氢燃料电池汽车、氢燃料汽车、其他新能源汽车等。

2018 年 6 月，河南省发布《关于调整河南省新能源汽车推广应用及充电基础设施奖补政策的通知》，指出新能源汽车补助范围是指纳入国家《新能源汽车推广应用推荐车型目录》的新能源客车、新能源货车和专用车，以及氢燃料电池汽车。在补助标准上，新能源专用车、货车以及燃料电池车按照国家补助标准的30%给予推广应用补助，并随国家进一步细化标准进行调整；对于新能源乘用车来说，不再给予购置补贴，但实施研发推广奖励。新研发车型进入推荐目录一年内实现上市推广，销量达到1000辆（含）以上，销售金额达到1亿元（含）以上，按销售金额的2%进行奖励，单个车型本年度内奖励金额最高不超过500万元，单个企业本年度内奖励总额最高不超过1500万元。

2018年6月，重庆市发布《2018年度新能源汽车推广应用财政补贴政策》。就燃料电池车而言，补贴标准约为同期国家标准的40%，其中，乘用车补贴标准为2400元/kW，补贴上限为8万元/辆，轻型客车、货车及大中型客车、中重型货车的补贴上限分别为12万元/辆和20万元/辆。

表3-8　长三角地区氢燃料电池汽车相关产业政策情况

序号	名称	发文时间	发文省市
1	《武汉氢能产业发展规划》	2018年1月	湖北省武汉市
2	《西安市新能源汽车推广应用地方财政补贴资金管理暂行办法》	2018年5月	陕西省西安市
3	《海南省关于调整完善新能源汽车推广应用财政补贴政策的通知》	2018年6月	海南省
4	《关于调整河南省新能源汽车推广应用及充电基础设施奖补政策的通知》	2018年6月	河南省
5	《重庆市2018年度新能源汽车推广应用财政补贴政策》	2018年6月	重庆市
6	《山东省氢能源产业中长期发展规划》（建议稿）》	2019年1月	山东省
7	《关于做好全市汽车加氢站规划建设运营管理工作的意见》	2019年5月	山东省潍坊市

资料来源：课题组整理。

（二）产业集聚

1. 湖北武汉

武汉作为我国知名的“车都”，在氢燃料电池汽车发展上主要具备以下三大优势：一是拥有氢能、燃料电池研发生产的国内龙头企业——雄韬电源公司，并已落户武汉经开区，拟投资 115 亿元建设氢燃料电池产业园；二是武汉汽车工业基础雄厚，从制氢、氢气的储存运输、核心零部件到下游应用端，具备相对丰富的氢能与燃料电池产业链资源；三是武汉高校科研单位众多，具有技术研发优势和人才优势。

图 3-16　湖北雄韬电源科技有限公司

图片来源：http：//dc.epjob88.com/company/cm1516073018798/culture/。

目前，武汉拥有雄韬股份、东风汽车、南京金龙、武汉理工新能源、武汉众宇、大洋电机等一批代表国内燃料电池技术先进水平的企业，涉及氢燃料电池系统生产、氢能汽车等，氢能产业集群效应初步形成。武汉雄众投资的加氢站日供氢能力达到 1000kg，储备容量 1000kg，项目建成后有望成为具有大规模储量及日加氢量的加氢站之一。

图 3-17　众宇动力系统科技有限公司

图片来源：课题组调研。

此外，武汉还整合利用了武汉理工大学、华中科技大学、中国地质大学等理工高校丰富的教育资源，加强氢气和燃料电池产学研合作与产业化推广。2018 年 4 月，武汉科利尔立胜工业研究院成立，具体以氢燃料电池、氢燃料发动机、单兵电源等产品作为主要方向，与新加坡南洋理工大学、航天 12 院军民融合办公室、军方武器化研究所、苏州擎动力科技公司、上海氢枫能源加氢站设备公司等多家新能源行业企业签订合作协议。

2. 山东

2017 年底，山东依托济南先行区建设“氢能源科技园”“氢能源产业园”“氢能源会展商务区”三位一体的“中国氢谷”，并且为此设立了 500 亿元的中国氢谷新能源发展基金。此外，山东省以潍坊市、淄博市、滨州市为主推进氢能项目。2019 年 1 月，山东氢能源与燃料电池产业联盟正式成立，该联盟由兖矿集团有限公司、山东重工集团有限公司与山东国惠投资有限公司三家省属企业发起，由 68 家省内外会员单位组成。联盟旨在通过产业导向、技术联合以及资本助力，持续推动山东氢能源与燃料电池产业化及应用商业化进程，打造氢能全产业链企业的协同平台，推动山东在新一轮能源技术革命中走在前列。与此同时，兖矿集团与法国液化空气集团在济南签订了合作框架协议，计划制定山东氢能基础设施和氢燃料电池汽车实施计划，在山东地区投资氢能价值链，开发完整的氢能生态产业链。

3. 安徽

2017 年 12 月，总投资 25 亿元的氢能源产业园项目在安徽六安市奠基。该项目主要由明天氢能投资，占地 700 亩，主要建设氢燃料电池研发生产中心、加氢站研发及运营中心、燃料电池厂、电堆工厂、热电联供厂、双极板工厂、MEA 工厂等。此外，安徽明天氢能公司安徽省院士工作站以中国科学院大连化学物理研究所为依托，在衣宝廉院士及其研究院团队协同合作下，对氢能及氢燃料电池技术等进行深入研究与开发并实现产业化推广应用，同时结合氢能装备具体的研究项目实施，为氢能领域培养一批氢能装备专业技术人才。

图 3-18　明天氢能在六安建设的加氢站

图片来源：https：//www.china5e.com/m/news/news-1059199-1.html。

4. 山西

2018 年，山西省雄韬氢能大同产业园项目启动，该项目将建成年产能 5 万套的燃料电池发动机生产基地与年产能 5 万套的燃料电池电堆生产基地，年产值超过200亿元。项目主要从事氢燃料电池的催化剂、质子交换膜、电堆、电池控制系统、氢燃料发电机系统、储氢系统和制氢系统以及加氢站等领域产品开发、生产、运营和销售等。此外，美锦能源计划投资1亿元，在山西综改区设立全资子公司“山西示范区美锦氢源科技发展有限公司”，作为公司在山西综改区的项目主体之一，负责氢气制取、加氢站、储运设备、燃料电池、氢燃料电池汽车、分布式能源等氢源产业链中国内外相关技术的引进、开发和已成熟项目的商业化实施等。

5. 陕西

陕西省西安市正在加快推进氢能产业，计划投建8座加氢站，第一座加氢站已在建设当中，日加氢能力1000公斤，成为西北地区第一座用于商业运营的加氢站。目前已经有500辆氢能及氢燃料电池物流车投放市场，并进入试营运阶段。

6. 四川

四川省以东方电气的燃料电池客车为依托，积极布局氢能及氢燃料电池汽车产业，目前已经开启氢能与燃料电池客车示范项目，东方电气也已将氢能与燃料电池产业列入集团的“十三五”重点培育的新产业。2017年10月，东方电气第一辆氢燃料电池客车成功下线。2018年3月，四川省能源投资集团有限责任公司设计建造的西南首个撬装式加氢站正式投入使用，该站具备完整的氢气卸气、增压、加注、计量能力，最大连续加注能力可达每天400公斤氢气，能连续为5~10辆氢燃料电池车加注氢气，其正式投用标志着四川的氢能产业化打通了氢气的制、运、储、加等各个环节，开启了氢能利用新的征程。同时，四川能投投资5000万元建设四川首个固定式加氢站，最大存储容量将达600公斤氢气，可连续为15~20辆燃料电池公交车加注氢气，为满足成都地区加氢需求奠定坚实基础。

图 3-19　装载东方电气自主技术的氢燃料电池动力系统城市客车

图片来源：http：//www.sohu.com/a/259176487_100052700。

第三节　产业实践：典型做法

我国氢能产业地方实践以珠三角、长三角和京津冀地区为代表，其中广东省佛山市、上海市嘉定区和河北省张家口市等地在地方氢能布局发展中起到了较好的示范作用，有力推动了我国氢能产业链在区域范围内的布局发展，促进了国内氢燃料电池的商业化及规模化应用。

一　广东省佛山市

近几年，佛山市氢能产业发展迅速。佛山借鉴高铁模式启动氢能产业，通过政策创新、投融资模式创新、产业组织模式创新、商业模式创新等措施，打造创新服务平台，探索氢能多元化应用，形成了具有特色的佛山模式。为保持氢能产业发展的领先优势，佛山在氢能源供给、优势企业培育及创新能力提升方面发力，目前已建成 5 座加氢站，并有 765 辆氢燃料电池汽车投入示范运行。2019 年将累计建成约 30 座加氢站，燃料电池公交车运行规模将达到 1000 辆。产业培育方面，佛山已初步形成了涵盖制氢、储运、加氢及燃料电池关键部件、电堆及系统、整车及运营等环节的氢能产业链，以及南海、高明、佛山（云浮）产业转移工业园三大产业聚集区。

（一）发展历程

1. 初期起步阶段

佛山是国内布局和发展氢能产业的先发地区。2009 年广顺新能源公司进驻南海区，至此拉开了广东省佛山市氢能产业发展的序幕。2009 年，佛山市南海区联合了氢能燃料电池及氢源技术国家工程研究中心，打造广东新能源汽车核心部件产业基地，重点开展新能源（氢能）汽车核心关键零部件重大技术攻关及产业化工作，培育和引进了广东广顺新能源动力、佛山科先精密机电等一批骨干产业化项目，孕育了佛山氢能产业的雏形；2011 年和 2013 年，先后举办了两届燃料电池及氢能技术发展国际峰会；2014 年，南海区被列入科技部 / 联合国开发计划署“促进中国氢燃料电池汽车商业化发展项目”，佛山成为全国 4 个示范城市之一；2015 年，率先突破建立加氢站建设审批流程，南海氢能产业自此进入新的阶段。

2. 跨越发展阶段

广东省氢能产业的跨越发展始于佛山、云浮两市的结对帮扶合作。2014 年，经过深度调研考察世界三大湾区（纽约湾区、东京湾区、旧金山湾区）布局发展氢能产业实际情况，佛山大胆选择氢能汽车产业作为主攻方向，以氢能商用公交车作为突破口，与加拿大巴拉德公司合作，选择 30 千瓦电堆系统开始进行研发。佛山先后集聚了中车四方、国鸿氢能、飞驰客车、长江汽车、北汽福田、上海重塑、爱德曼等企业，引进加拿大巴拉德公司燃料电池技术，并消化再创新，推动全球领先的全套成熟燃料电池技术在国内实现产业化，建成年产5000套燃料电池动力系统生产线及年生产整车产能达5000辆的氢能客车生产基地。

3. 加速发展阶段

2017年是南海的氢能产业发展元年。2017~2018年，南海区氢能产业进入加速发展阶段，包括出台全省首个氢能产业发展扶持政策，建成并投运全国首座商业化加氢站——瑞晖加氢站，率先启动科技部/联合国开发计划署“促进中国氢燃料电池汽车商业化发展项目”佛山项目，举办全国首个“氢能周”系列活动，编制氢能产业规划、加氢站建设规划，引进广东长江汽车整车生产及氢动力研发中心等氢能项目。2018年，南海出台首个加氢站建设运营及氢能源车辆扶持政策，与中国标准化研究院共建佛山绿色发展创新研究院，引进爱德曼氢燃料电池生产、海德利森加氢设施及核心部件国产化和北京蓝图加氢站设计等氢能项目，编制仙湖氢谷概念规划，一次性打包招标22座加氢站设计施工总承包项目，启动8座加氢站建设工作，组建成立南海新能源汽车产业技术创新战略联盟，启动南海新能源汽车（氢能）监管平台建设工作，举办全国第二届“氢能周”系列活动。

目前，佛山全市开通13条氢燃料电池公交线路，运营氢燃料电池城市公交车317辆，以及448辆氢燃料电池城市物流车，5台氢燃料电池列车，并实现佛山产氢燃料电池大巴整车出口马来西亚，氢能产业发展走在全国前列，并引领中国氢燃料电池汽车规模化商用浪潮。

（二）产业布局

在空间布局上，佛山已形成三大氢能产业基地，分别是南海氢能产业基地，高明氢能产业基地以及佛山、云浮两地共建的佛山（云浮）产业转移工业园。

1. 南海氢能产业基地

第一，打造“仙湖氢谷”园区。

佛山市南海区主要承载了氢燃料电池汽车和关键零部件研发和产业化项目，正努力打造面积达47.3平方公里的“仙湖氢谷”，以仙湖为核心，围绕丹灶城区规划东部、南部和北部三大园区，以氢燃料电池汽车产业技术创新、产业集聚为目标，致力打造园区氢能全产业链，使之成为全方位发展的氢能产业基地。“仙湖氢谷”采用内核式圈层结构布局，以仙湖为核心，形成生态、科研、产业三大功能圈层。第一圈层是生态服务圈层，重点发展生态休闲服务业；第二个圈层是氢能科研创新圈层，打造科研院所发展区和滨湖总部集聚区，建设科研院所、孵化器，建设企业总部区，合理布局酒店会务和生态住区，吸引优质企业进驻；第三圈层打造氢能企业集中区和生活配套区，重点打造氢能产业园及氢动力汽车产业园，成为产业转型发展的重要引擎。

——仙湖核心区。规划面积约9.2平方公里，依托成熟的仙湖生态旅游度假服务和配套设施，注入氢能和文化创意等新元素实现再提质，统筹布局氢能滨湖总部集聚区及科研院所发展区，打造成为区域创新中枢和生态核心。

——丹灶城区。规划面积约5.3平方公里，教育、医疗、商业载体等配套齐全，通过完善的城区综合服务配套，开拓众创孵化及产业配套片区，打造文、城、人、产多元示范城。

——东部园区。规划面积约2.3平方公里，包括广东新能源汽车产业基地三期、南海日本中小企业工业园二期、一汽大众丹灶配件园、南海欧洲中小企业园。目前已引入日本汽车部件企业15家；大众汽车配件企业6家，其他机械企业5家。

——南部园区。规划面积约2.9平方公里，包括广东新能源汽车产业基地二期，重点发展整车、氢能研发、核心部件生产、智能驾驶产业，已落户广东长江氢动力研发中心、广东长江汽车有限公司、广东探索汽车有限公司等。

——北部园区。规划面积 6.7 平方公里，以南海国家生态工业示范园区为核心，为广东新能源汽车产业基地一期，累计引入 180 多家企业，包括 8 家世界 500 强及其关联项目，集聚日资汽配和新能源汽车核心部件企业 22 家，包括广顺新能源、泰罗斯、爱德曼、海德利森等重点氢能企业。

第二，吸引一批相关知名企业。

广东广顺新能源动力科技有限公司成立于 2010 年，公司产品主要包括燃料电池专用空压机、燃料电池专用氢气循环泵、无油电动汽车空压机、电动汽车空调压缩机、空气轴承等。目前其氢燃料电池汽车空压机已批量生产并装载在上汽荣威 750、950 等乘用车，以及申沃、中植、金龙、长江等客车产品上，市场份额遥遥领先。

广东爱德曼氢能源装备有限公司成立于 2016 年 6 月，致力于研发、生产具有独立知识产权的金属板燃料电池产品。在新产品研发方面，爱德曼已开发出五代产品，分别为 30kW、35kW 、40 kW、60kW 和 80kW，体积比功率达到 2.7kW/L，重量比功率达到 1.7kW/kg。公司 2017 年建成了金属板燃料电池生产线，并独立设计制造了全部工程装备。自主生产金属双极板和膜电极两大核心部件，并装备燃料电池电堆及系统，已应用于东风物流车、冷藏车、SUV 和东风柳汽 MPV 车型，以及北汽福田 8.5 米公交车。公司未来将围绕大功率、高功率密度燃料电池进行投入，在移动和分布式发电两个领域开发更多的应用产品。

广东海德利森一氢科技有限公司由北京海德利森投资，项目分两期建设：首期建成加氢站系列装备和加氢装备核心部件生产线，初步建成加氢装备技术研发和保障服务重心，预期年产值 4 亿元；二期增建加氢站系列装备和加氢装备核心部件生产线，建成全国加氢装备技术研发及保障服务中心，预期年产值 25 亿元。

第三，引进氢能产业链重点项目。

——广东长江汽车整车生产及氢动力研发中心项目。该项目选址于南海区丹灶镇，包括广东长江汽车氢动力研发中心（以下称“研发中心”）和广东长江新能源汽车产业化项目（以下称“整车项目”）。研发中心定位为长江汽车全球唯一的氢动力汽车研发中心；整车项目首期建设用地 1000 亩，生产车型包括纯电动和氢燃料电池客车、专用车、物流车等。

——重塑科技氢能产业基地项目。项目首期投资 21.6 亿元，包括氢燃料电池及系统研发生产基地、汽车关联研发生产基地和关联零部件产业基地。项目达产后，预计年产值 150 亿元。

——爱德曼氢燃料电池生产项目。项目将建成氢燃料电池及动力总成生产基地，计划投资 30 亿元，年产能 8 万台氢燃料电池，分三期推进，其中首期项目于 2018 年初投产，全部项目达产后，预计年产值 200 亿元以上。

——海德利森加氢设施及核心部件国产化项目。项目计划总投资 10 亿元，分为两期建设，建成后形成年产加氢站系列装备 350 台套、加氢装备核心部件 2000 台 / 套产能，同时建成全国加氢装备技术研发及保障服务中心，预期达到年产值 25 亿元。

——北京蓝图加氢站工程设计施工项目。项目正全面开展加氢站的规划设计（含勘察）、建设、核心设备选型、采购、安装和系统调试等工作，填补区内加氢基础设施设计施工环节空白，推动我国高密度商业化加氢站标准的建立。

2. 高明氢能产业基地

高明区是佛山氢能产业发展重点布局地区，已培育集聚 10 多家涉氢企业，主要包括整车制造、动力电池、汽车动力转向器及配套零部件等企业。与此同时，高明区正积极引进一批骨干氢能产业项目，持续壮大氢能产业链。目前重点企业包括佛山中车四方轨道车辆有限公司，以及正在建设的膜电极、燃料电池整车等企业。

围绕佛山中车四方轨道车辆有限公司建设的中车四方现代有轨电池制造基地主营现代有轨电车、地铁等轨道交通装备的造修、维保、售后服务、技术服务及配件制造销售，一期建设投资为2.48亿元，新建有轨电车车体、涂装、组件、调试厂房及辅助用房约2.7万平方米，配套建设铁路线、动调线及其他辅助设施，新增设备395台/套，形成了年生产现代有轨电车100列的产能（兼容地铁车辆新造）。中车四方已在佛山建设全国首条现代氢能有轨电车示范运行线路，首批8列氢能有轨机车订单已落地。

泰极动力科技有限公司的膜电极组件总成产品及配件生产基地项目总投资约5亿元，占地27亩，主要从事燃料电池膜电极技术开发，引进国际先进生产工艺、设备、材料和配方等，计划建设MEA生产线及研发中心，预计2019年9月投产。

3. 佛山（云浮）产业转移工业园

佛山云浮两市共建的“佛山（云浮）产业转移工业园”，主要推动氢燃料电池汽车整车生产和上下游配套产业集聚发展，初步形成了以广东国鸿科技有限公司、云浮飞驰新能源汽车公司等为代表的龙头企业集群，引进了加拿大巴拉德、上海重塑能源、广东联悦气体等上下游企业及重点项目，有效加快带动上下游配套产业集聚发展。

云浮飞驰新能源汽车公司是佛山飞驰汽车制造有限公司在云浮投资建设的生产基地，集底盘装配、整车生产、零部件安装及车辆检测于一体。该项目已经建成年产5000辆新能源汽车的生产线，是目前全球最大的氢燃料电池客车生产基地，近年来，已有多个型号的氢燃料电池汽车入围工信部新能源汽车推荐车型目录，市场份额全国领先。此外，飞驰客车还实现产氢燃料电池大巴整车出口马来西亚。

广东联悦气体专注于氢气产品生产和销售能源气体公司，目前已经在云浮、江门、赣州和郴州分别投资建设了4座氢气工厂，为上百家工业客户提供了各类氢气解决方案，主要包括气体生产、气体贮存、气体运输、管道气体供应和现场制氢等业务，以及管道、阀门、压力表、气体汇流排等部件的生产。

（三）主要进展

1. 氢燃料电池汽车示范运行规模较大

佛山是我国较早推进中国氢燃料电池汽车规模化示范的地区。2016年9月，佛山率先在三水区开通首条氢燃料电池城市公交车示范线路以来，目前全市已开通13条氢燃料电池公交线路，共计投入氢燃料电池城市公交车317辆。2019年佛山市将达到1000辆氢燃料电池城市公交车的运营规模。此外，全市还推广运营了448辆氢燃料电池城市物流车以及5台氢能有轨列车。

2. 加氢站布局全国领先

佛山在加氢站等基础设施布局及建设推进上较为领先。截至2019年7月，佛山市已建成并投入运营加氢站5座，即禅城区国联氢能塱沙路加氢站、佛汽集团佛罗路公交场站加氢站、南海区瑞晖加氢站、三水区撬装式加氢站等。其中，南海瑞辉加氢站是全国首座商业化运营的加氢站，运营环节已基本实现盈亏平衡；中国石化佛山樟坑油氢合建站是国内首座油氢电合建站。此外，佛山还有20余座加氢站正在建设中，2019年将累计建成30座加氢站，同时积极借鉴山西大同做法经验，探索工业用地招拍挂建设“制氢加氢一体化”加氢站试点示范项目。

3. 产业链初具规模

佛山氢能产业基本涵盖制氢、加氢站建设及运营、氢燃料电池系统及电堆研发、关键零部件开发及生产、氢燃料电池汽车研发制造及示范运行、氢能相关检测等环节，产业链初具规模。特别是在燃料电

表 3-9 佛山三大产业基地产业链各环节企业

各环节企业	佛山南海区	佛山高明区	佛山（云浮）产业转移工业园
制氢	广东华特气体 广东美星富能科技	—	普汇氢能科技 广东联悦氢能
加氢站设计、建设及运营	北京蓝图佛山分公司 佛山瑞晖能源 瀚蓝（佛山）新能源 中石化佛山新能源	—	云浮舜为氢能 氢枫能源（广东） 云浮锦鸿氢源 广东合盛氢能设备
燃料电池电堆及系统	广东爱德曼氢能源 广东探索汽车 广东泰罗斯	泰极动力	广东国鸿氢能 广东重塑 云浮锐格
关键零部件和装备	广顺新能源 清极能源 海德利森一氢科技	德方纳米 本田金属	稳力（广东）科技
整车企业	福田欧辉广东工厂 广东长江汽车	佛山中车四方轨道车辆有限公司	佛山飞驰客车

续表

各环节企业	佛山南海区	佛山高明区	佛山（云浮）产业转移工业园
推广应用	—	—	云浮佛云新能源公交 广东国能联盛 广东国盛
氢能相关检测	广东省特种设备检测 广东拜特斯特 广东兰氢科技	—	广东氢标科技
氢生活	—	—	广东慧氢能源科技 广东氢晟农业科技 氢巴克（广东）
创新平台	燃料电池及氢源技术国家工程中心华南中心； 国家技术标准创新基地（氢能）	—	佛山（云浮）氢能产业与新材料发展研究院 云浮（佛山）氢能标准化创新研发中心

资料来源：课题组调研。

池系统及电堆、空气压缩机等关键领域引进培育了一批行业内知名企业，市场占有率国内领先。

二　上海市嘉定区

（一）产业优势

上海市嘉定区依托上海及本区氢燃料电池产业在企业、项目及研发方面的既有优势，通过出台规划政策、加大研发与商业推广力度等积极发展氢能产业，目前已初步具备氢能、氢燃料电池、燃料电池动力系统平台、氢燃料电池汽车及基础设施等较完整的产业配套要素，为打造氢能港提供较好基础。

1. 企业优势

近年来，上海涌现诸多实力雄厚的氢能燃料电池产业链相关企业，代表企业有上汽集团、上海舜华、上海重塑、上海神力、氢车熟路、捷氢科技、上海攀业、上海氢燃料电池汽车动力系统有限公司等，为嘉定发展氢能与燃料电池产业提供了重要资源和良好条件。

2. 项目优势

除企业优势外，嘉定打造氢能港的优势还在于其良好的经济环境吸引了众多氢能与燃料电池产业项目入驻。2018 年 2 月 12 日，上海首个氢能与燃料电池产业园在位于嘉定安亭的“环同济创智城”内揭牌。根据规划，该产业园区产值力争到 2025 年突破 100 亿元。此外，产业园将建设“燃料电池动力系统及关键零部件研发平台、氢能产业公共服务平台和氢燃料电池汽车运营维保中心”三大平台。其中，氢燃料电池汽车动力系统研发平台依托上海氢燃料电池汽车动力系统有限公司进行开发建设，燃料电池关键零部件研发平台致力于研发燃料电池所包含的关键零部件，相关研发平台将在产业园陆续落户。氢能产业公共服务平台旨在为加氢站和燃料电池公共测试提供服务，园区第二期拟建设大规模加氢站，公共测试平台将对燃料电池发动机系统进行可靠性、耐久性、耐高低温、耐高原等环境的检验检测。目前已有上海氢燃料电池汽车动力系统有限公司等氢能科研机构、相关企业签约入驻园区，另有 12 家企业与上燃动力签订了战略合作协议。2019 年 4 月，格罗夫与上海市嘉定区人民政府在 2019 年上海国际车展上签署了“上海格罗夫氢能汽车创新发展总部基地战略合作协议”，格罗夫华东区域总部基地将落户上海嘉定。嘉定区将根据协议对项目落户提供资金、土地、政策、补贴、市场等全方位支持。

3. 研发优势

位于同济大学嘉定校区的同济大学新能源汽车工程中心（以下简称“中心”）成立于 2000 年，中心是科技部国家燃料电池及动力系统工程技术研究中心、国家发改委新能源汽车及动力系统国家工程实验室、新能源汽车教育部工程研究中心、国家级国际联合研究中心、中德电动汽车联合研究中心、上海电动汽车工程技术研究中心、新能源汽车产业上海市技术创新服务平台及中国氢燃料电池汽车技术创新战略联盟成员。中心还承担了国际氢能经济和燃料电池伙伴计划联络办公室的工作，为嘉定发展氢燃料电池汽车产业奠定了良好的技术研发和行业交流合作基础。

（二）未来规划

2019 年 6 月 10 日，上海市嘉定区推出《氢燃料电池汽车产业集聚区规划》和《氢燃料电池汽车产业发展扶持政策（试行）》，围绕项目引进、企业培育、企业发展、产业配套等方面推出 20 条支持举措，囊括了企业从注册到项目落地再到后期发展的所有环节，并覆盖氢燃料电池汽车全产业链，以实现构建完善的氢能产业创新创业生态体系目标。嘉定将支持区内企事业单位优先采购本区制造的产品，推动氢燃料电池公交车的示范运营并给予补贴。同时，嘉定还鼓励企业自主开展燃料电池电堆等关键材料研发，建立各级企业技术中心，给予发明专利成品销售奖励、专利授权维权资助及一次性奖励等。下一步，嘉定将继续推进氢能及氢燃料电池汽车产业健康迅速发展，到2025年，嘉定氢能及氢燃料电池汽车全产业链年产值力争突破500亿元。

三　河北省张家口市

张家口市依托当地丰富的可再生能源优势，利用京津冀协同发展和2022年冬奥会契机，全面布局氢能产业发展，在氢能开发利用与氢能生态建设方面取得明显成效。在发电端利用氢能就地消纳富余电力。在消费领域引入氢能及燃料电池相关产业链。为推动氢能产业升级，张家口制定了“氢能张家口”实施方案，分别从氢气生产、氢气储运、基础设施、燃料电池、氢能消费五大领域进行重点突破。此外，为进一步落实“氢能张家口”方案，张家口还专门出台了优惠政策，建设可再生能源制氢项目绿色通道，营造优良的产业发展环境。

在制氢方面，实施沽源风电制氢、海珀尔清洁产业示范园等一批项目，加快可再生能源电解水制氢厂建设，并构建区县镇全覆盖的加氢站网络体系。

在燃料电池核心技术与产业化方面，引进亿华通、北京市氢燃料电池发动机工程技术研究中心等企业及研发机构，加强与清华大学等高校项目合作，同时引入北汽福田、吉利汽车等车企，整合产业链企业，进行燃料电池整车研发与生产。亿华通在张家口建设了我国首条半自动化氢燃料电池发动机批量生产线，项目一期于2017年正式投产，年产能2000套。

在基础设施建设方面，推动开展可再生能源电解水制氢厂和加氢站项目。目前，海珀尔制氢厂一期及加氢站项目已投入运营，年产氢

图 3-20　张家口海珀尔新能源科技有限公司

图片来源：http：//www.sohu.com/a/279136845_120031770。

量为 1600 吨，可满足 600 辆 12 米长公交车需求。二期完工后，年产氢量可达 6000 吨，能够满足京津冀地区 2000 辆燃料电池大巴用氢需求，实现京津冀小批量氢燃料电池汽车商业化推广。张家口还吸引了中国节能环保集团公司、金风科技等能源企业布局氢能业务，金鸿能源、中国石油天然气集团有限公司和中国石油化工集团公司计划在本市启动加油站与加氢站混建项目，以油氢混建站推进加氢站建设工作。按规划，2022 年前全市将形成 16 个区县加氢网络全覆盖。

在氢能及氢燃料电池汽车商业化应用和推广方面，张家口以公交和物流领域为突破口，进一步推动氢燃料电池汽车、备用电源及相关产品的应用，致力于打造低碳奥运专区、可再生能源交通运输体系，实现可再生能源设施全供应。2018 年 3 月，6 辆燃料电池客车为首届“长城国际可再生能源论坛”提供由北京至张家口的摆渡服务。2018 年 7 月，74 辆亿华通与北汽福田、宇通客车等联合研发的燃料电池公交车上线，公交运营单车日行驶里程近 300 公里。

图 3-21 张家口公交公司的氢燃料电池公交车

图片来源：https：//www.thepaper.cn/newsDetail_forward_2633400。

第四节 产业实践：推进特点

一 依托资源、技术和人才优势推动氢能产业融合

京津冀地区依托清华大学等科研机构技术研发与人才优势，利用张家口举办 2022 年冬奥会的契机，有力推动了京津冀地区能源转型、氢能产业一体化快速发展以及河北省产业升级。首先，北京作为核心城市，在带动周边重点区域协同发展氢能及相关产业，与国内外科研院所和知名高校合作，规划建设一批创新平台，共建一批重点实验室和高新技术企业研发中心等方面发挥重要引领作用。其次，张北地区作为河北的“两翼”之一，与通州副中心、雄安新区共同被列为京津冀发展的三个重要支点，有利于张家口的资源输送到北京和雄安新区，以及北京的可再生能源、技术研发和相关产业更好转移到张家口，从而较好推动京张两地在可再生能源领域的深度融合和协同发

展。此外，张家口丰富的风能和太阳能等可再生能源，为就地低成本制氢创造了良好条件。张家口还通过到北京支持建设中关村张家口园，让入园企业享受国家自主创新示范区的优惠政策，进一步吸引高端人才和优秀科技团队，形成创新孵化、成果转化、配套服务的完整产业链条，打造科技创新高地。以上技术、人才和资源优势推动了区域范围内氢能产业融合发展，为全国氢能产业协同发展提供良好示范。

二　借助传统产业升级助推氢能产业发展

目前，氢能与氢燃料电池产业已经成为武汉发展新兴产业和转型升级的重要抓手，当地正实现从传统汽车产业向新能源汽车的转型。

武汉依托华中地区包括武汉理工大学、中国地质大学（武汉）、华中科技大学等在氢能及氢燃料电池领域有一定科研基础的高校，积极开展液体有机储氢、燃料电池质子交换膜等技术研发，有力推动了氢能前沿领域技术发展。武汉还聚集了雄韬股份、东风汽车、南京金龙、武汉理工新能源、武汉众宇等一批代表国内燃料电池技术先进水平的企业，整合发展氢能源汽车从制氢、储运到核心零部件以及下游应用端的整套氢能与燃料电池产业链资源。在氢能应用与基础设施建设方面，氢能公交车、物流车、乘用车、加氢站相继在武汉落地。环武汉地区借助当地传统汽车产业转型升级的契机，持续优化氢能产业整体布局，完善氢能产业链建设，推进氢能示范运营及商业化推广。

三　政府动员、市场支撑推动氢能产业集聚

中国制造业名城佛山在政府推动、市场支撑氢能产业的集聚发展方面起到了良好的示范作用，形成了特色鲜明的“佛山模式”。

一是在创新核心技术上，采用“高铁模式”加“轻资产模式”。为帮扶粤西北欠发达的云浮市，自2009年起，佛山借鉴引进吸收、转化升级的“高铁模式”，着手建设佛山（云浮）产业转移工业园。技术创新方面，从消化吸收加拿大巴拉德合资生产线入手，通过跟跑和追赶阶段的技术引进消化吸收，实现高起点高标准的技术与产品创新。项目建设方面，在项目招商和土地出让等方面创新途径，以国资先期投入实施“先租后购、拎包入驻”的“轻资产模式”招商，为氢能民营企业定制建设生产厂房，以国资股权投资形式为民营企业发展提供资金支持，实现规模化生产和产业化导入。

二是在创新加氢站建设上，将“住建审批”和“多元化建站”结合。一方面，打通加氢站建设行政审批和管理路径，建立以住建部门牵头的联合审批管理模式；另一方面，积极探索撬装式加氢站、油氢合建站等多元建站模式。

三是在创新商业应用上，采用“租赁模式+TCO模式+TC模式”。在物流领域，推广租赁运营解决方案（即租赁模式）；在组建氢燃料电池汽车综合服务平台时，采取“总拥有成本”模式（Total Cost of Ownership，TCO模式），考虑总拥有成本，提供从购车、维护到报废“一体化”解决方案，实现服务规模化和成本降低；在城市公交领域，统筹深化“交通共同体”改革（Transport Community，TC模式），组建由政府决策层、运营管理层和公共汽车运营企业层构成的交通共同体，政府负责公共交通发展的规划和决策，引导加快以氢燃料电池公交车为重要特色的新能源汽车推广，并对氢燃料电池公交车推广应用给予政策倾斜。目前，佛山初步形成氢能产业链，构建了“制氢加氢、氢燃料电池及动力总成、氢能源车整车制造、氢能研究及产品检测”等产业集群。

四　抓住能源革命契机建设氢能产业体系

在北方地区，山东、山西等地拥有丰富的煤炭资源，具备地炼化工、煤制氢等技术优势及产业基础，为进一步促进我国能源革命，推动能源结构调整提供了良好条件，有利于全面建设氢能产业体系。山东兖矿集团具有较先进的煤制氢技术，可实现低成本规模化制氢，山东重工、山东国惠等龙头企业和国有资本投资公司发挥引领作用，打造氢能源制备、纯化、储运氢能源供给端产业体系，推进氢能源集中式和分布式能源供给系统示范应用资本保障体系。山东还借鉴发达国家能源体系战略布局经验，成立了氢能联盟，发挥其对接政府、企业、科研院所的桥梁作用，助推科研成果迅速转化为生产力。一方面，可以充分发挥省属企业的牵引作用，集聚本地产业技术资源，加强核心技术协同创新；另一方面，可以加强当地产业及市场协同，调动能源、装备制造、交通等相关行业优势资源，推动氢能产业链集聚发展。

参考文献

冯为为:《氢能产业化发展需稳步推进》,《节能与环保》2018 年第 11 期。

高慧等:《国内外氢能产业发展现状与思考》,《国际石油经济》2019 年第 4 期。

景春梅、闫旭:《我国氢能产业发展态势及建议》,《全球化》2019 年第 3 期。

刘坚、钟财富:《我国氢能发展现状与前景展望》,《中国能源》2019 年第 2 期。

万燕鸣:《加快氢能发展助力京津冀蓝天保卫战》,《中国能源》2019 年第 6 期。

甄文媛:《氢能小社会的张家口样本》,《汽车纵横》2018 年第 12 期。

http：//www.jiading.gov.cn/xinwen/jddt/jjxw/content_478432.

http：//www.china-gases.com/article/item-113.html.

https：//www.d1ev.com/news/zhengce/70573.

http：//www.hebei.gov.cn/hebei/11937442/10756595/ 10756620/14475859/index.html.

http：//www.sohu.com/a/296945822_100014642.

https：//finance.sina.com.cn/stock/relnews/cn/2019-06-10/doc-ihvhiqay4643482.shtml.

第四章　中国氢能产业发展面临的问题和潜在风险

氢能具有清洁零碳、便于储存的优势，被认为是终极能源品种之一，至少在未来是推动能源转型的重要能源品种，是能源系统不可缺少的部分。日本、欧洲和韩国等均已将氢能发展作为国家战略，随着全产业链技术的成熟，已经初具产业化条件。在我国，氢燃料电池技术有几十年科学研究基础，正从实验室走向产业应用，氢能产业正成为很多地方争相培育和扶持的新兴产业，全社会对发展氢能的热情空前高涨，但氢在全球新能源市场的份额仍十分有限，需要清醒认识和深入分析我国氢燃料电池产业发展面临的问题，避免一哄而上，防止出现重复建设和产能过剩现象，促进氢能产业有序健康发展。

第一节　认识：对氢在能源体系中的地位尚未明确

虽然我国支持氢燃料电池产业发展的方向早已确定，且对购置氢燃料电池汽车的补贴标准保持不变，但氢能产业发展定位并不明晰，对于氢在能源体系和能源转型中的地位存在不少争议，包括氢作为能源的安全性、全产业链的清洁低碳以及我国氢能利用场景和重点发展领域选择的合理性等。对于氢在能源体系中的地位认识不一，缺少清晰定位，直接导致国家政策支持不足，产业发展空间受限。

一　对氢能安全性的担忧

氢作为能源使用，安全性是首要被关注的问题。单从化学特性看，氢气具有可燃性，且在空气中的体积浓度达到 4%~75% 时均有爆炸可能。因此，氢气作为燃料或原料，在化工行业被大量使用，但始终被作为危化品管理。如果氢被广泛作为能源使用，仍需要处理好制、储、运、用等各环节的安全性问题。以储氢为例，与传统化石能源相比，氢的化学性质相当活泼，储存它需要十分密闭的以及具有极高压力的容器，也就是氢瓶。目前，国际主流技术是用铝合金作为氢瓶的内胆以用于保温，外层则用 3 厘米左右厚度的碳纤维进行包覆，提升氢瓶的结构强度并尽可能减轻整体质量。氢瓶阀门处利用细长的管道将几组氢瓶串联，并加装温度传感器等监控设备。当温度传感器感应到外界温度远高于正常温度时，会自动打开阀门快速释放瓶内所有气体。

目前，国际上对于氢的储运、使用和加注已有完备的安全设施和保障措施，而且氢气比空气轻，发生泄漏也会迅速向上扩散，造成爆炸危险的可能性很小。不过，由于氢气作为能源使用时间尚短，关于氢安全的宣传仍不到位，尚未得到社会对氢使用安全性的信任。与之相比，石油、天然气等是同样具有可燃、易爆性的危化品，通过长期使用和安全规范与监管，已成为被大众所接受的能源产品，氢能发展也需要经历这样的阶段。

关于氢应该继续作为危化品管理还是能源管理也存在争议。近两年氢能产业受到广泛关注后，把氢从危化品管理转为作为能源管理的呼声越来越高，认为作为能源管理将为氢能发展减少很多障碍，消除作为危化品管理时面临的不必要的安全管理成本，也打消社会上对于氢能应用的安全疑虑，推动产业更快发展。但反对者则认为，我国在储氢和加氢等设备制造方面还与国际先进水平有较大差距，相应的检测能力和检测仪器制造能力都不具备，如果把氢从危化品名录中去除，会带来管理上的漏洞，在应用中将面临安全风险。事实上，危化品是对氢气化学性质的描述，可借鉴石油、天然气等类似能源的使用经验，还原氢的能源属性，在氢作为能源使用时，通过完善安全监管和标准体系，确保氢安全。

二　对全产业链清洁低碳的质疑

当前，氢是终极能源的说法十分盛行。氢能产业特别是氢燃料电池汽车产业迅速发展，重要的依据是氢是最清洁低碳的能源，对于能源转型有重要推动作用。氢气在使用过程中，通过电堆形成电能，同时排放出水，这一环节绝对清洁。根据 2018 年壳牌发布的报告《能源的未来？——通过燃料电池和氢气实现可持续移动》预计，在欧盟地区，到 2050 年，与被替换的汽油车相比，可以降低超过 1.5 亿吨的温室气体排放量。

由于氢不是自然界天然存在的能源，属于二次能源，要从制氢、储氢、运氢、用氢和加氢等全产业链来评估其是否为清洁低碳能源，关键在于氢从何来。目前，我国氢气主要来源包括电解水、化石燃料制氢等，工业副产氢也是重要来源之一，水光解和生物质制氢仍在探索。化石燃料制氢会产生碳排放，电解水若用化石能源电力也将带来碳排放，副产氢若仅限于工业正常生产过程中产生的氢则不会额外增加碳排放。交通领域是重要的碳排放来源，而氢燃料电池汽车在交通领域的广泛使用，将有效降低碳排放量，但是前提是氢气要来自可再生能源。如果氢气来自可再生能源，则整个供应链温室气体排放量非常低。目前，全球 95% 的氢都来自化石能源，包括天然气重整制氢、蒸汽甲烷重整制氢、煤制氢，制氢过程中都伴随有大量碳排放。化石能源制氢，特别是煤制氢成本最低，但如果大量使用化石能源制氢，将大大弱化用氢的清洁零碳效益。

日本在其氢能社会的基本战略里有利用海外的褐煤制氢来实现低成本供氢的目标，同时会辅以碳捕获和储存（CCS），保证制氢过程零碳排放。实施 CCS 需要寻找到地质结构适宜的场地来实现捕获二氧化碳，成本较高，将显著增加制氢成本。日本已明确氢能是社会建设目标，认为虽然目前的氢能使用成本远高于传统化石能源，但化石能源是不可持续的能源利用方式，带来环境污染，导致全球气候变暖，是在透支后代的生存和发展空间，如果未来将这些损害也纳入化石能源使用成本，氢能使用则具有可持续性。

如果我国氢能和氢燃料电池汽车实现规模化发展，将需要大量的氢气供应，我国煤炭资源丰富，煤制氢无论是技术上还是经济性上都是首选，但在 CCS 技术和制度都不完备的情况下，煤制氢环节将有较高的碳排放。因此，需从氢能利用全产业链入手，选择适宜方式实现绿色清洁制氢，利用好我国大量可再生能源电力，发挥氢能的清洁低碳优势。

三　与电动汽车发展关系的讨论

氢燃料电池汽车发展要处理好与电动汽车的关系。电动汽车在我国新能源汽车市场中占据主要份额，充电设施建设也较为充分，且仍在大力推广过程中。氢燃料电池汽车发展，需要逐步解决氢气价格高、加氢设施不健全、技术水平与国际领先差距较大等问题，短期内很难实现大规模商业化。电动汽车从示范推广到有较大规模应用经历了十余年历程，氢燃料电池汽车产业也需要较长时间的培育和发展。

限于电堆技术水平及功率指标与国际上差距较大，我国氢燃料电池乘用车发展仍难实现商业化推广，但可预见，在未来仍需要推动氢燃料电池在乘用车领域的应用。日本丰田开发燃料电池技术最为积极，明确提出其新能源汽车发展规划，在未来10~15年，统筹推进混合动力、纯电动和氢燃料电池技术。因此，我国仍需要尽快确定氢燃料电池汽车在新能源汽车产业中的定位，明确我国氢能产业发展重点及方向，形成多元化发展格局。

第二节 政策：专项规划缺位，支持政策缺乏精准性

氢能在我国能源系统中的定位不清晰，仍未形成氢和氢燃料电池产业发展的总体战略，相应的管理体制和优惠政策等也缺乏系统安排。

一 专项规划尚未形成

我国氢燃料电池产业发展大致呈现“下热上冷”的特征，各级地方政府对氢能产业发展的关注度高于中央政府和各主管部门。近年来，国家《能源技术革命创新行动计划2016~2030》《“十三五”国家战略性新兴产业发展规划》《“十三五”国家科技创新规划》都将氢能发展与燃料电池技术创新列为重点发展方向，但尚未形成引领氢能和燃料电池发展的专项规划，氢能发展的中长期目标、技术路线图和时间表尚未明确，缺乏氢能规模化、产业化发展的示范应用政策。目前我国已有的氢能产业政策主要集中在汽车领域，且非专项政策（见表4-1）。

表 4-1　近年来氢燃料电池汽车支持政策

文件名称	政策内容
《车船税法》（2011 年）	混电动汽车、氢燃料电池汽车和插电式混合动力汽车免征车船税
《节能与新能源汽车产业发展规划（2012~2020 年）》（2012 年）	开展燃料电池电堆、发动机及其关键材料核心技术研究。把握世界新能源汽车发展动向，对新能源汽车技术加大研究力度
《中国制造 2025》（2015 年）	继续支持电动汽车、氢燃料电池汽车发展，掌握汽车低碳化、信息化、智能化核心技术，提升动力电池、驱动电机、高效内燃机、先进变速器、轻量化材料、智能控制等核心技术的工程化和产业化能力，形成从关键零部件到整车的完整工业体系和创新体系，推动自主品牌节能与新能源汽车同国际先进水平接轨
《能源技术革命创新行动计划 2016~2030》、《能源技术革命重点创新行动路线图》（2016 年）	发展氢能和燃料电池技术创新、先进储能技术创新等提出在先进燃料电池、燃料电池分布式发电、氢的制取储运及加氢站等方面开展研发
《能源发展“十三五”规划》（2017 年）	集中攻关新型高效电池储能、氢能和燃料电池。发挥我国能源市场空间大、工程实践机会多的优势，加大资金、政策扶持力度，重点在大规模储能、柔性直流输电、制氢等领域，建设一批创新示范工程，推动先进产能建设
《关于调整完善新能源汽车推广应用财政补贴政策的通知》（2018 年）	氢燃料电池汽车补贴力度保持不变，燃料电池乘用车按燃料电池系统的额定功率进行补贴，燃料电池客车和专用车采用定额补贴方式

资料来源：根据公开资料整理。

近年来，发达国家纷纷出台氢能和氢燃料电池产业发展战略和目标，全球氢能产业发展进入快车道。日本是最早提出氢能社会的国家，欧洲、澳大利亚和韩国等也基于产业发展和实现《巴黎协定》碳排放承诺，提出了氢能产业发展方向和阶段任务。我国是全球氢能产业发展的重要力量，虽然国家层面尚未出台发展规划，但地方政府多年的实践已经为我国氢能产业发展奠定了良好基础，也在国际上产生了较大的影响。我国面临保障国家能源安全和应对全球气候变化的双重压力，应该尽快从国家层面研究氢能在国家能源体系的定位，技术和产业发展所处的阶段，未来的发展前景等问题，发布中国的氢能产业发展战略，有效引导产业发展。

二　管理体制亟待理顺

缺乏主管部门是氢燃料电池产业发展面临最紧迫的问题。氢能相关企业最集中反映的问题就是没有主管部门，遇到问题存在部门之间相互推诿情况。两会后，国务院发布了《关于落实〈政府工作报告〉重点工作部门分工的意见》，在“稳定汽车消费，继续执行新能源汽车购置优惠政策，推动充电、加氢等设施建设”方面，建议：财政部、工业和信息化部、国家发展改革委、商务部、交通运输部、住房城乡建设部、国家能源局等按职责分工负责。从这一表述也可以看出，多部门都与氢能和燃料电池产业发展相关，但并未形成相互协同的管理体系。

发达国家一般都有专门的氢能管理机构，[①]美国由能源部作为领导和整合氢燃料电池研发活动的联邦机构。能源部下设燃料电池技术办公室（FCTO），致力于应用研究、开发和创新，促进氢和燃料电池的运输和多样化应用，同时还设立了氢燃料电池技术咨询委员会（HTAC），就氢能研究、开发和示范项目等有关事宜向能源部部长提供咨询和建议。日本经济产业省能源效率和可再生能源部下设立了氢能与燃料电池战略办公室，负责氢能产业发展战略推进。氢燃料电池的技术开发支持主要通过向新能源产业技术综合开发机构投入专项科研经费。德国政府牵头成立的国家氢和燃料电池技术组织是支持氢能经济初期发展的组织，该组织管理层由来自德国联邦交通与数字基础设施部（BMVI），经济事务和能源部（BMWi），教

① 潘秋杏:《在氢能管理机构设置上，美国、德国、日本哪国模式更有效》，《南方能源观察》2019 年 4 月 17 日。

育和科技部（BMBF），环境、自然保护和核安全部（BMU）等四部门人员组成。

我国之所以出现无主管部门的情况，也与氢气之前一直被作为危化品而非能源管理有关。随着氢气作为能源使用，其管理体制和管理机构也需要相应调整，既保证用氢安全，也提高管理效率。

三　补贴政策精准性不够

对氢燃料电池汽车的财政补贴是目前支持氢能源使用的最主要政策手段。近两年新能源汽车补贴政策退坡，其中插电式混合动力、纯电动车型的补贴大幅减少，但 2018 年国家四部委出台《关于调整完善新能源汽车推广应用财政补贴政策的通知》，明确对氢燃料电池汽车的补贴保持不变。根据《关于 2016~2020 年新能源汽车推广应用财政支持政策的通知》，燃料电池乘用车补贴上限为 20 万元 / 辆；轻型燃料电池客车、货车以及大中型客车、中重型货车补贴上限分别为 30 万元 / 辆和 50 万元 / 辆。补贴政策对于技术路线的选择也有很大影响。在氢燃料电池汽车的补贴金额上，商用车的补贴是高于乘用车的，成为车企纷纷选择商用车作为氢燃料电池汽车发展优先选择的重要原因之一。

从氢燃料电池汽车的补助标准和技术要求看，补贴政策对车型和技术的要求规定较为简单，车辆类型分为三类，对应不同补助标准，而产品技术要求更是只有续驶里程要求。从 2017 年到 2018 年工信部公布的《新能源汽车推广应用推荐车型目录》看，合计 12 批目录中，共有 106 款氢燃料电池汽车入选，全部为客车和专用车，而且功率为 30~40kW 的车占到 70% 以上，功率大于 50kW 的仅占 20%，这样的功率水平与国际领先水平差距很大。从地方了解的情况看，补贴政策对我国氢燃料电池汽车的技术选择影响极大，由于燃料电池车的市场并未形成，目前的车辆多为示范运行，车企推出的车型完全是由“补贴”这一指挥棒决定的，从目录中的车型及功率可以清楚地看到这一点，而当前对车辆购置的补贴政策设计不够精准，并未从根本上对氢燃料电池汽车产业的发展起到足够的拉动作用，特别是对企业在自主创新和降低整车成本方面的激励非常有限。

从各地公布的地方配套补贴政策（见表 4-2）看，一般规定按中央财政补助的比例相应给予地方财政补助。上海对享受补贴车型进行了更加严格的规定，对燃料电池车按中央财政补助 1∶0.5 给予市级补助，但增加了如果燃料电池系统达到额定功率不低于驱动电机额定功率的 50%，或不小于 60kW 的，则按中央补助 1∶1 给予本市财政补助。上海是氢燃料电池汽车发展较快的地区，在推广过程中也面临车企为了获得补贴通过直接购买国外成熟系统的行为，因此对补贴政策进行了相应的调整，在更精准补贴目标上率先迈进了一步。

对新能源车辆的购置补贴也是发达国家的常见做法，但补贴的标准、金额及补贴目的需要更精准的设计和评估，才能使补贴政策更加有效，避免骗补和无效补贴。

表 4-2　各地燃料电池补贴政策

地方	文件	补贴政策内容
上海	《上海市氢燃料电池汽车推广应用财政补助方案》	燃料电池车按照中央财政补贴 1∶0.5 给予本市财政补助。燃料电池系统达到额定功率不低于驱动电机额定功率的 50%，或不小于 60kW 的，按照中央财政补助 1∶1 给予本市财政补助
广东	《关于加快新能源汽车产业创新发展的意见》	2018~2020 年新能源汽车推广应用省级财政补贴资金中 30% 用于支持氢燃料电池汽车推广应用；最高地方单车补贴额不超过国家单车补贴额度的 100%。各级财政补贴资金单车的补贴总额（国家 + 地方补贴），最高不超过车辆销售价格的 60%
河南	《关于调整河南省新能源汽车推广应用及充电基础设施奖补政策的通知》	明确燃料电池车按国家补助标准的 30% 给予推广应用补助

续表

地方	文件	补贴政策内容
海南	《关于调整完善新能源汽车推广应用财政补贴政策的通知》	氢燃料电池汽车购置地方财政补贴标准继续按中央财政同期补贴标准的 1∶0.5 执行，其中，省、市县两级财政各承担 50%
重庆	《重庆市 2018 年度新能源汽车推广应用财政补贴政策》	氢燃料电池汽车补贴标准约为同期国家标准的 40%
武汉	《武汉市新能源汽车推广应用地方财政补贴资金实施细则》	对单位和个人购买的氢燃料电池汽车，按照中央财政单车补贴 1∶1 的比例确定地方财政补贴标准
西安	《西安市新能源汽车推广应用地方财政补贴资金管理暂行办法》	对单位和个人购买新能源汽车（包括氢燃料电池汽车）的，以享受的中央补贴为基数，公共服务领域单车按 1∶0.5 给予地方补贴，非公共服务领域的单车按 1∶0.3 给予地方补贴

第三节　技术：自主创新能力不足，关键技术受制于人

我国氢燃料电池产业发展面临最大的风险在于自主创新能力不足的情况下，大力推动产业发展最终只会导致技术受制于人，成本难以降低的被动局面，而氢燃料电池产业在国际上也面临关键技术不成熟问题，这些技术发展的因素应成为我国确定氢能发展战略的重要考量。

一　全球氢能发展面临共性技术难题

氢燃料电池汽车产业发展大致被分为三个阶段：第一阶段是开展基础理论研究；第二阶段是针对燃料电池能量密度、功率、可靠性及耐久性的研究；第三阶段是进一步提高燃料电池性能，降低铂催化剂、制氢成本，同时加快配套基础设施的建设。普遍认为当前发达国家的燃料电

池技术水平已经进入第三阶段，即产业化发展初期，尽管如此，氢燃料电池汽车产业关键技术水平提升仍有很大空间，只有不断提升技术水平才能降低成本和提高可靠性，加速氢燃料电池产业商业化进程。

当前全球氢燃料电池汽车发展面临的共性技术问题主要包括：一是燃料电池产业既是高技术产业也是高端制造业，燃料电池的各种组件，包括质子交换膜、催化层、渗透层、双极板等对材料和制造工艺的要求极高；二是燃料电池电堆的成组、系统的集成与控制等必须适应汽车运行中频繁变动的工况，这对材料和工艺都有严苛要求；三是面临提高运营小时数的挑战。加拿大巴拉德公司作为燃料电池领域最知名的企业之一，将测试整个生命周期的零部件性能，实现 3 万以上运营小时数的要求作为重要研发目标。

二　我国核心技术与国际先进水平存在较大差距

我国氢燃料电池汽车产业经过多年发展，产业链已趋完整，产业链主要环节的关键零部件均有国内企业进行技术攻关，大多可以达到试产阶段，部分关键部件已具备量产能力，但总体来看产业链发展很不均衡，薄弱环节较多，核心部件与国外技术差距还比较大，关键材料还严重依赖进口，系统集成等方面的差距也导致我国氢燃料电池汽车的性能等明显落后国外，我国氢燃料电池汽车的电池功率水平为 35~50kW，而国际先进水平早已达到 100kW 以上的水平。

根据前文对国内外关键核心技术水平的对比分析，我国在燃料电池质子交换膜、双极板、膜电极等关键材料和部件的技术水平和生产能力方面与国外差距明显。关键材料尚未实现国产化，包括催化剂、质子交换膜和碳纸等关键材料大都采用进口材料，且多数为国外垄断，价格较高。我国在基础材料方面有明显短板，尽管多家企业在积极进行自主研发，也有不少企业取得了卓越成绩，但能形成批量化生产能力的企业很少。对于膜电极、双极板等核心组件的研究大都为实验室水平，关键组件制造质量得不到保障，难以满足未来规模化生产的需要。

近年来，我国燃料电池产业的发展是建立在引进国外较为成熟技术的基础上的。2018 年工信部第 5~12 批《新能源汽车推广应用推荐车型目录》的统计数据显示，近 30 家燃料电池企业为登上目录的燃料电池车型提供配套，但这些车型所使用的燃料电池电堆大多购自海外企业。随着产业规模的不断扩大，对于国外技术的依赖会进一步增强，这将强化国外企业在产业链顶端的位置和话语权，国内没有核心技术的企业只能在产业链中赚取很少的利润。加拿大巴拉德公司是我国氢燃料电池汽车产业重要的技术提供商，虽然与中国企业签订了技术转让协议，但其转让的只是适用于商用车车型的技术，乘用车技术仍被严格保密，甚至是最新的商用车技术也没有对外公开。可以看出，没有自主技术和拳头产品的企业在未来燃料电池市场竞争中难以有发展前景。

技术水平的差距也制约了我国氢燃料电池汽车发展的车型选择，是我国优先发展商用车的影响因素之一。由于我国燃料电池的单位体积功率密度、单位质量功率密度还不够高，意味着电池体积比较大，这些设备放在商用车里更容易布局，商用车对燃料电池堆体积的敏感性较低。比如，丰田 Mirai 功率是 115 千瓦，而我国燃料电池如果要达到这个水平，整体体积就会比较大，乘用车空间较小无法容纳。技术能力对未来产业发展的制约会愈发显现。

三　整车企业研发主体地位不突出

在我国氢燃料电池汽车产业链上，整车企业相对缺位，从目前的情况看，除了极少数车企外，中国大部分的整车企业在氢燃料电池产业链上还只是扮演了“定制”商的角色，对于燃料电池缺少系统的研发和技术储备，只是参与“定制”各种车型而已，与丰田、本田、通用、奔驰等国际汽车企业差距明显。整车企业的缺位也是影响我国氢燃料电池汽车产业持续发展的重要因素之一，由于整车企业不具备系统集成和设计创新的能力，这些工作就需要由下游的电池企业来做。特别是，目前美欧日的重要车企在燃料电池核心技术研发上均保持着相当的水准，在研发推广过程中逐渐形成了三大汽车集团联盟，包括戴姆勒/福特/雷诺–日产联盟、宝马–丰田联盟、通用–本田联盟，对我国氢燃料电池汽车产业发展构成了很大的挑战，我国的整车企业也迫切需要在氢燃料电池汽车发展上明确定位和发展路径。

第四节 成本：产业链各环节成本均高，商业化推广困难

高成本是氢燃料电池产业发展的最大障碍。从现实情况看，氢燃料电池汽车的高成本与氢气的制、储、输、加以及电堆、系统等各环节都密切相关，且整个产业链无论是零部件、系统供应企业，还是整车企业、加氢站均处于亏损或需要补贴维持的状况，探索商业化还有较长的路要走。

一 汽车购置使用成本

即便加上各级政府补贴，氢燃料电池汽车的购置成本和使用成本相对于纯电动汽车来说，也不具优势，更不能与传统燃油车竞争。欧洲著名咨询机构罗兰贝格对欧洲市场上氢燃料电池汽车、纯电动汽车和柴油汽车的购置和使用成本进行了调查和测算（见表4-3），发现

氢燃料电池汽车在欧洲市场上的购置成本和使用成本均高于燃油汽车和纯电动汽车。

表 4-3　欧洲氢燃料电池汽车与其他汽车使用成本对比

项目	氢燃料电池车	纯电动车	燃油汽车
购置成本（欧元）	70000	35000	31000
燃料消耗成本（欧元 / 公里）	0.072	0.027	0.052
维护成本（欧元 / 公里）	0.023	0.018	0.023

资料来源：信达证券研发中心。

根据国内数据，目前 10.5 米以上的氢燃料电池公交车扣除补贴后的售价仍超过 200 万元，与市场同类客车相比优势不明显。在氢气使用成本方面，目前极少数商业化运营的加氢站都有政府补贴，补贴后的终端氢气价格一般为 40~50 元 / 公斤，以 10.5 米以上氢燃料电池公交车平均每百公里 7 公斤氢气消耗量计算，百公里燃料费用在 280~350 元，远高于燃油客车的使用成本。

二　氢气来源和制氢成本

我国制氢技术已经较为成熟，现阶段工业副产氢基本可以满足氢燃料电池汽车市场需求，但随着产业规模扩大，氢的来源是决定氢气终端售价的重要一环。

除工业副产氢外，主流的制氢技术主要是化石能源重整制氢（包括煤制氢、天然气制氢等）和电解水制氢，各自的成本差别较大。煤制氢成本最低，但面临碳排放的约束，而“煤制氢 + 二氧化碳封存”可能成为未来低碳制氢的选择之一，成本会相应提高。天然气重整制氢是欧美普遍采用的制氢方法，相比煤制氢的大规模集中制氢特点，天然气制氢更适合分散型、小规模制氢场景。目前电解水制氢成本最高，但随着可再生能源发电成本大幅降低，电解水制氢会成为主流制氢方式。

当前，在一些氢燃料电池产业发展较快的地区，由于氢来源不足，已经面临氢气价格高企问题。同时，由于目前的法律法规限制，氢气生产须在化工园区内进行，增加了制氢厂选址难度。在法律约束下，也难以借鉴国外模式，通过加氢站内制氢降低制氢环节成本。

三　氢气运输成本

氢气运输成本在氢气最终售价中占比很大，从美国能源部公布的加氢成本构成看，氢气的运输成本占比超过 65%。氢气运输的方式主要分为气氢拖车运输、气氢管道运输和液氢罐车运输。拖车运输适用于将制氢厂的氢气送到距离不太远而同时需求量不大的用户，这种方

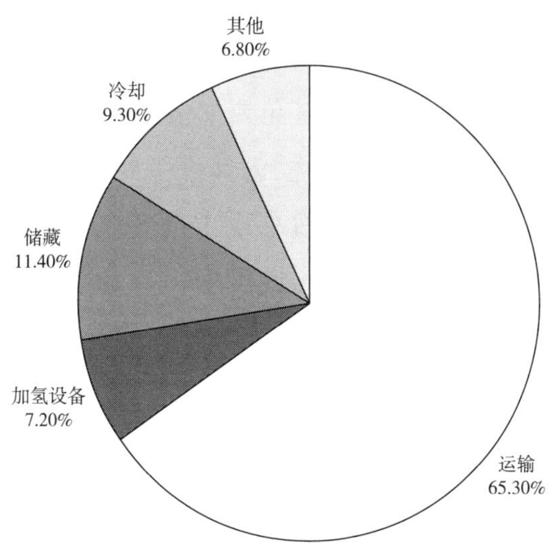

图 4-1　加氢成本构成

资料来源：美国能源部，公开资料整理。

式前期投资不高，也是我国目前唯一氢气运输方式。液氢罐车运输在国外是成熟的运输方式，但我国目前不允许液氢运输。管道运输前期投入高，适用于大规模输送，可以大幅降低运输成本，但目前我国管道输氢还只在化工园区施行。而美国、加拿大及欧洲多个国家都有氢气管道，初步估算，全球氢气管道总长度已经超过 1.6 万千米，法国和比利时之间建有世界上最长的输氢管道，长约 400 千米。

降低运输成本一方面可以通过分布式制氢，减少远距离输送，降低运输成本；另一方面则是改变运输方式，变气氢运输为液氢运输。据推算，氢气压力每上升 10MPa，成本下降 17%。欧洲用氢结构是压缩气体占 60%，液氢占 30%，现场制氢占 10%。在目前情况下，现场制氢和液氢运输在我国均不允许，未来要降低运输成本，需要对政策法规进行调整。

四　加氢站建设运营成本

加氢站的建设成本远高于加油站和加气站，目前加注能力在 1000 公斤的固定式加氢站的投资额（不含土地成本）为 1200 万 ~2500 万元，若加上商业用地成本投资额甚至要加倍。加氢站中的压缩机、加氢机等核心设备和阀门、垫圈等关键部件主要依靠进口，约占设备成本的 65%，设备成本占加氢站总成本的 80% 以上。同时，我国加氢站的运营成本很高，在氢气售价中占比为 30% 左右，人工费用占比明显高于国外。发达国家的加氢站运营成本中人工费用占比很低，无人值守的自动加氢站也很多。这与我国对加氢站的监管要求有很大关系，由于加氢站是新生事物，对其安全要求极严格，按照安全运营的要求至少需要 6~8 人，极大地提高了终端的氢气使用成本。

五　关键部件和材料进口成本

燃料电池系统及储氢系统占整车制造成本近 70%，其中仅电堆就占到整车成本的 30%。电堆是燃料电池系统的核心，燃料电堆中的核心材料为膜电极（MEA）和双极板，其中膜电极是电化学反应的核心部件，由催化剂、质子交换膜、气体扩散层组成。催化剂、质子交换膜和双极板作为核心部分，分别约占电堆成本的 36%、12% 和 23%，合计占到燃料电堆成本的 70% 左右，是成本降低的主要突破点。但正如前文所述，这些核心技术和材料很大程度上依靠进口，需要支付高昂费用。

只有技术进步才能从根本上带来成本的大幅下降，美、欧、日等氢能产业发展领先的国家在通过技术改进降低氢燃料电池汽车成本方面已经取得了很大成绩。在电堆成本中，催化剂的成本占比超过 30%，主要原因是当前常用的铂催化剂价格高昂。据美国能源部统计，2015 年每辆 80kW 的氢燃料电池汽车平均铂用量约为 100 克，远高于传统燃油车的铂用量，因此改善催化剂性能和开发新型非铂催化剂成为当前燃料电池领域亟须攻克的难题。美国能源部规划到 2020 年单车铂用量将降至 50 克左右，而最终目标将降至每车 20 克，直接带动成本下降 30% 左右。

储氢系统占整车成本达到 14%，其中碳纤维的材料成本是重中之重。以丰田的燃料电池车 Mirai 为例，其配备的高压储氢罐约使用 80kg 的碳纤维，整体采用三层结构，内层密封氢气，中层增加耐压强度，外层提供保护。Mirai 的储氢罐轻量化瞄准的是中层，通过全新的纤维缠绕工艺减少缠绕圈数，使碳纤维的用量减少了 40%。

第五节　基础设施：加氢站建设滞后，管理体制不健全

加氢站是氢能源供给体系中重要的一环，决定了氢燃料电池汽车商业化的速度。当前我国加氢站数量还远不能满足燃料电池产业化的要求，加氢站建设滞后既与加氢站建设成本高、氢燃料电池汽车数量不足有关，也受加氢站管理体制不健全等制度因素的制约，而加氢站建设同时涉及土地、危化品安全管理、部门权责等问题。

一　加氢站建设滞后

对于氢燃料电池产业来说，加氢站等基础设施的覆盖直接决定了产业发展规模，加氢站覆盖范围小对氢能利用阻碍很大。虽然目前投入运营（含内部运营）的加氢站有20多座，加上在建的共有60多座，但仍不能满足我国氢燃料电池汽车发展的需要。同时，氢燃料电池汽车数量不多也是加氢站投资建设驱动力不足的重要原因。

加氢站与氢燃料电池汽车的关系，如同先有鸡还是先有蛋的问题。只有氢燃料电池汽车达到相当规模才能降低加氢站建设成本从而建设足够数量的加氢站；而没有提前建好足够数量的加氢站，用户又很难考虑选用氢燃料电池汽车。日本提出了氢燃料电池汽车的普及与氢气站的建设就如同前后轮，同步设定氢燃料电池汽车普及数量目标与氢气站建设目标的，比如到2030年车辆的普及力争达到80万辆左右，增设氢气站的目标是900座左右。我国电动汽车发展过程中也遇到类似问题，在2014年之前，我国过于重视电动汽车技术和产品的发展，忽视了充电基础设施建设，导致电

动汽车产业发展受到充电难的制约。在 2015 年以后，我国建立了充电基础设施建设支持政策体系，充电基础设施建设加快推进，电动汽车产业化取得突破性进展。当前，我国加氢站建设进度明显滞后于氢燃料电池汽车产业发展速度，需要把加氢站建设明确作为氢燃料电池产业化路径中的重要一环，改革阻碍加氢站建设的体制障碍。

二　审批流程复杂

建设加氢站需要经过不同政府部门的层层审批，整个过程涉及 10 多个部门，审批流程非常复杂。根据调研中与部分加氢站管理人员沟通了解到，加氢站建设一般分为三个阶段，第一阶段主要包括项目选址、申请用地、项目立项、建设用地和建设工程规划许可，分别由住建、国土、发改、规划等部门负责；第二阶段是环保部门组织的环保审查，住建部门的人防报建、施工图审、图审备案，质监部门的特种设备资质审批，消防部门的消防设计审查，气象部门的防雷装置设计审查，发改部门的节能审查等；第三阶段是由住建牵头，消防、质监、气象、人防等多部门参与，联合验收施工许可，最终由住建部门发放经营许可，质监部门发放气瓶充装许可，方可对外营业。

加氢站建设管理中各部门权责不清，缺乏主管部门的情况已经严重影响了加氢站建设进度。由于加氢站是新生事物，并没有明确的主管部门，甚至在法律上也存在空白，如果大胆改革推动加氢站建设就会踩到法律红线，地方政府和部门往往不愿意承担这样的责任，造成了管理上的真空状态。部分氢能产业发展先行的地区进行了大胆的创新，但也遇到了很多障碍。广东省佛山市南海区于 2015 年在全国率先设立了加氢站审批验收流程，随后建成了全国首座商业化加氢站。但在加氢站运营过程中，仍面临管理体制的制约。比如，加氢站与加油站合建，或将加油站改造成加氢站在技术上是可行的，可以加快加氢站建设步伐，但现实中由于加油站和加氢站的建设规范不一致，甚至有冲突矛盾的地方，而且加油加氢合建站会导致加油站等级下调，影响现有加油站推进合建站建设的积极性。同时，加氢站建设还涉及很多政策调整，比如土地政策。由于加氢站对外运营，建设时只能申请商业用地。氢能和氢燃料电池汽车产业发展快的多为大城市，商业用地十分紧张，而且价格很高，由于加氢站的安全保障等要求，占地面积往往比加油站要大，随加氢能力增加用地面积也相应增加。目前还不允许加氢站使用工业用地，或申请变更土地用途，有部分在示范阶段建设在工业用地上的加氢站，面临无法对外经营的困境。

目前，有部分有氢气产能、相关设备产能的上市公司，如美锦能源、鸿达兴业、京城股份等，已经公告将参与加氢站建设，但目前的管理体制将给企业主动投入建设带来很多的障碍，影响加氢站建设。调研发现，曾多次出现企业在申请建站过程中由于没有明确统一的主管部门而不得不放弃，也有一些已经建好的站由于缺少部分许可而不能对外经营，已经对外经营的站在许可证到期需再申请时相关管理部门职能已经调整等情况。

三　缺乏前瞻性规划

目前，氢气在化工园区外运输只允许通过卡车拖车气态运输，不允许液态运输，但在发达国家 30% 的氢是通过液氢形态来运输的。一个液氢车可装载 4 吨液氢，约等于 12 个长管拖车的运气量，所以液氢运输可大大降低氢气使用成本。发达国家有 10% 的氢气通过管道运输，且天然气管道和地下储存设施都可用于储存和运输氢气。对于未来前景较为明晰的储运设施的建设改造、技术储备及政策调整等均应提前做好规划布局，避免成为产业发展短板和阻碍，而目前这类前瞻性的布局在已出台的地方规划中都较少见到。

第六节　标准检测：标准化建设有待完善，检测体系亟待建立

标准和检测体系是氢燃料电池产业发展，特别是氢安全的重要保障，只有按标准规范来生产、存储和使用氢气，有完备的安全检测体系，才能守住安全用气防线，而这两者发展滞后将制约产业发展。

一　标准体系有待完善

标准化是产业规范化、规模化发展的基础和前提。我国氢能技术标准体系中包括了从氢能生产、储运、应用到燃料电池的安全、性能、安装及试验方法等领域的相关规范等。氢能标准化工作的机构也较为健全，包括全国氢能标准化技术委员会、全国燃料电池及液流电池标准化技术委员会、全国汽车标准化技术委员会、全国气瓶标准化技术委员会等机构。虽然制定标准的机构和整个标准体系已经确立，但当前我国氢能及燃料电池产业发展仍受到标准不健全的制约。

（一）国际标准是制定国内标准的重要参照，但也需结合国内产业发展实践

我国氢能利用的各类标准都参照国际标准制定，但国际上氢能标准本身也存在一些问题。比如，虽然各国关于氢能规范和标准的制定活动非常活跃，但大多数标准多为推荐标准，只有少数以法规形式颁布，而且各标准之间存在很大差异，如加氢站安全距离，欧洲 IGC

（Industrial Gases Council）推荐的加氢站火源安全距离为 5 米，意大利加氢站指导文件（Italian guideline for hydrogen filling stations）给出的则达 10 米，美国 NFPA（National Fire Protection Association）的建议值为 7.5 米。由此可见，目前公认的国际性标准还并未形成，我们在参考国际标准制定国内氢能安全相关标准时也不能一用了之，特别是未来要结合国内用氢实践进行调整，使各类标准真正成为产业发展的推动力。

（二）各层级标准过多易造成混乱

国际标准化组织（ISO）已发布氢能领域国际标准 28 项，国际电工委员会（IEC）已发布燃料电池国际标准 16 项，而我国的国家标准已达到 80 项，行业标准约 40 项，另有团体标准 5 项，其中氢能和燃料电池技术、应用、检测、安全相关的标准占到了大多数，其他氢能应该领域标准较少。

随着产业发展会出现标准滞后问题，有些企业生产新的产品需要进行验收检测或评价，但如果这个领域还没有国家标准，产业联盟和行业协会就只能先出台行业标准或团体标准，但这些标准过多则会对国家标准的制定和执行造成一定的影响和冲击，而且现存的行业标准和团体标准有些甚至和国家标准有冲突。虽然氢能标委会和燃料电池标委会已初步构建了相互联系的标准体系，但各个机构之间仍缺少有效协同，需要加强各个标准化技术委员会之间的合作，根据现实产业发展情况，共同合作建立健全覆盖全产业链的标准，适应产业发展需求。

（三）部分技术标准缺乏或有待更新

我国氢燃料电池产业标准体系已经基本建立，但仍有很多技术标准处于空白或者较为陈旧需要更新。比如，目前仍缺乏氢检测、氢储存特别是 70MPa 氢瓶、燃料电池全生命周期的测试评价，制氢与提纯、氢工程建设、加氢能力界定，以及核心产品和设备等方面的标准规范。当前氢燃料电池汽车的补贴政策还未退坡，但未来会提高补贴标准，必然会对氢燃料电池汽车的技术指标提出更高的要求，也需要对相关标准进行调整。以加氢站设计标准规范看，依据的设计和技术规范是氢气站设计规范（GB 50177-2005）和加氢站技术规范（GB 50516-2010），分别是 2005 年和 2010 年的标准。近年氢燃料电池汽车产业发展迅速，技术指标等变动较大，相关基础设施建设标准也需依据产业发展和技术进步现状进行调整。

二　检测体系严重滞后

建立完备的检测体系对燃料电池技术水平的提升和产业的长远发展意义重大，通过检测获得的数据可以帮助企业发现产品问题，为改进性能、提升品质提供可靠依据。当前我国氢燃料电池汽车产业的安全检测能力滞后于产业发展的需要。一方面，对检测认证不够重视，对整车、系统和零部件等缺乏强制检测要求，在氢安全方面实验室仿真、模拟较多，实验验证较少。另一方面，缺乏合格的第三方检测机构和实验室。在氢能产业质量控制方面，日本、美国、欧盟均建立了能基本满足氢能发展需要的氢安全检测研究基地，如日本福冈氢试验和研究中心（HyTReC）、欧盟联合研究中心（JRC）及美国可再生能源国家实验室（NREL）等。

第七节　潜在风险：警惕产能过剩和无序竞争风险

近两年，我国氢燃料电池产业迅速发展，国家层面虽然未出台氢能产业发展总体规划，但2019年以来，氢燃料电池产业发展利好政策频出。3月，政府工作报告首次提及加氢等设施建设，又在新能源车补贴大幅下调时，保持了氢燃料电池汽车补贴不变。国家对于氢燃料电池产业的支持给产业发展注入了强劲动能。地方政府和国有企业发展氢能的热情高涨，已有大量资金投入产业链各环节，大有“跑马圈地”之势。在整个产业链的核心部件和关键材料均由国外企业掌握的情况下，需警惕国内产业过热的表现，避免出现产业同质化、低端化布局，“一窝蜂”造车，建设燃料电池电堆等投资大、产值高的项目，易造成同质化竞争。据粗略统计，目前规划的氢燃料电池电堆总产能已经超过3000兆瓦，氢燃料电池汽车产能总计近10万辆，产业过热态势已经显现。

一　各地政府竞相布局，存在重复建设风险

初步统计，全国已布局或准备布局氢能产业的省区市超过2/3，30多个城市发布了氢能产业发展规划。各地正在掀起打造氢能产业集群的热潮，“氢谷”“氢城”“氢镇”等各类名称繁多。从各地公布的规划看，部分地区布局氢能产业并不具备比较优势。有些地区只有一家或几家在某项核心部件研发和制造方面有优势的龙头企业，或者恰好有车企落户在此，就要谋求全产业链布局，打造氢能城市等。我国疆域辽阔，各地情况差别极大，不是所有地区都适合发展氢能，也没有必要在所有地区布局氢能产业，应优先在经济和产业基础好、氢气获取成本低、能源转型压力大的地区开展示范，避免重复建设和无序竞争。氢燃料电池产业在我国属于新兴产业，氢能利用的安全、成本、技术以及加氢站建设等方面还有很多未解难题，各地如不考虑自身比较优势而盲目布局，将面临巨大投资风险。

另外，各地单独布局，缺乏统筹协调，设定的发展目标往往脱离产业发展阶段。以加氢站和氢燃料电池汽车的规划数量为例，《中国氢能产业基础设施发展蓝皮书（2016）》预计，到2020年，我国加氢站数量达到100座，氢燃料电池车辆达到1万辆，但目前各地规划文本中的目标已经远超这个数量。各省会及核心城市的加氢站规划数量一般在5~20座，运行车辆数一般在1000~3000辆，甚至更高，而中小城市的加氢站规划数量一般为3~5座，运行车辆数量为500辆左右，仅已发布规划地区的目标数量之和已远超权威机构发布的总体前景预测，也与现实情况不符。

二　各类企业加速进场，存在无序竞争风险

随着氢能产业发展潜力显现，各类企业也加速进场。2018年，国家能源集团发起成立了中国氢能源及燃料电池产业创新战略联盟，十几家央企参与，大型能源企业都已积极布局氢能，有的成立专门的研究院或分公司，从事氢能研发和市场推广。不少上市公司也密集披露“涉氢”计划。虽然目前涉氢国企和民企的自主研发意识在不断增强，加大了研发力度，但基本上还是各自为战，技术路线各异，专业人才在企业间频繁流动现象突出，无序竞争风险有所显现。

氢燃料电池产业涉及的核心部件和材料众多，在燃料电池系统、电堆、膜电极、质子交换膜、空气压缩机、储氢瓶等各环节都有国内企业在积极开展研发和生产。但由于技术水平与国外差距较大，每个环节除极少企业有自主技术外，大都是从国外引进再吸收，而国外技术领先、愿意出售技术的企业数量有限，出现多家中国企业抢购同一家国外企业技术的情况，导致对方频频提高要价。虽然当前企业的自主研发意识增强，但仍需要创新体制机制，引导其联合攻关，避免各自为战，快速突破技术瓶颈，提升产业技术水平和可持续发展能力。

同时，国内许多企业都在产业链多个环节同时发力，也会导致优势资源浪费。

参考文献

刘宗巍、史天泽、郝瀚、赵福全:《中国氢燃料电池汽车发展问题研究》,《汽车技术》2018 年第 1 期。

耿慧丽:《氢燃料汽车两大关键技术未解决，业内专家称应该回到实验室并警惕“过热”》,《新能源经贸观察》2018 年第 6 期。

李建秋、方川、徐梁飞:《氢燃料电池汽车研究现状及发展》,《汽车安全与节能学报》2014 年第 1 期。

毛宗强、左宁:《中欧氢能领域相关法规初步对比》,《中外能源》2009 年第 11 期。

康启平:《我国氢燃料电池汽车发展需消除技术和设施瓶颈》,《中国石化报》2018 年 5 月 11 日。

刘坚、钟财富:《我国氢能发展现状与前景展望》,《中国能源》2019 年第 2 期。

曹湘洪:《氢能开发与利用中的关键问题》,《石油炼制与化工》2017 年第 9 期。

刘园园:《氢燃料电池汽车还有哪些“骨感”需要丰满》,《科技日报》2017 年 7 月 4 日。

周杰:《日本的“氢能社会”能走多远》,《中国能源报》2018 年 1 月 8 日。

第五章　中国氢能产业发展建议

作为氢能应用的主要场景，氢燃料电池产业将成为我国发展重点。发展氢燃料电池产业需结合我国能源转型的需要，基于可控的技术水平和产业链基础，科学合理布局产业发展重点。既要发挥氢燃料电池产业的绿色低碳效益，带动形成新经济增长点，提升就业水平，也要兼顾核心技术、材料与设备受制于人，产业趋同过剩、低端同质竞争的风险。既要从国家层面解决氢能产业发展共性问题，也要鼓励各地积极探索产业发展路径，妥善解决个性问题。要统筹协调各方资源，明确产业发展重点，形成合力，促进氢燃料电池产业有序健康发展。

第一节　总体思路

一　将氢作为重要能源品种纳入能源管理

我国是世界能源消费大国，富煤、缺油、少气的资源禀赋，决定了我国以煤为主的能源消费结构，油气对外依存度快速上升。在能源革命的总体要求下，能源绿色转型是重要方向，也是应对气候变化、实现碳排放承诺的重要途径。能源利用的脱碳加氢以及发电的清洁高效是能源科技进步的大趋势。氢能作为绿色零碳的二次能源，有助于实现可再生能源大规模稳定存储、运输及利用，可有效缓解我国以煤为主的高碳能源结构转型压力。发展氢能是寻求解决能源、资源和环境危机，推动能源革命的有益探索。从全球能源发展情况看，氢正成为全球能源技术革命的重要方向和各国未来能源战略的重要组成部分，氢能及氢燃料电池已逐步应用到发电、交通运输、工业生产、家庭生活等各个领域。加快构建氢能产业体系，将有助于推动我国能源生产消费革命。因此，应适时将氢作为重要能源品种，纳入国家能源管理范畴，明确氢能产业发展战略，稳步推进氢能源在能源结构中的占比，使氢能在清洁低碳、安全高效的能源体系中发挥重要作用。

二　科学布局氢能产业发展重点

与传统发电方式相比，氢燃料电池利用电化学原理，将氢气作为原料来发电。氢燃料电池产业链条较长，涉及上游制氢、储运，中游燃料电池开发及应用，以及下游发电、交通用能等。氢燃料电池可利用工业副产氢、可再生能源电力和谷电制氢等方式，将富余能源转化为氢气，再运输到指定地点发电，实现了以氢气为能源载体的电能应用过程。

发展氢燃料电池要充分考虑国情，包括能源生产结构与布局，氢气资源供需格局等因素，选择适宜的、具有经济性的领域作为发展重点。作为发电设施，氢燃料电池可用于分布式发电、家用热电联供以及船舶、汽车、轨道等交通领域。从主要国家和地区发展经验看，目前氢燃料电池分布式发电、家用备用电源、热电联供等已具备较多实践，氢燃料电池汽车在商用车和乘用车领域均得到较好的发展。以日本为例，其进行了多年车用燃料电池研究，能较好地将燃料电池应用于家电备用电源和热电联供领域，技术上相对成熟，且发电用燃料电池发电功率高，能源利用效率也较高。与此同时，日本在燃料电池汽车领域投入较多精力，以丰田为主的汽车企业逐步推广氢燃料电池乘用车应用。从规模上看，分布式发电和家用备用电源能集中应用氢能，且热电联供能源效率更高。车用氢燃料电池技术更为复杂，对电堆性能、体积重量能效要求更高，攻克了车用氢燃料电池技术，其他领域的应用将更为简单。但车用氢燃料电池意味着更高的成本投入和预期收益的不确定性。相对于乘用车而言，商用车对电堆技术与能效指标要求低一些，可作为氢燃料电池技术应用推广的重要领域。

目前，我国已初具氢能产业化发展条件。从制氢、储氢、运氢、加氢等各个环节，均具备一定的技术能力。在终端需求上，也因碳排放压力逐渐增大，迫切需要对现有的煤电和燃油汽车等进行替代。近年来，国家一系列政策规划都将氢能发展与燃料电池技术创新提升到国家战略高度，地方政府和大型企业积极探索氢能产业发展，主要是在氢燃料电池汽车上投入大量精力，初步形成制备、储运、应用等环节的完整产业链，以及以京津冀、长三角、珠三角、山东、武汉等为代表的主要氢能产业集群。相比较而言，分布式发电、家用电源和汽车以外的交通用能仍较缺乏，未来应考虑多元化发展，重视燃料电池在发电领域的应用。

三　适时将新能源汽车发展重点向氢燃料电池汽车拓展

氢燃料电池汽车是氢能应用的重要场景，氢燃料电池汽车一直是我国新能源汽车发展的重要方向之一。国家对氢燃料电池技术研发项目投入较多资金。大力发展氢燃料电池汽车就要统筹好纯电动、混合动力和燃料电池汽车等三种不同技术路线，优化完善我国新能源汽车发展战略。需要明确的是，氢燃料电池汽车与纯电动汽车是优势互补而不是相互排斥关系，应确定协同、互补发展的总基调。发展氢燃料电池汽车产业，也不意味着新能源汽车整体发展规划要推倒重来，而是要在发展路线和侧重点上进一步加以完善。

相对于纯电动汽车灵活、轻便、续航相对较短、加注时间长等特点而言，氢燃料电池汽车具有清洁零排放、续驶里程长、加注时间短等特点，适合远程公交、双班出租、城市物流、长途运输等交通方式。与此同时，相对于纯电动汽车低温适应性差而言，燃料电池汽车能满足零下 30 摄氏度高寒地区的使用需求。此外，我国新能源汽车产业已形成“电 – 电混合”技术优势，可较好地与燃料电池技术特点相结合。因此，应及时把新能源汽车产业化重点向燃料电池汽车拓展。可在特、大、重载需求大，以及环保要求高的区域优先开展氢燃料电池汽车示范应用，以点带面，推动产业又快又稳发展。

要把握市场培育和应用推广的力度和速度。目前，我国氢燃料电池技术自主创新仍没有完全突破，应把握节奏，以防止核心技术受制于人，将国内市场拱手让人。同时，要统筹考虑氢燃料电池汽车产业发展的空间和潜力，合理测算新能源汽车增量空间，以及燃料电池汽车对柴油车、重卡车的替代空间，测算氢燃料电池汽车替代可能产生的环境效益及其成本，预估可能的安全隐患，算好经济、环保和安全账。要防止再次一哄而上，各地产业无序竞争和产能过剩情形。

四　在示范推广中逐步解决成本高和核心技术等问题

我国氢燃料电池核心技术和关键材料尚未实现国产化，导致产业链各环节成本相对较高。制氢环节，国内氢源虽较多，具备制氢能力的企业也多，但氢源综合成本（含运输、加氢等）仍然较高，与柴油、汽油、纯电动等比较，目前仍不具备经济性。储运环节，氢气作为危化品，车载运输成本高，效率低，储运所用氢瓶关键部件需国外进口。电堆环节，催化剂、质子交换膜以及炭纸等材料大都需要进口，且多数为国外垄断；关键组件制备工艺亟须提升，膜电极、双极板、空压机、氢循环泵等与国外存在较大差距。国内膜电极组件的电流密度为 1.5A/cm^2，成本普遍在 4000 元 /kW，与国际 2.5A/cm^2 与 700 元 /kW 差距较大；国内电堆的体积功率为 2.2~2.7kW/L，成本 6000 元 /kW，而国际上是 3.1kW/L，成本 1000 元 /kW。加氢站环节，建设成本居高不下，加氢设备、压缩机等主要设备需由国外进口，约 65% 的设备和器件需国外购买。

同时也要看到，最近两年国内氢燃料电池汽车各环节技术进步较为明显，成本下降趋势已经形成。因此，需以适宜的市场培育和应用推广为技术创新提供应用场景和资金来源。需创新研发组织模式，突破关键核心技术。加大对燃料电池发动机的研发力度，攻克基础材料、核心技术和关键部件难关，实现膜电极、空气压缩机和储氢罐等产业化。加强核心技术研发，推动供给侧技术创新，解决需求侧应用技术问题，积极开展国际合作，强化自主创新实力。要细致分析氢燃料、电池和汽车等各环节的经济性，包括制氢成本、氢燃料与传统化石能源的比价关系、氢燃料电池发电合理价格水平等，为政策制定提供参考依据。

五 健全政策体系化解氢能汽车产业发展瓶颈

当前，各地对发展氢能热情较高，各类园区、小镇、全产业链发展等模式层出不穷，但氢燃料电池汽车产业发展仍面临较多政策法规障碍。首先，氢仍未纳入能源范畴考虑，缺乏相应的主管部门。作为危化品，氢与天然气一样具有能源属性，如只强调其危化品特性，不利于氢能应用推广。其次，氢燃料电池产业发展规划、管理、监管和标准体系尚未建立，产业发展定位尚不清晰。有关制氢、储运、加氢和使用等相关监管标准和检测体系等仍未分立，导致具体操作无章可循。最后，氢燃料电池汽车产业商业模式仍不完善，较多依赖政府补贴。氢燃料电池汽车各产业链环节均呈现成本较高，纯商业化推广受阻的状态，都需要政府给予补贴或优惠。因此，亟须建立健全氢燃料电池汽车产业政策体系，化解上述瓶颈，在产业发展初期给予必要支持。

六　以点带面推广氢能产业发展

在产业发展初期，成本较高、核心技术不强的背景下，氢燃料电池产业发展应以点带面、试点示范来推动，稳步推进产业化。应合理选择示范区，包括氢能资源丰富区域、氢能产业集聚区域，或经济发达、环保压力大的区域。应用领域可优先选择城际公共交通、快递物流、高端和特殊用途乘用车，以及特定地点分布式发电等领域。试点示范要先易后难，先单向后集成，先固定式后移动式，先大车后小车，稳步开展。发电环节实验可先在有用电需求的固定场所开展，如医院、供水供气供热等公共设施，可将氢燃料电池用作保障电源。其后再推广到火车、内河船舶、城市轻轨、公交车等移动领域。最后推进私家车示范。可结合示范项目情况，在港口、机场等区域定点建设加氢站，根据交通线路长短，配以相应规模的加氢站。可选择经济基础好、产业配套强、有条件的地方，建设若干国家级氢能产业示范区，突破既有政策法规限制，探索试验多种技术路线，先行先试。

第二节　国家层面

一　加强顶层设计，强化战略引导

（一）将氢能纳入国家能源体系

参照城市燃气管理，将氢气纳入能源管理范畴。关于氢气生产制备、储存运输、使用加注等一系列问题，可参照燃气相关管理规定执行。

（二）明确氢能行业主管部门，制定氢能产业发展战略的实施路线图，推动氢能成为国家能源战略的重要组成部分

抓紧研究制定我国氢燃料电池产业发展规划，组织研究明确氢在我国能源体系中的定位、发展目标、发展路径及重点任务，完善标准法规体系，探索有效的氢燃料电池产业发展治理体系，建立科学长效的产业发展方式与激励政策，统筹协调推进产业有序发展。

（三）加强研究，算好经济、环保和安全账

要加强氢能全产业系统联动，提供详细分析测算数据。系统分析氢燃料电池应用成本，包括制、储、运、用等各环节成本，以及可能的环保效应。解决好氢从生产到使用等各环节的操作性问题。同时，算好氢燃料电池应用市场空间，如可替代发电装机规模、可替代燃油交通工具规模，以及可能的环保效益等。做好安全性测试，提供完备的安全性解决方案。

（四）统筹解决制约产业发展的基础设施、技术材料、装备设备、标准检测等问题

针对氢燃料电池产业发展面临的共性问题，仅依靠地方或企业力量难以解决，需从国家层面统筹谋划，重点突破。需推动国家层面的重大工程，加大对加氢站等基础设施建设的投入，形成若干加氢站建设模式，探索油氢混合等建站模式，妥善解决基础设施瓶颈。实施一批技术材料、装备设备攻关专项，组织国家队和地方队、产学研用联合研发，力求突破关键环节制约。推动形成和完善全国统一的氢能产业各环节生产、使用、安全、监管等技术标准与规范，确保产业良性健康发展。

二　将氢能发展纳入国家“十四五”规划

能源发展在我国五年规划中地位突出。“十三五”规划提出，遵循能源发展“四个革命、一个合作”战略思想，深入推进能源革命，着力推动能源生产利用方式变革，建设清洁低碳、安全高效的现代能源体系。氢能具有绿色清洁、无排放的优势，对优化我国能源结构，降低碳排放，减轻应对气候变化压力等具有重要作用。随着我国可再生能源规模日益增加，迫切要求解决消纳问题。建立以氢为载体的能源转换系统，利用低价可再生能源电力制氢，既解决了可再生能源电力消纳问题，也解决了氢能产业发展的氢气来源问题，将进一步优化我国能源结构，提高能源清洁水平。同时，氢能产业本身作为新能源产业，能带动汽车、发电等领域发展，有利于形成新的绿色经济增长点，带动地方经济发展和就业增加。当前正值国际氢能产业规模化发展初期，亟须利用好我国氢能产业发展的良好基础和巨大市场空间优势，抓紧实施氢能产业发展战略，制定产业发展规划，促进产业健康持续发展。因此，建议将氢能产业发展纳入国家“十四五”规划，从能源发展战略、国民经济增长、技术创新、“一带一路”倡议等角度出发，明确氢能产业发展重大意义，制定氢能产业发展的目标、定位、路径及重点任务，鼓励一批地方结合实际条件先行先试；实施一批技术攻关项目，夯实产业发展基础；提出一系列工程，带动和引导产业发展；出台一系列扶持政策，破解政策瓶颈和法律法规制约；优化产业发展环境，筑牢人才基础，降低产业发展成本。

三　以氢能发展提升清洁能源消纳能力

氢源是氢能发展首要解决问题。我国工业副产氢规模较大，电解水、天然气裂解、煤制氢等技术路线均有进展。其中，电解水在制氢环节不产生碳排放，环境效益好。其前提是以可再生能源电力制氢。目前，我国可再生能源规模较大，但仍面临弃电问题。若以可再生能源电力制氢，既可以解决氢源问题，也将大大提升可再生能源消纳能力，缓解弃电压力。

截至 2018 年底，我国可再生能源发电装机容量达 7.28 亿千瓦，约占全部电力装机容量的 38.3%。2018 年可再生能源发电量达到 1.87 万亿千瓦时，占全部发电量的 26.7%。其中，水电总装机容量约 3.5 亿千瓦，年发电量约 1.2 万亿千瓦时，风电、光伏装机分别达到 1.8 亿和 1.7 亿千瓦，均位居世界第一。2018 年，我国弃水电量约 691 亿千瓦时，弃风电量 277 亿千瓦时，主要集中在新疆、甘肃、内蒙古，弃光电量 55 亿千瓦时，主要集中在新疆和甘肃。

可探索以可再生能源电力制氢，形成若干模式，利用低价水电、风电和光电资源，制氢、储能，统筹解决氢源和清洁电力消纳问题。以水电为例，可探索西南水电与广东等地水火互济制氢模式。广东等地作为云南外送水电主要接纳方，虽然一直超额接收云南水电，但仍无法完全解决云南水电消纳问题。加之未来几年云南水电装机仍将增长，外送能力仍将提升，运送通道也将陆续投入运行，云南水电消纳压力较大。广东作为经济发达省份，氢能产业发展较快，氢源缺乏，可考虑以低价西南水电在当地制氢，探索以管道、液氢方式输往广东，解决水电消纳和氢源问题。同时，也可探索以广东火电谷电在广东本地制氢，为云南水电腾出上网空间，既可提高广东火电设备利用小时数，又可解决云南水电上网和氢源问题，一举多得。此外，可探索风电、光伏弃电制氢路线。针对新疆、甘肃、内蒙古等地富余风电和光伏电力，选择氢能产业发展良好地区，如京津冀、长三角等地，结成氢能产业合作伙伴，可探索采用电力生产地“制氢 + 储运”或电力消费地“火电谷电制氢 + 串换清洁电力额度”两条路径，统筹解决氢源和电力消纳问题，细化电力价格结算机制，保障清洁电力上网消纳或制氢收益。

四 统筹燃料电池汽车与电动汽车发展

统筹推进氢燃料电池汽车与纯电动汽车协同发展。

（一）推进二者互补互动发展

纯电动汽车重点在城市内运营，发展乘用车领域，解决城市灵活化、小型化客运需求，发挥充电基础设施广、点位多的优势。氢燃料电池汽车重点在城市间及城市内特定区域内运行的特、大、重载商用车领域，优先在固定场所或区域，有特定线路的港口、工矿、城市间物流线路等。加氢站布局在相对固定和集中的地点。发挥燃料电池汽车续航长、加注快、载重大的优势。

（二）推进二者发展速度相协调

纯电动汽车拥有较好的发展基础，技术上也相对成熟。但氢燃料电池汽车技术创新仍需要一段时间，产业化发展仍需准备。可适当把握纯电动汽车铺开节奏，为氢燃料电池汽车预留一部分市场空间。特别是在重大载货、物流车领域，放慢纯电动推进步伐，给燃料电池汽车以验证和成长的时间，避免出现反复。

（三）统筹考虑氢燃料电池汽车各环节发展

与纯电动汽车相比，氢燃料电池汽车产业链条较长，涉及制、储、运、加、用等，要统筹考虑，协调推进，以免出现多环节卡脖子的现象。制氢环节应开展试验生产及研究，结合化工副产氢企业布局，综合考虑电解水、煤制氢等技术路线成本、可操作性和安全性等问题，因地制宜选择合适的制氢路线。如在城市区域，可考虑利用火电谷电制氢，既解决西部地区风、光、水上网问题，也可提高火电利用小时数。电堆环节，要根据产业发展场景开展电堆试验，如在固定场所区域开展电堆试验，积累一定经验后再将电堆试验放到汽车等移动领域。对电堆工作的各种工况进行分析，测算经济性、技术性数据，进行安全性测试等。储运氢环节，推进多种储运氢方式进行试验验证，同时根据产业发展和安全运行需要，调整相关法律法规条文。如氢作为能源使用的运输规定，储氢罐检测规定等，减少产业发展束缚。加氢站建设环节，要统筹考虑加氢站布局，对建设环节、设备采购环节给予一定的补贴，同时对加氢后汽车运营里程进行考察并给予适当的运营补贴等。汽车使用环节，根据氢气使用量、能耗及碳减排情况，对汽车用户给予氢气价格补贴，以扶持产业初期发展。

（四）统筹国内自主创新与国际合作发展

要坚定推进氢燃料电池汽车自主创新，逐步提升国产电堆性能，加大对氢能装备设备的投入，提升国产材料和设备的可靠性、一致性、耐久性等核心指标。与此同时，加大国际合作力度，合作研发关键环节、关键技术，加速推进成熟技术转化，吸收国外先进技术和人才，夯实我国产业研发实力，培育国内产业技术人才。通过对国际领军人才及其研究团队的整体引进，配套上游产业链资源，提升国内研发整体水平。此外，加大对高级职业经理人、产业发展精英的引进力度，培育既有产业发展经验又懂技术创新的综合性人才，促进产业持续发展。

五　突破关键核心技术与装备材料瓶颈

加大力度支持关键核心技术自主创新，突破装备与材料限制。一是政策支持应优先基础研发领域。针对氢燃料电池基础环节，加大财政资金投入力度，形成稳定的支撑。组织专家攻克膜电极、双极板、碳纸、储氢设备装备、超高压压缩机等关键核心部件及材料的研发，推进大规模商用。对可能的燃料电池技术路线进行系统研究和评估，力争在研发方向的把握上有所突破，避免出现跟跑中对方转向带来产业巨大沉没成本的情形。二是支持氢燃料电池各部件生产装备制造环节发展。组织龙头企业开展装备研发攻关，鼓励在关键零部件生产制造和工程工艺环节的创新，尽快突破关键零部件生产装备瓶颈。三是对氢燃料电池产业链各环节的自主创新给予财政补贴。优先支持具有自主知识产权和自主研发积累的燃料电池技术及相关技术的发展，支持工程验证性、流程性创新，提升效率，降低成本。可采取悬赏式补贴，在企业自主研发取得一定的成果的前提下，经过评估后给予适当补贴。在税收方面给予相应减免。四是推动协同研发和产业示范。要发挥我国汽车生产大国优势，鼓励有能力的汽车企业开展燃料电池系统研发，与燃料电池研发企业一起，开展产学研用联合研发。可设立氢能源与燃料电池国家重大专项，设立国家大科学、大工程科技创新项目，引导企业、研发机构、标准制定单位等参与。

六　优化氢能发展政策和法规体系

从国家层面统筹协调相关政策法规，适时调整政策，为产业发展提供便利条件和有力支持，化解产业发展面临的政策法规限制。一方面，从国家层面明确氢能产业发展政策支持措施。在氢燃料电池产业发展初期，针对产业发展各环节，研究制定财税金融价格等政策支持措施。妥善安排氢燃料电池汽车应用推广环节补贴，在一段时间内形成稳定支持，配以明确的稳步退坡机制。加大对关键材料、装备设备、生产工艺等环节自主创新的扶持力度，给予财政资金支持。加强对加氢站等基础设施领域的财政资金扶持，降低建设成本。在制氢环节，对制氢企业用电、用天然气等，采取适当的价格补贴政策，降低制氢成本。

另一方面，调整优化现行政策法规，消除不必要的限制。从国家层面明确加氢站管理部门，细化加氢站建设管理审批流程，放宽土地性质限制。针对氢燃料电池汽车特点，调整相关检测检验规定，如允许车载气罐在车上检测，引入先进检测设备等。细化氢气生产、储运、使用等安全标准和操作规程，放宽对氢气生产区域的限制，鼓励地方结合实际，在确保安全的前提下探索解决氢源问题。探索制氢、加氢一体化模式，细化加氢站内制氢安全标准规范。在氢气作为能源利用时，放宽必须在化工区制氢的限制，同时规定满足安全要求的数量上限等条件。进一步总结先进做法，出台国家层面的引导、规范和支持政策及法规。

七 推进标准化体系建设

产业发展需要标准体系的规范与引导。在产业发展不具备条件的前提下，过快推进标准体系建设、形成较高门槛不利于推进产业创新。因此，应把握标准体系建设与产业发展速度的关系，以合理的标准引导产业提质增效，以稳步的产业发展完善标准体系。当前，我国氢能产业技术水平进步较快，加氢站有关标准明显滞后，应尽快推动有关标准的修订，健全标准体系。一是明确加氢站建设审批监管流程。参照天然气和液化石油气管理，解决加氢站建设审批监管问题，明确主管部门，制定加氢站发展规划，确定立项、审批等流程。参与国际标准制定有关建设规范，改进加氢站设计工艺流程，在保障安全的前提下，放宽对加氢站建设的指标约束。二是加快推进关键技术装备和产品的检验检测体系，完善相关标准，建立完备的氢能相关产业检验认证和监督体系。推动建立专业的检测检验平台，针对氢燃料电池及汽车特性，细化检测环节及标准。三是优化关键产品和环节的检测流程与要求。如按目前规定车用储氢瓶仍需要拆检，应尽快修订相关规定，取消拆检，代之以车载系统检测或外部辅助系统检测，降低检测成本，减轻负担。

八　加强监管确保安全

安全是氢燃料电池产业健康持续发展的前提。近来发生几起氢气爆炸事件，给氢能产业发展带来一定影响，也再次提示安全的重要性。氢气属于危化品，在作为能源使用时可参照能源管理，但不能忽视其危化品属性。氢在生产、存储、分配和使用过程中的安全至关重要。因此，应加强安全监管，完善氢气制、储、运、用等各环节法律法规和安全技术标准。包括加氢站的氢气输送、站内制氢、氢气存储、压缩、氢气加注以及安全与消防等方面的技术要求，实现全流程、各环节的全覆盖。加大对氢气安全生产和安全使用智能控制、智能监控的投入。加强安全法律与标准执行，细化各风险点的操作规程，责任到人。制定风险防范和危机处置方案，加强人员培训和安全知识普及推广。同时，产业推进节奏要与安全监管体系建设、安全监管力量配备等相匹配，切勿盲目追求产业规模大干快上，忽视安全。建立完备的安全监管实施、目标考核与责任追究机制，利用好信息化、智能化手段，及时排查隐患，做好安全防范措施。

第三节　地方层面

一　支持地方在发电和交通用能领域先行先试

目前，各地均将氢燃料电池汽车产业作为发展重点，存在恶性竞争和重复建设风险，国家需要统筹协调各地发展节奏，避免出现低端无效竞争和产能过剩现象。应因地制宜统筹推进氢能产业多元化示范，可先行先试建设一些国家级氢能产业基地。在京津冀、长三角、珠三角等区域，选择具有产业基础、研发实力、环保需求的区域作为先行区，建立示范试验区，先行先试。如在珠三角地区，可以广东省几大城市为基础，结合粤港澳大湾区建设，利用大湾区制度、资源、技术和市场优势率先突破，建立覆盖全省乃至整个大湾区的低碳、清洁的公交物流体系，为全国的氢能发展探索经验。在总结积累经验的基础上再逐步扩展。

在应用场景上，既要兼顾产业链上下游各环节成本降低和技术自主的需要，也要发电和交通用能两手抓。在制氢环节，因地制宜选择不同技术路线进行示范，包括工业副产氢、电解水、甲烷重整等。在储运环节，安排液氢、高压管束车、管道输氢、有机溶液储运等多种路线。特别关注液氢和管道输氢方式，在技术进步推动下，成本较低，安全性较高，可以满足量大面广的应用需求。在应用端，鼓励开展固定区域内的交通用能方式转变，如在工矿场区、港口、码头、机场等，推广应用氢能汽车、物流车、船舶、载重车、叉车等。应优先固定区域、固定线路，如城市公交线路，根据场所需求和公交物流车线路长短，配以相应规模的加氢站，合理布局。在偏远高寒地区，以氢燃料电池方式解决用电问题，开展分布式发电示范。

二　形成京津冀、长三角、珠三角等氢能产业聚集区域

我国氢能产业，特别是氢燃料电池汽车产业发展较快，初步具备产业化条件。区域分布上，以京津冀、长三角和珠三角为主，形成了较为完备的氢燃料电池研发、生产、应用等产业链条。可发挥三大区域各自优势，形成区域间协调创新、产业互补的产业发展格局。

京津冀地区经济较为发达，对清洁环境要求较高，居民消费能力较强，同时央企、科研院所集聚，创新能力较为突出。可作为氢燃料电池应用的主要区域，充分利用张家口地区低价风电资源制氢，发挥央企、科研院所集聚优势，快速形成氢燃料电池产业全链条式发展模式，降低电池、氢气使用成本。可探索发展氢燃料电池乘用车，通过政府补贴+用户的方式，提高氢燃料电池汽车保有量。在北京、天津合理布局加氢站等基础设施，解决加氢问题。

长三角地区汽车产业发达，拥有一大批高校、科研院所、检测评级机构等，研发实力突出，产业发展基础较好。上汽等企业研发实力较强，且在氢燃料电池方面投入时间较长。可突出长三角地区氢燃料电池研发特色，以氢燃料电池汽车为突破口，鼓励整车企业加大研发力度，支持车企正向开发，形成较有国际影响力和竞争力的研发中心，支撑氢燃料电池产业持续发展。

珠三角地区市场经济发达，各类市场主体参与氢燃料电池产业热情较高。特别是广东佛山、云浮等地，在氢能产业发展上走在全国前列，形成了一定发展模式，包括产业基地、研发平台、产业联盟等，在加氢站建设与管理上也实现了突破，其氢能产业发展条件较好，最易形成产业集聚优势。可以珠三角地区作为氢能产业发展试验田，在现有基础上，重点发展商用车、乘用车、分布式发电、家用热电联供等领域，突破不适宜产业发展的法律法规，降低产业发展门槛，调动市场主体积极性，创新产业发展模式，为全国氢能产业发展提供样板和参考。

三　将氢能产业纳入粤港澳大湾区新能源发展战略布局

作为国家战略，粤港澳大湾区已成为我国经济重要增长极，在国际湾区中的地位日益提升。与纽约湾区、旧金山湾区和东京湾区相比，粤港澳大湾区在氢能产业发展和布局上相对落后，但起步较快，基础较好，亟须发挥政策和市场优势，推进产业快速发展，占据国际产业优势位置。

根据《粤港澳大湾区发展规划纲要》，要培育壮大战略性新兴产业，创新绿色低碳发展模式，建设绿色发展示范区。氢燃料电池产业具有较好的绿色低碳效益，对粤港澳大湾区绿色发展具有重要意义。同时，粤港澳大湾区集科研、产业和市场优势于一身，可依托香港、广州、深圳等中心城市的科研资源优势和高新技术产业基础，以及佛山、中山等城市在氢能产业的集聚优势，充分发挥国家级新区、国家自主创新示范区、国家高新区等高端要素集聚平台作用，打造产业链条完善、辐射带动力强、具有国际竞争力的氢燃料电池汽车产业集群，形成以氢燃料电池技术研发和总部基地为核心的产业集聚带，增强湾区经济发展新动能。

要发挥广东省科研实力雄厚、汽车产业发达、市场空间大等优势，凭借佛山、广州、云浮、深圳等地的技术和产业优势，进行产业发展先期探索，培育产业优势，向港澳地区输送技术成熟、指标领先的汽车产品。要发挥香港、澳门地区市场空间和消费优势，依托广东氢燃料电池汽车产业，构建绿色、低碳的公益交通体系，为全国推广提供可借鉴的样板。同时，以香港、澳门为窗口，引进高级人才和研发团队，反哺广东燃料电源汽车产业，形成国际合作研发优势突出、人才交流互动频繁、技术成果交易活跃的格局。将香港、澳门的汽车应用体验反馈到广东省的产业发展当中去，进一步优化产业链环节，降低成本，优化生产，推动形成国际上有一定影响力的湾区产业集群。

四　推动海南打造氢能经济示范区

《中共中央国务院关于支持海南全面深化改革开放的指导意见》

提出，海南建设国家生态文明试验区，坚持“绿色、循环、低碳”理念，全面禁止高能耗、高污染、高排放产业和低端制造业发展，推动现有制造业向智能化、绿色化和服务型转变，加快构建绿色产业体系。推动海南能源利用结构向绿色低碳转变是必要手段，氢能应作为首选。应推动海南全省建设氢能经济示范区，建立以氢为重要能源载体的能源利用体系。一是在海南省全面推进燃油汽车退出的背景下，适时引入氢燃料电池汽车产业，推动公共交通、物流、港口、船舶等燃油交通工具替代。同时，发展氢燃料电池乘用车。二是围绕氢燃料电池及其关键零部件研发与生产，将高研发投入、高附加价值产业作为发展重点，支持自主创新，提升整体产业发展水平。三是在全省范围内打造若干氢能应用示范，搭建氢气制、储、运、用网络体系，推动氢在储能、发电、家用热电联供和汽车等领域应用。四是推动海南氢经济示范区与国际资源对接，提升国际影响力。建立国际氢能人才交流与合作研发平台，吸引国际资金进入，加强与发达国家在标准领域合作，提供政策法规便利，推动形成有国际影响力的海南氢经济增长极。

五　打造广、佛、云产业一体化发展样板

珠三角地区氢燃料电池产业以广东省为主，其中，广州、佛山、云浮在氢燃料电池汽车产业发展具有相对较好的基础，可结合广州、佛山、云浮等三地各自优势，实现资源共享、互补协同创新发展的态势，推进广、佛、云氢燃料电池汽车产业一体化发展，为国内产业发展提供模式参考。

广州在膜电极自主生产方面拥有叶思宇团队和鸿基创能公司，且多家国有企业已明确进军燃料电池领域，在公共交通、加氢站建设、示范应用等方面已走在前列。佛山依托南海区建设较为完备的氢燃料电池汽车产业链，在空压机、电堆等方面具有先发优势，有多年积

累，且拥有飞驰汽车等整车企业，在商用车领域已形成较强的产业生产及供应能力，甚至远销国外，有一定的整车品牌影响力。云浮在佛山市帮扶下建设了云浮氢燃料电池汽车产业园区，拥有相对完备的电堆生产及研发、整车组装、零部件生产等基础，对广东省氢燃料电池汽车产业发展形成了良好支撑。广、佛、云形成广东省氢燃料电池汽车产业的重要基础，有助于推进广东省建立全产业链覆盖、自主创新能力强、技术引领作用突出、产业集聚发展的格局，成为国内领先的氢燃料电池汽车产业发展基地。

可发挥广州在膜电极、电堆及系统领域优势，以及其科研力量雄厚、人才集聚效应明显的优势，重点攻克关键核心技术，为广东省产业发展提供自主创新支撑。发挥佛山南海整车制造、关键零部件生产研发优势，支撑产业国产化发展，降低产业发展成本，同时在加氢站建设领域先试先行，形成产业试验、应用推广模式探索的先行区。发挥云浮作为产业及技术研发储备区的优势，进行试验开发，产业示范和市场需求反馈，为产业升级提供经验。进一步可发展成为专业的产业创新及生产研发基地。广、佛、云三地形成由自主创新研发到整车生产的全产业链布局，形成粤港澳大湾区氢燃料电池汽车产业的主构架，为港澳市场提供多样化产品，为全国产业发展提供支撑。

将佛山南海作为大湾区和广佛云一体化发展的先行先试区。佛山南海区在氢燃料电池汽车发展中走在前列，拥有爱德曼、重塑科技、广顺新能源、泰罗斯等氢燃料电池及系统研发企业，具备一定的自主创新实力。同时，拥有北汽福田等商用车企业，具备氢燃料电池汽车整车生产能力。南海区还与浙江大学、北京理工大学、武汉理工大学、大连化物所等国内重点高校、科研院所联合，引进国内外研发团队，开展项目研发合作，攻克关键零部件环节，研发储备能力较强。因此，可将佛山南海区作为大湾区和广、佛、云氢燃料电池汽车产业一体化发展的先行先试区。

六　在示范区突破体制机制限制，先行先试

一是扩大氢燃料电池汽车在公共服务和社会服务领域应用规模。逐步提高示范区内氢能源汽车运营使用比例，在城市客运、环卫、市政、工程等公共服务，以及邮政快递、物流运输、旅游客运等社会服务领域，加大推广应用力度，不断提高氢能源汽车占比。探索给予氢能源汽车更多路权，在通行时间、停靠作业、停车便利等方面给予特殊照顾。二是加大对氢燃料电池汽车产业的财税金融政策支持力度。进一步发挥氢燃料电池重大专项资金作用，以“悬赏式”资金支持方式，支持氢燃料电池基础和应用研发，鼓励自主创新，突破关键核心组件限制。三是大力推进整车研发。可采取商用车和乘用车两条腿走路的方式，在近期重点支持商用车应用燃料电池技术，推动商业化运行，为车辆运营提供补贴；同时培育乘用车燃料电池技术，尽快突破关键核心瓶颈，降低乘用车应用燃料电池的成本。四是加大加氢站等基础设施的建设力度。妥善解决加氢站用地问题，降低加氢站用地成本；对加氢设备进口提供补贴或税收返还，降低企业建站成本，破除终端限制。五是统筹解决氢源问题。加强研究，对域内及周边可能的氢源进行测算，布点技术上、经济上可行的氢源产地，统筹氢气的多种用途，保障氢燃料电池产业拥有低成本氢源。六是氢气应用给予补贴。在一定时期内，根据氢燃料电池汽车实际运行里程，对氢气使用给予价格补贴，降低氢气使用成本。七是建立健全氢燃料电池汽车产业标准及检测体系。

参考文献

景春梅:《我国初具氢能产业化条件》,《经济日报》2018 年 9 月 27 日。

景春梅、闫旭:《我国氢能产业发展态势及建议》,《全球化》2019 年第 3 期。

陈远明:《氢能汽车产业化要突破四大瓶颈》,《中国石化》2019 年第 5 期。

高慧、杨艳、赵旭、饶利波、刘雨虹:《国内外氢能产业发展现状与思考》,《国际石油经济》2019 年第 4 期。

邵志刚、衣宝廉:《氢能与燃料电池发展现状及展望》,《中国科学院院刊》2019 年第 4 期。

袁诚坤:《国内外氢燃料电池汽车市场发展》,《汽车与配件》2019 年第 6 期。

潘丽君:《氢燃料电池汽车的发展探析》,《移动电源与车辆》2019 年第 1 期。

储鑫、周劲松、刘东华、周康宁:《国内外氢燃料电池汽车发展状况与未来展望》,《汽车实用技术》2019 年第 4 期。

郜昊强、宋业建:《氢燃料电池汽车发展趋势分析》,《汽车零部件》2018 年第 12 期。

袁中、周定华、陈大华:《国内氢燃料电池汽车产业现状及发展前景》,《时代汽车》2018 年第 12 期。

尚勇:《日本发展氢燃料电池汽车对我国的启示》,《新能源汽车报》2018 年 12 月 3 日。

陈硕翼、朱卫东、张丽、唐明生、李建福:《氢能燃料电池技术发展现状与趋势》,《科技中国》2018 年第 5 期。

沈浩明:《中国氢燃料电池汽车产业发展研究》,《上海汽车》2018 年第 4 期。

王赓、郑津洋、蒋利军、陈健、韩武林、陈霖新:《中国氢能发展的思考》,《科技导报》2017 年第 22 期。

张长令:《推进氢能与燃料电池汽车产业发展的四大建议》,《中国发展观察》2017 年第 21 期。

出版说明

当前，氢能产业备受全球关注。在我国，一方面，地方政府和企业积极探索，大胆实践，初步形成包括制备、储运、加注、应用等环节的完整产业链，涌现出京津冀、长三角、珠三角、环武汉、山东等氢能产业先发区，为我国氢能产业化创造了基本条件。另一方面，针对氢能产业发展的专项规划和顶层设计还是空白，产业发展方向、目标和重点尚不清晰，主管部门不明确，加氢站审批难度大等诸多问题待解，还出现不少罔顾资源条件蜂拥而上的跟风冒进者，无序竞争和产能过剩风险凸显，亟须顶层设计加以规范和引导。

在此背景下，作为国家高端智库的中国国际经济交流中心及其下属国经咨询有限公司组织内外部专家，从国家战略高度出发，就目前全球氢能的发展开展研究和调研，课题得到了中国国际经济交流中心常务副理事长、执行局主任张晓强同志的大力支持，带领专家团队深入开展课题研究工作。

课题组多次召开专家研讨会，先后赴广州、佛山、云浮、上海、如皋、六安、武汉等地，与当地政府、相关企业展开大量访谈及实地调研，与中国氢能联盟、国家电投中央研究院、中汽中心、长城汽车等在京行业组织和专家进行座谈交流，广泛征集各方意见，获取了大量一手资料。

为使研究更有针对性，国经中心于 2019 年 1 月组织召开“氢燃料电池汽车政策及产业化闭门研讨会”，张晓强同志主持会议，中国科学技术协会主席万钢同志出席并做主旨演讲，中国工程院院士干勇、国家能源局副局长綦成元发表演讲，来自国家发改委、国家能源局、财政部、工信部、交通部的相关司局负责人，地方政府代表和中国氢能联盟、中国汽车工程学会等行业协会负责人参加研讨。国家发改委高技术司司长伍浩、国家能源局科技司司长王思强、国家发改委产业司副司长蔡荣华、工信部装备司副司长罗俊杰、交通部运输服务司副司长蔡团结、中国汽车工程学会常务副理事长兼秘书长张进华等多位决策部门领导及业界专家给予本研究重要指导意见，使课题能够紧扣政策需求展开研究。

为更好地了解氢能发展的国际动态，课题组专家团队于 2019 年 5 月赴日本、韩国调研，访问中国驻日使馆、日本经济产业省、韩国产业通商资源部，以及日本东丽、日本丰田、韩国现代等企业，就日韩氢能及燃料电池发展战略、行业现状与政府支持政策等进行了充分交流，使我们对日韩和我国氢能发展有了更深入的认识。

张晓强同志为课题研究创造良好的内外部条件，并对研究重点、主要观点及成果上报进行了直接指导，课题内参报告得到多位国家领导人重要批示，在业界和决策部门产生较大反响。结合研究成果，课题组在《经济日报》《中国能源报》《全球化》《能源》等报纸杂志公开发表 6 篇专题文章，课题组成员在有关学术会议上发表观点，并多次接受主流媒体采访，取得了较好的社会效果。

课题得到了各地方政府、行业机构、相关企业多位领导、企业家、专家学者的指导。佛山市副市长许国同志给予了课题全程关心和支持，许市长心系中国氢能发展的情怀让人感动，而他对于引领氢能产业发展的丰富实践经验和独到的理论思考则令课题组受益匪浅。佛山市南海区发展和改革局副局长蔡德权为报告撰写提供大量一手材料、卓有价值的实践经验和部分修订工作。广东省发改委副主任蔡木灵，佛山市南海区常务副区长蔡汉全，安徽六安市市长叶露中，安徽明天氢能科技股份有限公司董事长王朝云，加拿大国家工程院院士、鸿基创能科技董事、首席技术官叶思宇，中国神华能源股份有限公司总裁张继明，中国长城汽车股份有限公司副总裁、产业研究院院长吴保宁，上海科委副处长林海，上海燃料电池汽车商业化中心秘书长张焰峰博士，上海重塑能源科技有限公司总监高雷博士，中科院物理化学研究所研究员侯明博士，北京中系投资有限公司董事长曲陆峰等不但为课题调研提供了诸多便利，还针对研究提出了大量真知灼见，课题组深受启发。

本课题写作工作由下列人员完成。课题组组长由国经中心信息部副部长、研究员景春梅博士担任，负责框架设计及全书统稿、修订，并执笔绪论写作；副组长由国经中心副研究员王成仁博士担任，协助全书统稿，并执笔第五章写作；国经中心副研究员陈妍博士执笔第四章写作；清华大学能源环境经济研究所副教授欧训民博士执笔第一章写作；佛山科学技术学院副研究员、云浮（佛山）氢能标准化创新研发中心主任赵吉诗博士执笔第二章写作；国经咨询有限公司创新发展处处长赵晗冰为课题研究做了大量组织协调工作，进行了前期国内国际资料的研究编撰工作；国经中心博士后何七香执笔第三章写作；国经咨询有限公司创新发展处副处长刘金芳协调和参与了全部国内外调研活动并协助专家修订、稿件校对等工作；中央财经大学硕士闫旭担任研究助理，负责资料搜集、整理等工作。

希望本书的初步研究能为国家氢能产业顶层设计提供有益的智力支持，为我国氢能产业的高质量发展和行稳致远贡献绵薄之力，也敬请业界专家和读者朋友批评指正！

国经咨询有限公司

2019 年 9 月 17 日

图书在版编目（CIP）数据

中国氢能产业政策研究 / 中国国际经济交流中心课题组著. -- 北京 : 社会科学文献出版社, 2020.1（2022.3重印）

ISBN 978-7-5201-5760-5

Ⅰ. ①中… Ⅱ. ①中… Ⅲ. ①氢能-能源发展-产业发展-研究-中国 Ⅳ. ①F426.2

中国版本图书馆CIP数据核字（2019）第233310号

中国氢能产业政策研究

著　　者 / 中国国际经济交流中心课题组

出 版 人 / 王利民
组稿编辑 / 邓泳红
责任编辑 / 宋　静
责任印制 / 王京美

出　　版 / 社会科学文献出版社 · 皮书出版分社（010）59367127
地址：北京市北三环中路甲29号院华龙大厦　邮编：100029
网址：www.ssap.com.cn
发　　行 / 社会科学文献出版社（010）59367028
印　　装 / 三河市龙林印务有限公司

规　　格 / 开　本：787mm×1092mm　1/16
印　张：17.75　字　数：238千字
版　　次 / 2020年1月第1版　2022年3月第2次印刷
书　　号 / ISBN 978-7-5201-5760-5
定　　价 / 98.00元

读者服务电话：4008918866